Worpsweder Vorträge

Herausgegeben von Helmut Stelljes

Verlag M. Simmering · Lilienthal

Verlag und Herausgeber danken den Sponsoren, die durch ihre
freundliche Unterstützung das Erscheinen des Buches
„Kultur-Zeichen" ermöglicht haben:

RBB Klaus Büchner
28307 Bremen

Kreissparkasse Osterholz
27711 Osterholz-Scharmbeck

H. Bahlsens Keksfabrik KG
30163 Hannover

IDUNA//NOVA Filialdirektion Bremen

Umschlaggestaltung: Hans Bock, Worpswede
Printed in Germany – 1993

ISBN 3-927723-16-9

Inhaltsverzeichnis

Einleitung

Seit 1987 bietet der „Arbeitskreis Kultur Worpswede" Jahr für Jahr Vorträge an, die sich speziellen Bereichen der Kunst- und Kulturgeschichte des Künstlerdorfes Worspwede zuwenden. Das ursprüngliche, auf dem Weyerberg gelegene Bauerndorf, das sich vom ausgehenden 19. Jahrhundert bis heute zu einer vielschichtigen Künstlerkolonie entwickelte, bietet dem an kunst- und kulturgeschichtlichen Abläufen Interessierten eine Fülle von spannenden und außergewöhnlichen Begebenheiten. Dieses ‚Phänomen Worpswede' führt den engagierten Beobachter zu einer Szene reizvoller Wechselbeziehungen, aus denen sich viele Themen des Kunst- und Kultur-Geschehens ableiten.

Zu dem übergeordneten Themenbereich ‚Die Geschichte des Künstlerdorfes Worpswede' haben seit Bestehen des „Arbeitskreises Kultur" fach- und sachkundige Referenten aus dem Fundus ihrer wissenschaftlichen Arbeit informativ und anregend berichtet.

Vermehrt haben die Besucher der Vorträge den Wunsch nach einer Veröffentlichung der inhalts- und erkenntnisreichen Referate geäußert. Nachdem die im Innentitel genannten Sponsoren (RBB, Kreissparkasse OHZ, H. Bahlsen Keksfabrik KG und Iduna/Nova-Versicherungen) diese Publikation durch ihre freundliche Unterstützung ermöglichten, konnte an eine Verwirklichung des gewünschten Projektes gedacht werden. Als Initiator des „Arbeitskreises Kultur Worpswede" und Herausgeber des Buches „Kulturzeichen – Worpsweder Vorträge" bin ich den Förderern für die finanzielle Unterstützung sehr dankbar.

Die Reihenfolge der hier vorliegenden Vorträge entspricht nicht der zeitlichen Abfolge der gehaltenen Referate. Die Beiträge stehen unabhängig nebeneinander, so daß zugleich unterschiedliche Beurteilungen bestimmter Sachverhalte denkbar sind.

Da mit der Veranstaltungsreihe zu keinem Zeitpunkt ideologische Vorgaben oder kommerzielle Interessen verbunden gewesen sind, machen persönliches Engagement, individuelle Betroffenheit und wissenschaftliche Sorgfalt der verschiedenen Referate das Buch zu einer besonderen Lektüre, die in vielem neuartige Gesichtspunkte der Sachverhalte verdeutlicht. Entsprechend sollte die spezielle Vorgehensweise oder die Darstellungsform der einzelnen Vorträge in ihrer Charakteristik erhalten bleiben. Ein besonderes Ziel dieser Veröffentlichung liegt unter anderem darin, daß die einzelnen Referate einen wissenschaftlich kritischen Beitrag in der Diskussion um „100 Jahre geistige Kämpfe" des Künstlerdorfes Worpswede liefern. Dieses existentielle Ringen um die kulturgeschichtlichen Abläufe führt letztlich zu einer Vertiefung des Wissens über die komplexen Sachverhalte und gibt Anstöße zum Weiterdenken.

Mit dem Beitrag des Kunsthistorikers Dr. Guido Boulboullé wird in den Werken der Worpsweder Maler auf das Merkmal einer inneren Zwiespältigkeit hingewiesen. Die Künstler der ersten Generation, als sie Ende des 19. Jahrhunderts in das abgeschiedene Dorf am Rande des Teufelsmoores kamen, hatten den Bruch mit der Akademie vollzogen. In diesem Zusammenhang stellt sich die Frage: Waren diese Altmeister, wie man sie heute auch nennt, Wegbereiter der Moderne? – Boulboullé vertritt die interessante These, daß es bei den Worpsweder Malern die allen gemeinsame innere Zwiespältigkeit gab, die sie auch noch zusammenhielt, als bei ihnen schon die anfängliche Aufbruchstimmung verflogen war. „Den Zerfall ganzheitlicher Wahrnehmung in der Moderne durch eine künstlich gestiftete Bildeinheit (zu) überwinden," darin zeigt sich gleichsam der innere Widerstreit in der Worpsweder Kunst.

Hinsichtlich der Frage nach der Entdeckung oder Begründung des Künstlerdorfes Worpswede und der besonderen Bedeutung und Rolle, die Fritz Mackensen hier einnimmt, liefert das Referat des Kunstwissenschaftlers Dr. Wolfgang Kaufmann aufschlußreiche und vom üblichen Urteil abweichende Erklärungen. Detailliert begründet Kaufmann seine Auffassung, daß man mit Mackensen, übrigens dem einzigen Ehrenbürger von Worpswede, leichtfertig und wie mit keinem anderen „in böswilliger Absicht schamlos umgegangen" ist. Die legendäre Auszeichnung, die 1895 dem damals noch unbekannten 29-jährigen Mackensen im Münchener Glaspalast verliehen wurde, war eine beeindruckende Tat, die für das Künstlerdorf zweifellos den Durchbruch bedeutete. Denn neben dem renommierten russischen Maler Ilja Repin errang Mackensen für sein Gemälde

„Gottesdienst im Freien" eine Goldmedaille, deren besondere Bedeutung „richtig zu beurteilen uns heute schwer wird." Die Hintergründe zu diesem Geschehen, die sich in der Geschichte des Künstlerdorfes zu Beginn abzeichneten, werden in dem Beitrag von Dr. Kaufmann ausführlich und spannend dargelegt.

Dr. Helmut Naumann, Germanist und anerkannter Rilke-Forscher, untersucht in seinem Beitrag die bedeutsame Frage nach dem Naturverständnis der frühen Worpsweder Maler. Was verstanden die Künstler der ersten Generation darunter, als sie erklärten, „die Natur ist unsere Lehrerin." Nach einer sorgfältigen Analyse über die unterschiedliche Bedeutung des Begriffes „Natur" führt der Referent das gestellte Thema auf das spezielle Verständnis der Worpsweder Maler, wobei für den Forscher die Tagebucheintragungen von Otto Modersohn und die Monographie aufschlußreiche Quellen sind. Konsequent gelangt Naumann zu einer weiteren Vertiefung des Themenkreises mit den spezifischen Ausformungen der Altmeister Overbeck, am Ende und Vogeler. Die hier um die Jahrhundertwende geführte Auseinandersetzung sollte, so der Referent, uns heute ebenso berühren. Da das „Profil der Worpsweder Kunst" auch von fähigen Künstlerinnen geprägt wurde, greift der Beitrag deren kritisches Naturverständnis zusätzlich auf. Mit dem Vortrag von Dr. Naumann wird die Frage nach unserem eigenen Naturverständnis bewußt, so daß der vorliegende Beitrag eine aktuelle Lektüre ist.

Die Feststellung, daß die Worpsweder Maler der ersten Generation an einem „Schnittpunkt von Nicht-mehr und Noch-nicht, von Traditionalismus und Moderne" waren, hat sich für Dr. Renate Damsch-Wiehager zum faszinierenden Thema entwickelt. Fritz Overbeck, der unserer Welt als „Naturforschender" gegenübertritt, wird von der Kunsthistorikerin damit „an der Wende zur Moderne" behandelt. Eine wichtige Erfahrung mit der Betrachtung von Werken Overbecks zielt neben der Naturbestimmung auf eine „Fremdheit vor der Natur", so daß der Maler aus dieser Sicht den Durchbruch zu weiterführenden bildnerischen Lösungen nicht gefunden hat. Overbecks aufschlußreiche Bemerkung aus dem Jahre 1895 verdeutlicht die zwiespältige Situation: „Im Glaspalast behaupten wir uns, in der Sezession würden wir es nicht!" Mit der Lektüre des Referates über Overbeck mag der Leser erkennen, daß es nicht leicht war, wie der Maler formuliert, „... unter uns Übereinstimmung zu erzielen, da fast ein jeder von uns ein anderes Ziel vor Augen hat." Der spektakuläre Erfolg der jungen Worpsweder Maler 1895 in München bewirkte, daß ein kunstinteressiertes Publikum nach fachkundigen Beiträgen über diese Künstler suchte. Nach dem Lyriker Hans Bethge veröffentlichte auch der Dichter Rainer Maria Rilke seine Worpsweder Künstlermonographie. Der Rilke-Kenner Dr. Helmut Naumann hat mit dem vorliegenden Beitrag im einzelnen die Situation analysiert, die zu der Veröffentlichung des Rilke-Werkes geführt hat. Die Gegenüberstellung der beiden Autoren Bethge und Rilke führt den Leser unter anderem auf die Entstehungsgeschichte der Monographie und auf das Besondere der Arbeit von Bethge hin. Rilkes Buch, das zu richten vermeidet, stellt „das groß gesehene Land an den Anfang." Die fünf Altmeister sind in chronologischer Reihenfolge dargestellt. Aufschlußreich bleibt es, wie Rilke den individuellen Werdegang jeder einzelnen Künstlerpersönlichkeit aus der frühen Kindheit zu deuten versucht.

Eine Fülle wichtiger Aussagen über den Beginn des Künstlerdorfes werden dem Leser mit diesem Referat vermittelt. Der Beitrag gibt zugleich einen interessanten Einblick in die Ansätze der von Rilke verfaßten kunstgeschichtlichen Studien.

Im Blick auf die charakteristischen Plastiken und Bauwerke Hoetgers stellt der Kunsthistoriker Dr. Wolfgang Saal mit seiner Darstellung Fragen nach den Inhalten und der Symbolik der Werke. Anhand ausgesuchter Plastiken und architektonischer Formfindungen wird die ungewöhnliche Spannweite Hoetgers anschaulich dargeboten. Der vielseitige Künstler Hoetger, der 1914 seinen Weg nach Worpswede und damit seinen vorrangigen Schaffensort findet, beschreitet, an zahlreichen Beispielen ablesbar, einen vielfältigen Weg neuartiger Ausdrucksformen in Plastik und Architektur.

Das vielschichtige Thema Hoetger wird mit dem anschließenden Referat von der Kunsthistorikerin Frauke Engel vertieft. In diesem Falle geht es um die interessante Beziehung zwischen dem Keksfabrikanten Hermann Bahlsen und dem Bildhauer, Architekten, Maler, Grafiker und Designer Bernhard Hoetger. Anhand der umfangreichen Korrespondenz, die zwischen 1916 und 1919, d.h., bis zum Tode Hermann Bahlens dauerte, wird der Weg „zweier Visionäre" in dem Schaffen eines „industriellen Gesamtkunstwerks" offengelegt. Wenngleich die geplante „TET-Stadt" ein „schöner Traum" war, so bleibt die Geschichte dieses Projektes eine faszinierende Lektüre, die zur Charakterisierung des Worpsweder Künstlers Hoetger in besonderer Weise beitragen kann.

Die Bauhistorikerin Heike Albrecht referierte über ein ungewöhnliches Kapitel Worpsweder Ortsgeschichte. Die zahlreichen Künstler, die sich im Laufe der Jahre in dem einstigen Bauerndorf ansiedelten, bauten unter anderem eigenwillig gestaltete Häuser, durch die sich natürlich das Ortsbild grundlegend veränderte. Die Vielfalt der Künstlerhäuser kann dabei in drei Grundtypen eingeteilt werden: Erworbenes Bauernhaus, das gar nicht oder kaum verändert wird; erworbenes Gebäude, das eine grundlegende Umgestaltung erfährt; nach eigenen Vorstellungen der Künstler errichteter Neubau. In diesem Zusammenhang vermittelt die Darstellung über die Worpsweder Architekturentwicklung, die wahrlich durch unterschiedliche Strömungen geprägt gewesen ist, wissenswerte Informationen zu den wichtigsten Architekten und deren architektonische Stilrichtungen.

Die als „Kultur-Zeichen" vorliegenden Vorträge wären einseitig, wenn sie sich nur auf die Vergangenheit beziehen würden, und wenn wir einen bedeutenden Künstler neuerer Zeit nicht beachtet hätten. Der Maler und Zeichner Richard Oelze, dessen Namen unter Kennern viel gilt, spielt im geschäftlichen Treiben des Künstlerdorfes sichtlich eine untergeordnete Rolle und wird nur hin und wieder erwähnt. Im Blick auf die Geschichte des Künstlerdorfes Worpswede, mag es die „Kultur-Zeichen" abrunden, wenn wir hier den letzten Beitrag dem bedeutenden Surrealisten Richard Oelze widmen, der eine Reihe von Jahren in Worpswede gelebt und gearbeitet hat. Die Kunsthistorikerin Dr. Renate Damsch-Wiehager, die sich mit den Werken des Künstlers eingehend wissenschaftlich befaßte, hat einHauptwerk Oelzes „Erwartung", das 1935/36 entstand und heute im „Museum of Modern Art, New York" hängt, zum Thema eines Vortrages gemacht. So soll die Deutung dieses Werkes von Richard Oelze, der in der vordersten Reihe der großen Künstler unseres Jahrhunderts steht, die Veröffentlichung der „Kultur-Zeichen" abschließen.

Der Herausgeber möchte Dank sagen, allen, die zur Verwirklichung der „Kultur-Zeichen" beigetragen haben: den bereits genannten Sponsoren, dem Verlag Manfred Simmering, denen, die ihre Genehmigung zur Abbildung der Kunstwerke gaben, den einzelnen Autoren und Lore Liebtrau, die zusätzlich Korrektur gelesen hat.

Die kurze Einleitung zu den Worpsweder Vorträgen „Kultur-Zeichen" hat ihre eigentliche Absicht erfüllt, wenn sie eine anregende Wirkung oder eine Motivation zum Lesen der Vorträge ausübt. In diesem Sinne mag die informative und anregende Lektüre zu einem sachlichen und kritischen Bild über das Künstlerdorf Worpswede beitragen.

Worpswede, im Oktober 1993   Helmut Stelljes

Die Gründer der Worpsweder Künstlerkolonie – Wegbereiter der Moderne?

Wie modern waren die jungen Maler, die vor rund einhundert Jahren die Künstlerkolonie Worpswede gründeten? Aus heutiger Sicht gilt diese Frage als längst beantwortet. Da die Worpsweder nicht die Impressionisten, sondern die vorausgegangene Landschaftsmalerei der Schule von Barbizon zu ihrem Vorbild erkoren, lag der weit verbreitete Schluß nahe, sie hätten sich nicht auf die avancierteste Kunstrichtung ihrer Zeit eingelassen. Als Beispiel für diese Auffassung will ich ein Zitat aus der jüngsten Worpswede-Literatur anführen, das prägnant diese Frage beantwortet:

„Vor dem Hintergrund der offiziellen deutschen Kunst hätten die Worpsweder Maler revolutionär sein können; aber es liegt etwas sonderbar Altmodisches in ihrer Verehrung der Landschaftsmaler von Barbizon zu einer Zeit, als andere Künstler schon auf die französischen Impressionisten aufmerksam geworden waren." [1]

Waren die Worpsweder von Beginn an altmodisch? Statt Wegbereiter der Moderne verspätete Nachkömmlinge? Hatte die verknöcherte Akademietradition den jungen Künstlern den Blick auf die zeitgenössische Kunst so stark getrübt, daß sie sich, als sie mit der Akademie brachen, einer längst unmodernen Kunst hingaben in dem irrigen Glauben, bei den Malern von Barbizon Neues und Zeitgemäßes zu finden? Eine solche Annahme verzeichnet die künstlerische Situation am Ausgang des 19. Jahrhunderts. Es gab für die Worpsweder gute Gründe, sich an anderen Vorbildern als den Impressionisten zu orientieren.

In den damaligen europäischen Kunstzentren lehnte man nicht nur den akademischen Historismus entschieden ab, sondern strebte zugleich nach der Überwindung der impressionistischen oder naturalistischen Malerei. Symbolisten, Neoimpressionisten,

Sezessionisten und Jugendstilkünstler – alle diese fast gleichzeitig auftauchenden Bewegungen vereinte die Sehnsucht nach einer Kunst, die über alle gesellschaftlichen Widersprüche hinweg eine ästhetische Gemeinschaft stiften und eine moderne Identität verbürgen sollte. Sie wollten nicht epigonal, sondern unverwechselbar sein, sie wollten nicht einen toten Stil der Vergangenheit wiederbeleben, sondern einen lebendigen Stil schaffen, dem für die Gegenwart jene fraglose Selbstverständlichkeit innewohnen sollte, wie sie früheren Kunstepochen eigen war. Nicht zufällig prägte damals der Kunsthistoriker Alois Rigl den Begriff des Kunstwollens, mit dem er seine Theorie von der organischen Einheit der schöpferischen Kräfte eines Zeitalters in einem Wort verdichtete. Sein Begriff entsprach zutiefst der Hoffnung, erneut Kunst und Leben, Kunst und Natur unauflöslich zu verschmelzen. Sie beherrschte die sich durchkreuzenden und bekämpfenden Kunstrichtungen des 'fin de siècle', in denen sich dekadente Endzeitstimmung und subjektives Aufbegehren, resignativer Rückzug und hoffnungsfroher Neubeginn auf eigentümliche Weise mischten.

Aus dieser besonderen Konstellation entsprang die scharfe Kritik an dem angeblich äußerlichen Positivismus der impressionistischen Malerei. Sie wurde als warnendes Beispiel einer falschen künstlerischen Modernität hingestellt, die nur isolierte Fakten statt innere Zusammenhänge zu erfassen vermochte, die nur sachlich registrierte, was sie sah, statt die Wirklichkeit ästhetisch zu durchdringen und zu gestalten. Jetzt setzte man dem Flüchtigen das Dauerhafte, dem Oberflächlichen das Tiefempfundene, dem Ausschnitthaften das Allumfassende entgegen. Bereits 1881 charakterisierte der bedeutende Kunsttheoretiker Konrad Fiedler den Impressionismus als eine Kunst, die in ihrer äußeren Wirklichkeitsnähe nur eine innere Entfremdung von der Welt zum Vorschein bringen würde.[2] Weder die Idealisierung der Natur wie im Historismus, noch ihre bloße Nachahmung wie im Impressionismus könne in der Gegenwart das Ziel der Kunst sein. Vielmehr bedürfe es eines neuen Prinzips, nämlich dem der ästhetischen Produktion von Wirklichkeit. Eine wahrhaft künstlerische Natur bringe die Scheidewand zwischen Künstler und Welt zum Einsturz, um die Welt in ihrer ganzen sinnlichen Fülle aufzunehmen. Und sie gewinne aus diesem inneren Einheitserlebnis die Kraft, die Welt in ihrer sich immer erneuernden Entstehung selbst zu formen. Hellsichtig erkannte Fiedler, daß der Impressionismus die Ohnmacht des Einzelnen vor der übermächtigen gesellschaftlichen Wirklichkeit zum Ausdruck brachte. Aber er forderte, daß die Kunst diese Ohnmachtserfahrung durch ihre produktive Eigenkraft zu überwinden hätte. Davon waren auch die Nachimpressionisten überzeugt. Wenn schon nicht in der gesellschaftlichen Realität, so wollten sie doch zumindest in der Kunst der schmerzvollen Erfahrung des Entfremdetseins entkommen. Ihre Hoffnungen teilten die Worpsweder.

Vor dem Hintergrund des hier skizzierten emphatischen Kunstanspruchs kann man keineswegs die Auffassung vertreten, daß im Ausgang des 19. Jahrhunderts die Distanz zum Impressionismus unzeitgemäß war. Die Worpsweder befanden sich auf der Höhe ihrer Zeit. Wohl war ihr Bruch mit der Akademie weder spektakulär, noch originell. Aber wie sie ihn rechtfertigten, offenbart ihre Nähe zur nachimpressionistischen Kunst. Ein Jahr vor der Gründung der Worpsweder Künstlerkolonie umriß Otto Modersohn in seinem Tagebuch sein Kunstziel:

„Mir steht immer klar ein Ideal vor Augen, welches eine unendliche Glut für mich in sich birgt. Dieses Ideal ist erfüllt von Gefühl, einem ahnenden, geheimnisreichen, märchenhaften, erhabenen und tiefen Naturgefühl. Es tritt in die Erscheinung nach den modernen Anschauungen über Naturauffassung und Farbe."

In dieser eigentümlichen Zusammenzwingung von pathetischem Naturgefühl und modernem Natur- und Farbverständnis drückt sich, wenn auch unbestimmt und dem Dreiundzwanzigjährigen vielleicht nicht bewußt, eine zeitgemäße Kritik am Impressionismus aus. Otto Modersohn wollte die Natur neu beseelen, nicht bloß neu sehen. Der Rückgriff auf die Schule von Barbizon war für ihn und die anderen Worpsweder zugleich der Vorgriff auf ein noch zu verwirklichendes Kunstideal. Sie strebten nicht danach, die Meister von Barbizon nachzuahmen, sie wünschten vielmehr, ihnen auf neue Weise gleich zu sein. Was sie faszinierte, war ein Gleichklang von Kunst und Natur. Ihn glaubten sie in diesem Künstlerdorf in der Nähe von Paris beispielhaft vorgebildet.

Uns mag das Vorbild Barbizon als historischer Rückfall erscheinen, ihnen erschien es als Sprung in die künstlerische Gegenwart. Es widersprach nicht ihrem Verständnis von künstlerischer Modernität, im Gegenteil: Es gab diesem Anspruch einen substantiellen Gehalt. Denn sie verstanden Millet und Rousseau nicht, wie wir es heute gewohnt sind, als Vorläufer des Impressionismus, sondern als Vorreiter eines neuen naturhaften Symbolismus. Jahre später rief sich Rainer Maria Rilke in seiner Worpswede-Monographie diesen symbolträchtigen Gehalt der Barbizonschule wieder in Erinnerung. Er beschrieb die Darstellung eines Hirten in einem Bild von Jean-François Millet ganz im Geiste der Worpsweder:

„Er rührt sich nicht; wie ein Blinder steht er unter den Schafen, wie ein Ding, das sie genau kennen, und seine Kleidung ist schwer wie die Erde und verwittert wie Stein. Er hat kein eigenes, besonderes Leben. Sein Leben ist das jener Ebene und jenes Himmels und jener Tiere, die ihn umgeben. Er hat keine Erinnerung, denn seine Eindrücke sind Regen und Wind und Mittag und Sonnenuntergang, und er muß sie nicht behalten, weil sie immer wiederkommen." [4]

Als Rilkes Worpswede-Monographie publiziert wurde, hatte er das Dorf bereits für immer verlassen. Aber wie in einer Art Schwanengesang beschwor er noch einmal jene anfänglichen Sehnsüchte der Künstler, die sie einst nach Worpswede geführt hatten. Es war die Suche nach einer Kunst, die ihre Kraft aus einem echten und unverbrauchten Naturempfinden zog, einer Kunst, die gleichermaßen gegen die erborgte Gefühlskultur des epigonenhaften Historismus und gegen die entfremdete Gefühlskultur des Impressionismus eine neue, lebensvolle und organische Gefühlskultur aufrichten sollte.

Ich bin immer wieder merkwürdig berührt, wenn ich die ersten begeisterten Äußerungen der Künstler über die Moorlandschaft lese. Ich kann mich nicht des Eindrucks erwehren, daß sie sich in ihr wie in einer Galerie bewegten. Gewiß, sie waren Künstler, aber es bleibt dennoch verblüffend, wie sie sich angesichts der Flüsse, Kanäle, Birken, Katen und Moorbauern stets an Bilder erinnerten. Flohen sie in die Natur? Oder flohen sie in die Kunst? In seinem Tagebuch hinterließ Otto Modersohn eine Beschreibung des denkwürdigen Tages, an dem er sich mit Fritz Mackensen und Hans am Ende entschloß, auf Dauer in Worspwede zu bleiben. Sie macht diese seltsame Verwandlung von Naturwahrnehmung in Kunstbilder treffend deutlich:

„Wir gingen an einem Nachmittag, 25., 26. und 27. August nach Bergedorf. Herrlich grauer Tag; Weib auf dem Acker, gegen die Luft – Millet. Bleiben auf der Brücke, die dort über den Kanal führt, stehen, nach allen Seiten die köstlichsten Bilder. 'Wie wäre es, wenn wir überhaupt hier blieben, zunächst mal sicher bis zum letzten Tage des Herbst, ja den ganzen Winter. Wir werden Feuer und Flamme, fort mit den Akademien, nieder mit den Professoren und Lehrern, die Natur ist unsere Lehrerin, und danach müssen wir handeln.' Ja, das war ein denkwürdiger Tag." [5]

Was für eine Lehrerin konnte die Natur sein, wenn sie gleichsam in einen vorgefertigten Bilderrahmen gesteckt und nicht in ihrer Eigenart wahrgenommen wurde? Schreckten die jungen Künstler nicht von Beginn an vor dem Fremden und dem Befremdlichen der kargen Moor- und Heidelandschaft zurück, indem sie sie in die köstlichsten Bilder einhüllten?

Was die Worpsweder nicht durchschauten, war ihre eigentümliche Verkehrung von Selbsterfahrung und Naturerfahrung. Sie suchten und fanden eine Landschaft, die es ihnen erlaubte, ihre innere Gefühlswelt freizusetzen. Es war ein durchaus revolutionärer Akt der subjektiven Befreiung und pathetischen Selbstfindung, den sie vollzogen, selbst wenn sie ihn im gleichen Atemzuge ästhetisch überhöhten und entschärften. Die Entgrenzung der inneren Natur, gespiegelt in der grenzenlosen Weite der äußeren Natur – in der glücklichen Findung eines solchen Gleichklangs sollte die Natur zur Lehrerin werden, sollte sie die Echtheit der eigenen Gefühlswelt verbürgen. Der Wahlspruch der Künstler „Zurück zur Natur" meinte im wahrhaft Rousseauschen Sinne nichts anderes, als zu sich selbst zu finden. Es war kein Zufall, daß eine der rückständigsten und ärmsten Landschaften in Deutschland sie beeindruckte. In dieser von der modernen Zivilisation noch nicht eroberten Welt schien es ihnen möglich, sich aus den übermächtigen Zwängen der modernen

Großstadtkultur zu befreien, in der eine fortschreitende Rationalisierung aller Lebensbereiche die Selbständigkeit und Eigenart des Individuellen auszulöschen drohte. „Das Leben in den Großstädten, besonders Berlin", so Otto Modersohn 1894, „zerstört jede gute, echte Regung in mir, im Menschen, im Künstler." [6])
Allerdings: An die Stelle der Auseinandersetzung mit der schlechten Wirklichkeit trat die Flucht ins Moor. Wenn sie auch getragen war von der Hoffnung, die zweckrationale Einseitigkeit der modernen Welt durch sinnliche Naturerfahrung aufzubrechen, so mußte sie doch ohnmächtig bleiben, wenn sie sich in sentimentalischer Natursehnsucht erschöpfte. Diese Gefahr lag der Kunst der Worpsweder von Beginn an zugrunde. Sie sollte allzu rasch in ihren Bildern zutage treten.
Die besondere Affinität, die zwischen der Worpsweder Landschaft und dem emphatischen Kunstanspruch der jungen Maler bestand, hat Ernst Bloch in seinem Aufsatz „Herbst, Sumpf, Heide und Sezession" von 1932 erhellt. [7]) Der Jugendstil, so Bloch, war „Bruch und kühner Abgesang", aufregend gegenüber „der Wustfülle des 19. Jahrhunderts". Ihm eignete eine "eigentümliche Freiheit im Abendrot" in seiner ursprünglichen Liberalität, die mit viktorianischer Prüderie brach und in „Bürgeremanzipation aller Art auszuschwärmen trachtete." Ihm eignete aber auch die Gefahr der Pervertierung, da „das damalige Bürgertum als Klasse ohne Zukunft … auch ästhetisch keine mehr haben" konnte. In den beiden Landschaftsformen von Heide und Sumpf sah er die Zwiegesichtigkeit des Jugendstils allegorisch freigesetzt. Während für ihn die Heide, „Gegend des Auszugs", die unbestimmte Aufbruchshoffnung zu einem noch unbekannten Menschen versprach, glich ihm der Sumpf dem Spätbürgertum, aus dem „eine revolutionär-spätbürgerliche Mischung aus Fäulnis und Wassergeburt, gemeinten Uranfängen und Dekadenz" auftauchte.
Die Sozialallegorie, die Bloch aufschlüsselte, läßt sich durch eine Kulturallegorie ergänzen. Auch sie entsprang einer spezifischen Zwiegesichtigkeit der Worpsweder Landschaft. Denn diese war zum einen schon Kulturlandschaft, sie barg zum anderen noch Reste einer urtümlichen, unkultivierten Natur. Beide Landschaftsformen glitten, wie in den Bildern der Künstler, gleichsam

unmerklich ineinander über. Während die kultivierten Moorgebiete noch ahnen ließen, daß sie einer urwüchsigen Natur abgerungen waren, so fiel über die unkultivierten, formlosen Einsprengsel bereits das Dämmerlicht ihrer zukünftigen Gestalt. Die damals im Moor noch vorherrschende vorindustrielle Arbeit verlieh diesem Umwandlungsprozeß den Charakter zeitloser Dauerhaftigkeit. Das versetzte die Landschaft in einen seltsamen Schwebezustand, der sie zu einem Sinnbil des organischen Wachstums einer neuen dauerhaften Kultur machen konnte, die allmählich aus der Natur auftauchte, ohne sie zu verdrängen. Sie war ein unbewußtes Gleichnis für das künstlerische Ideal, das den jungen Malern vorschwebte. „Das Lebensvolle, Organische der Natur ist nicht zu phantasieren", notierte 1896 Otto Modersohn in sein Tagebuch.[8])

Lösten die Worpsweder in ihrer Kunst ein, was sie anstrebten? War es nicht nur ein persönlicher, sondern auch ein künstlerischer Aus- und Aufbruch aus der entzauberten Welt der modernen, zweckrationalen Gesellschaft? Entwickelten sie in ihrer Kunst eine angemessene Antwort auf den fortschreitenden Erfahrungsverlust in den neuen Großstädten mit ihrem „raschen und ununterbrochenen Wechsel äußerer und innerer Eindrücke", der die dauerhafte und einfühlsame Wahrnehmung des Besonderen und Individuellen zerstörte? [9]) Enthüllten sie mit ihrer Kunst die Abstraktheit und Unsinnlichkeit der entfremdeten Kultur der Moderne? Oder schufen sie nur ohnmächtige Ersatzbilder, die eine vermeintliche sinnliche Ganzheitserfahrung vormoderner Kultur idealisierten? Was macht ihre Kunst so zwiespältig, daß man zögert, sie umstandslos der künsterlischen Moderne um 1900 zuzurechnen? Ihre Kunst war eine Reaktion auf die Moderne, aber war sie auch reaktionär?

Die Beantwortung dieser Fragen ist der Worpswede-Literatur nicht leicht gefallen, verständlicherweise. Sie hat bevorzugt die Malerei der Worpsweder als einen selbständigen Beitrag zur Kunst der Jahrhundertwende erklärt, der zwar nicht vom Impressionismus seinen Ausgang nahm, aber dennoch Anschluß an die künstlerische Moderne fand, spätestens im Werk von Paula Modersohn-Becker. Soweit sie überhaupt die innere Zwiespältigkeit der Worpsweder thematisierte, entschärfte sie diese Problematik durch die Aufspaltung der Künstlergemeinschaft in zwei Gruppen: In eine konservativ orientierte mit Fritz Mackensen, Hans am Ende und Carl Vinnen, und in eine progressiv ausgerichtete mit Otto Modersohn, Fritz Overbeck und Heinrich Vogeler. Diese Konstruktion aber erklärt nicht, warum diese zwei divergierenden Gruppen sich zu einer exklusiven Künstlervereinigung Worpswede zusammenschlossen. Sie läßt auch ungeklärt, warum die Worpsweder trotz der inneren Spannungen gemeinsam ausstellten und noch nach dem Zerfall ihrer Vereinigung von Rilke als Künstlergemeinschaft gefeiert wurden. Statt die Künstlergemeinschaft in zwei Gruppen zu spalten, erscheint es mir notwendig, ihre innere Gemeinsamkeit herauszuarbeiten. Ich vertrete die These, daß es die allen sechs Künstlern gemeinsame Zwiespältigkeit ihrer Kunst war, die sie noch zusammenhielt, als die anfängliche Aufbruchsstimmung bereits verflogen und Mackensens Wunsch aus dem Jahre 1889 längst Illusion war: „Kinder, wir wollen auf unserem Stück Erde zusammenhalten wie die Kletten, und später dastehen wie die Bäume in der Kunst." [10])

Ich will meine These durch eine Reihe von Bildvergleichen erhärten und mich dabei auf das konzentrieren, was ich als Zwiespältigkeit bezeichne. Ich beginne mit Carl Vinnen, der in seinem Werk stets eine gewisse Distanz zu dem Anspruch auf Neubeginn wahrte, den seine fünf jüngeren Kollegen vertraten. Sein Bild „Ruhe" von 1893 setzt spätromantisch eine Kunsttradition fort, in der nicht ein Stück Landschaft in seiner absichtslosen Bedeutsamkeit malerisch erfaßt wird, sondern vielmehr ihre Einzelteile bedeutungsschwanger zusammengestellt sind: Ein Graben, eine Böschung mit Bäumen, eine halb von Licht erhellte Wiese, ein Waldsaum und darüber der blaue, leicht bewölkte Abendhimmel. Der gleitende Übergang von einer Zone

Carl Vinnen: Ruhe (1893), Öl auf Leinwand (281 x 201)

18

zur nächsten wird durch eine abgestufte Farbgebung harmonisiert. Ein Nah- und Fernsicht ausgleichender Bildraum unterstreicht die kompositionelle Ausgewogenheit des Bildes. Eine leichte Irritierung bewirken allein die vom Bildrand abgeschnittenen Bäume mit ihrem kahlen Geäst, sowie die ziehenden Wellenkreise mit der blauen Himmelsspiegelung. Daß beide Motive absichtsvoll betont werden, ist kein Zufall, aus ihnen schlägt das Bild seinen Sinn. Wird der Blick des Betrachters einerseits in die Tiefe gezogen, um die Stimmung des Abschieds, des Vergehens, des Untergangs zu evozieren, so wird er andererseits nach oben geführt, um Trost, Zuversicht und Wiederkehr wachzurufen. Im Blau von Himmel und Wasserspiegelung wird vereint, was in der Blickfolge getrennt bleibt. Beide Blickrichtungen erzeugen trotz ihrer Divergenz und ihres zeitlichen Nacheinander keinen spannungsvollen Kontrast und stören nicht die bildliche Ruhe, die der Titel verheißt. Gleich den kahlen Bäumen, deren allmähliches Vergehen stimmungsvoll in die Landschaft eingebunden ist und deren duldsames Stehen durch die trostreiche Nähe der immergrünen Tannen erleichtert wird, kann der Betrachter im melancholischen Nachsinnen über die Vergänglichkeit des Lebens noch Zuversicht aus der Hoffnung schöpfen, daß im Tod die Ewigkeit gewonnen wird.

Vergleicht man dieses Bild mit den „Birken mit Moorgraben" von Hans am Ende, so wird die unterschiedliche ästhetische Naturauffassung der beiden Künstler deutlich. Obwohl dieselben Elemente auftauchen, wird nunmehr stimmungshafte Sehnsucht, allerdings ohne religiöse Heilserwartung, aus den Kontrasten

Hans am Ende:
Birken mit Moorgraben (1899),
Öl auf Leinwand
(129 x 210)

von gleichzeitiger Nähe und Ferne, von hellen und dunklen Farbzonen gewonnen. Die Bäume, in die Tiefe gestaffelt und zugleich flächenhaft in Krümmung und Laubkronen vereint, bleiben zwar bedeutungsvoll, aber sie werden nicht tiefsinnig. Bedeutungsvoll, weil sie zum einen die Unbestimmtheit der Bildtiefe und damit die gesteigerte Ferne des Betrachters verdeutlichen: Er kann sich in dieses Bild versenken, aber es bietet ihm kein vergleichbares Identifikationsangebot wie etwa Vinnens kahle Bäume. Bedeutungsvoll zum anderen, weil die Baumgruppe den Farbkontrast steigert. Sie steht hell gegen die dunkle Landschaft und dunkel gegen den hellen Himmel. Hans am Ende will im äußeren Zusammenklang den inneren Einklang der Landschaft malerisch enthüllen. Er will in den gleichzeitigen Kontrasten den Betrachter zwingen, die Landschaft als Ganzes, nicht als Abfolge von Zonen zu erfassen. Jedoch das von mir gegenüber Vinnens Bild akzentuierte Neue kann das Traditionelle, vor allem im rechten Bildteil mit dem breit hinfließenden Moorgraben, nicht wegleugnen. Eine radikale Modernität läßt sich dem Bild nicht nachsagen.

Radikaler ist das Bild „Überschwemmung im Moor", das Fritz Overbeck 1903 malte. Es sucht eine stärkere Distanz zur realen Landschaft als das Bild von Hans am Ende. Sichtbar wird das an dem expressiven Kontrast von Landschaft und Himmel. Overbeck wollte für seine subjektive Naturauffassung ein bildliches Äquivalent finden, statt in einer objektiven Landschaftsdarstellung das festzuhalten, was ihn subjektiv daran überwältigte. Schon gar nicht strebte er wie Vinnen an, Literarisches stim-

Fritz Overbeck:
Überschwemmung im Moor
(1903),
Öl auf Leinwand
(100 x 176)

mungshaft in die Landschaft zu transportieren. Was sieht man auf Overbecks Bild? Nach links hin scheint die Landschaft zu entweichen, rechts drängen die Wolken vor. Während links die schmal aufragenden Bäume den Blick zu einer lichten Baumgruppe leiten, die die Grenze des schwankenden Bodens markiert, gleitet er rechts über die leere Landschaft hinweg, in der nur zaghaft drei Baumstümpfe auftauchen. Während links die abgeschnittenen Bäume ihr schmales Geäst ausspinnen und einen, wenn auch zerbrechlichen Zusammenhalt wahren, löst sich rechts die Landschaft zunehmend auf, als würde sie vor dem fernen Wolkengebirge zergehen. Diese Gleichzeitigkeit des Konträren wird motivisch in der Konfrontation des windigen Bäumchens in der Bildmitte mit den schweren Wolken hervorgehoben und formal in der Dominanz der Senkrechten links und der Waagerechten rechts akzentuiert. Daraus erwächst dem Bild ein symbolischer Gehalt, der auch in der seltsamen Vertauschung von schwerem Näherkommen oben und langsamem Entschwinden unten und selbst in der Farbgebung von Dunkel und Hell spürbar ist.

Aber in seiner symbolischen Aufladung liegt auch das Problematische des Bildes. Es läuft Gefahr, sentimentalisch zu verschmelzen, was sich nicht gleicht. Die Eigenart der Moorlandschaft und die Eigenart ihrer ästhetischen Wahrnehmung drohen ineinander zu verschwimmen, statt jene schmale Grenze zu bewahren, in der das jeweils Besondere an dem Anderen seine eigene Kontur gewinnt. Die Landschaft bewahrt nicht das Widerständige, dem erst ihre ästhetische Form abzuringen ist, noch gewinnt die ästhetische Form eine Rigorosität, mit der sie aus sich selbst heraus ihre Sinnfälligkeit behauptet. Bild und Landschaft scheinen sich gegenseitig zu legitimieren. In dieser Ungeschiedenheit löst sich das Widerständige in falscher Unmittelbarkeit auf, glaubt man bruchlos von der Landschaft in die Kunst und von der Kunst in die Landschaft hinüberwechseln zu können, in der Kunst bereits der Landschaft, in der Landschaft bereits der Kunst habhaft zu sein. Paradoxerweise beruht die Qualität des Bildes darauf, den Gegensatz von Kunst und Wirklichkeit zu entschärfen, indem das Künstliche ermäßigt und das Wirkliche ästhetisiert wird. Damit entschärft es aber auch den einschneidenden Erfahrungsverlust in der modernen Kultur. Es lebt zwar von ihm aber es konfrontiert sich ihm nicht. Es macht ihn nicht bewußt, sondern aushaltbar. Es nährt die Illusion, in der scheinbaren Entsprechung von Kunst und Natur sei sinnliche Erfahrungsfülle real zurückgewonnen und nicht bloß imaginiert. Das Bild besitzt keine kritische, sondern eine kompensatorische Kraft.

Es ist sicherlich keine neue Einsicht, daß das Zwiespältige der Worpsweder Kunst in ihrer kompensatorischen Funktion liegt, den individuellen Erfahrungsverlust ästhetisch erträglich zu machen. Aber es ist wichtig zu erkennen, daß diese Funktion die innere Struktur der Bilder prägt und nicht nur äußerlich an den ausgewählten Landschaftsmotiven zutage tritt. Die eigentümliche Melancholie, die alle Bilder der ersten Worpsweder Künstlergeneration überschattet, gleicht einem ahnungsvollen Eingedenken, das ihre Kunst in ihrer kompensatorischen Funktion selbst genuiner Teil jenes gesellschaftlichen Modernisierungsprozesses sein könne, dem sie doch gerade zu entrinnen hofft: Ein dunkler Vorschein ihrer affirmativen Vereinnahmung durch die Kulturindustrie.

Der lange und gleichwohl spannungsvolle Zusammenhalt der Künstler ließe sich somit deuten als ein Schutz vor dem Eingeständnis, mit ihrem Aufbruchsbegehren frühzeitig gescheitert zu sein. Sie konnten sich einerseits in der Gruppe ihrer jeweiligen künstlerischen Eigenart vergewissern und andererseits als Worpsweder vor der Außenwelt ihre gemeinsame Besonderheit dokumentieren. Trifft diese Annahme zu, dann waren Otto Modersohn und Heinrich Vogeler nicht moderner als Fritz Mackensen, sondern sie verarbeiteten den inneren Zwiespalt, der für die Worpsweder Kunst charakteristisch ist, nur auf andere Weise. Aber kann man tatsächlich die Behauptung aufstel-

Fritz Mackensen: Der Säugling (1892), Öl auf Leinwand (180 x 140)

len, daß zwischen ihrer Kunst und der von Fritz Mackensen eine strukturelle Gemeinsamkeit besteht? War Mackensens Kunst überhaupt zwiespältig? Gab er sich nicht widerspruchslos der konservativen Heimatkunst und ihrer traditionellen Bildauffassung hin, wie insbesondere die kritische Worpswede-Literatur betont? Ein eindringlicher Beleg dafür ist hier sein Bild „Der Säugling" von 1892. Welche Gemeinsamkeit teilt dieses Bild etwa mit dem „Frühling", den Heinrich Vogeler 1898 malte?

Heinrich Vogeler: Frühling (1898), Öl auf Leinwand (179 x 150)

Auf beiden Bildern sind Frauen im Moor dargestellt, eine Mutter mit Kind und eine jugendliche Frau. Beide Bilder arbeiten mit symbolischen Verweisen. Während sich Mackensens Bäuerin zu Recht rasch den Namen „Moormadonna" erwarb, so ist bei Vogeler das frühlingshafte Erwachen des Moores und der jungen Frau in eins gesetzt. Bei beiden Bildern sind, im Unterschied zu dem von Vinnen, diese symbolischen Bezüge auf den ersten Blick zugänglich, enträtseln muß man sie nicht. Es lassen sich noch mehr solche symbolträchtigen Bezüge aufspüren, beide Künstler haben daran nicht gespart. So ist die angeschnittene Torfgrube, vor der die Mutter sitzt, ahnungsvolles memento mori, im Leben des Todes zu gedenken. So ist die blühende Heide aufkeimendes Leben wie der Säugling und wächst doch aus altem, abgestorbenem Moor. Zwischen Torf und Mutter schafft die Farbe ebenso eine Beziehung wie zwischen der helleren Haut des Kindes und dem Himmel, ein Hinweis auf noch offene und schon verschlossene Zukunft. Bei Vogeler ist es das Weiß der Birken, das uns die Unschuld der jungen Frau verbürgt. Gleich ihnen scheint sie in ihrem fließenden Kleid aus dem Boden aufzusteigen, in ihrer sinnlichen und ätherischen Erscheinung ihnen verwandt. Auch bei Vogeler steht der Himmel für eine noch offene Zukunft ein, während der moorige Wassertümpel die Gefahren ahnen läßt, die ungezähmte Natur birgt. Ein Vogel singt von Kommendem, und das Mädchen lauscht ihm mit den ziehenden Wolken nach. Ein erstes Begehren verkündet die gebrochene Blüte in ihrer Hand, das gleichwohl in Kleid und Haartracht noch gefestigt und züchtig bleibt.

Es sind männliche Blicke, denen beide Frauen ausgesetzt sind, aber die Blickhaltungen sind verschieden. Mackensen heroisiert die Mutter durch den Blick von unten und gibt ihr eine pathetische Ausstrahlung, in dem er sie monumental vor den Himmel plaziert. Vogelers Blick bleibt kühler und distanzierter. Er stilisiert die Frau durch die lineare Kontur und bindet sie flächenhaft in die Landschaft ein. Beide Blickhaltungen sind künstlich. Mackensen zielt auf die Rekonstruktion des vereinfachenden Blickes „der bewundernden Anschauung".[11] Er versucht, mittels der schlichten Bildordnung zwischen Figur und Landschaft eine gleichsam naturhaft-absichtslose Einheit zu verwirklichen, aus der erst der Symbolgehalt des Bildes entspringt. Vogeler hingegen rekonstruiert einen absichtslos schweifenden Blick in der gleichförmigen Reihung der Senkrechten, um in dem gleitenden Vorüberziehen dennoch das Dauerhafte des Immergleichen zu bewahren. Mackensen will durch dunkle Farbigkeit und formale Einfachheit eine unauflösliche Verbundenheit von Mensch und Natur evozieren, aus der die Mutter ihr Pathos bezieht. In der komplexeren Bildkomposition Vogelers wird durch die dekorative, farblich und formal betonte Einbindung der Frau in die Landschaft gleichfalls eine unauflösliche Einheit gestiftet. Darin besteht die überraschende Gemeinsamkeit beider Bilder. Zweifellos tritt die Künstlichkeit solcher Einheitsstiftung in Vogelers Bild deutlich hervor, ist seine fragile Flächenhaftigkeit brüchiger und in dem Verzicht auf herkömmliche christliche Symbolik moderner als Mackensens konservative, auf eine vormoderne Wahrnehmungsweise und eine überlieferte Symbolik vertrauende Darstellung. Aber diese Differenz kann nicht verbergen, daß beide Bilder der gemeinsamen Sehnsucht verpflichtet sind, die entzauberte Welt der Moderne auszugrenzen. Beide Bilder kompensieren auf unterschiedliche Weise den Erfahrungsverlust in der modernen Großstadt, indem sie unvermittelt die Erfahrungsfülle des abgeschiedenen ländlichen Daseins behaupten. Beide Künstler unterschlagen das Gesuchte und Dissonante, das ihren künstlichen Blickhaltungen zugehört, um ihre subjektiven Sehnsüchte ungehindert in den dargestellten Frauen und Landschaften aufgehen zu lassen.

Die Problematik der Bilder beruht auf der Illusion, der Künstler könne den Zerfall ganzheitlicher Wahrnehmung in der Moderne durch eine künstlich gestiftete Bildeinheit überwinden. In seinem berühmten Prosastück „Ein Brief" von 1902 hat Hugo von Hofmannsthal eindringlich die schmerzhafte Erfahrung beschrieben, daß zwischen der fiktiven Kunstsprache und der dargestellten Wirklichkeit keine fraglose Übereinstimmung mehr besteht. [12]) Es ist ihm „völlig die Fähigkeit abhanden gekommen, über irgend etwas zusammenhängend zu denken oder zu sprechen." Hofmannsthal führt dieses Unvermögen auf die Unfähigkeit zurück, subjektiv auf eine sinnstiftende Wahrnehmung vertrauen zu können, die noch objektive Gültigkeit besitzt. Alle Dinge, aber auch die Menschen und ihre Handlungen vermag er nurmehr „in einer unheimlichen Nähe zu sehen", in der sie befremdlich werden und sich beziehungslos vereinzeln:

„Es gelang mir nicht mehr, sie mit dem vereinfachenden Blick der Gewohnheit zu erfassen. Es zerfiel mir alles in Teile, die Teile wieder in Teile, und nichts mehr ließ sich mit einem Begriff umspannen."

Zwischen Hofmannsthals Verzweiflung angesichts des Zerfalls des vereinfachenden Blicks der Gewohnheit und der Kunst der Worpsweder besteht ein bemerkenswerter Zusammenhang. Vor dem Hintergrund des von Hofmannsthal beschriebenen Wahrnehmungsverlustes wird ihre Kunst verständlich. Sie ist von dem Bemühen geprägt, dem Zerfall des Ganzen durch einen aus der subjektiven Gefühlswelt gewonnenen neuen Sinnzusammenhang entgegenzuwirken. Allerdings bleibt in ihren Bildern ausgespart, wogegen sie sich richten. Daraus erklärt sich die Zwiespältigkeit ihrer Kunst. Sie verdrängt, was die Künstler anfänglich bewegte, in der abgelegenen Moorlandschaft eine neue Einheit von Mensch und Natur zu suchen.

Das gilt insbesondere für die Bilder von Otto Modersohn. Wie bei keinem anderen Worpsweder läßt sich an seinen Landschaftsbildern die Problematik ihrer Kunst verdeutlichen. Das ist umso bemerkenswerter, weil er sich in der Künstlergemeinschaft schon

früh als Außenstehender empfand und schließlich auch die Auflösung der „Worpsweder Künstlervereinigung" einleitete. Er
wollte seinen eigenen Weg gehen und auch künstlerisch unabhängig sein. Es ist ihm nicht gelungen.
Sein Bild „Herbst im Moor" von 1895 gewinnt seine Wirkung aus
Verbindung von Nähe und Ferne. Die hochaufragende, vom oberen Bildrand abgeschnittene Birke mutet dem Auge zu, schon im
ersten Hinsehen Nähe und Ferne auf einen Blick zu erfassen. Daß

Otto Modersohn:
Herbst im Moor
(1895),
Öl auf Leinwand
(80 x 150)

dies dem Auge gelingt, ohne es als jähen Kontrast zu erfahren,
wird einerseits durch die farbliche Übereinstimmung von Landschaft und Birke, andererseits durch ihre formale Einbindung ge-
währleistet. Konzentriert sich das Auge auf die Landschaft, um
sie in ihrer ganzen Weite zu erfassen, ist es gezwungen, die Nähe
der Birke aufzulösen und erfährt zugleich in gesteigerter Weise
ihre farbliche Korrespondenz mit der Landschaft. Konzentriert es
sich hingegen auf die Birke, so wird die Landschaft eigentümlich
diffus und steigert in ihrer Farbigkeit das Dinghafte der Birke.
Diese Verschmelzung des Gegensätzlichen wiederholt sich in der
unsymmetrischen Aufteilung der Bildfläche, in der links das Gegenständliche, rechts das Farblich-Diffuse akzentuiert werden.
Links wird der Blick durch die tiefgestaffelten Baumreihen und
durch den unverstellten Horizont in das Bild hineingeführt, doch
bleibt die Landschaft in ihrer gegenständlichen Vielfalt klar un-
terscheidbar. Rechts ist der Horizont verstellt, und es wird durch
die Diffusität des Vordergrundes der farbliche Zusammenhang
der Landschaft betont. So bleibt der Blick in die Ferne in der ver-

trauten Wiedererkennung der Landschaft doch nahe und rückt die Nähe durch das Farblich-Diffuse in die Ferne. Beide Bildteile korrespondieren in unauffälliger Weise mit der Birke, indem sie einerseits ihre gegenständliche, andererseits ihre farbliche Eigenart unterstreichen. Durch diese Harmonisierung von Nähe und Ferne eignet dem Bild eine lyrische Intimität, die auch der Birke alles Bedrohliche nimmt, was ihr unmittelbares Aufragen und ihr jähes Abgeschnittensein hervorrufen könnte. Sie rückt dem Betrachter nicht auf den Leib, aber sie entzieht sich ihm auch nicht. Sie bleibt der Landschaft eingebunden, zwar bedeutungsvoll hervorgehoben, aber nicht isoliert. Statt widerständig und sperrig, wird die Birke eigentümlich vertraut wahrgenommen, wird sie zum intimen Sinnbild einer unmittelbaren Einheit von subjektiver Gefühlswelt und Natur.

In dem Bild „Weg mit Birke und Kinderwagen" von 1904 hat Modersohn das Motiv der im Vordergrund stehenden und vom Bildrand abgeschnittenen Birke erneut aufgegriffen. Die kompositionelle Nähe beider Bilder in ihrer Aufteilung der Bildfläche ist offensichtlich, aber auch ihre deutliche Unterschiedlichkeit. Besonders fällt auf, daß das Gegenständliche zurückgenommen ist und die Birke eher als farblicher Teil der insgesamt flächenhaften Bildgestaltung erscheint. Was an dem früheren Bild noch als Kontrast aufschimmerte, wird jetzt im vorhinein zurückgenommen, um, wie besonders in den Laubkronen rechts, die farbliche Einheit des Bildes in der Abschwächung des Gegenständlichen zu verstärken. Es scheint, als trete die Landschaft in die Farbe zurück, die nunmehr zum einzigen Äquivalent des subjektiven Gefühlsausdrucks wird. Aber in der Bewahrung des vertrauten Landschaftsmotivs wird dem Betrachter nahegelegt, die subjektive Farbgestaltung als stimmungsvolles Naturempfinden und nicht als befremdliche Innen-

Otto Modersohn: Weg mit Birke und Kinderwagen (1904), Öl auf Pappe (58 x 40)

27

welt des Künstlers zu erfahren. So gewinnt auch dieses Bild trotz seiner freieren Farbigkeit eine Intimität, die Nähe ohne Aufdringlichkeit verheißt.

Die Erneuerung des Intimen als Schutz gegen den Erfahrungsverlust in den Großstädten ist ein charakteristisches Merkmal von Otto Modersohns hochgerühmten Zeichnungen. Sie beziehen ihre eindringliche Wirkung aus der unmittelbaren Einheit von subjektiver Künstlerhandschrift und diffuser Gegenständlichkeit. Die Nähe der subjektiven Künstlerhandschrift bedarf des Gegenständlichen, um nicht in formlose subjektive Beliebigkeit umzuschlagen, wie umgekehrt erst die Ferne des Diffus-Gegenständlichen die Nähe und Intimität des Zeichenstiftes zur Geltung bringt. Wie in den Bildern ist in den Zeichnungen dem Intimen alles Bedrohliche genommen, was es gefährden könnte. Während Hofmannsthal für die moderne Wahrnehmung eine bestürzende unheimliche Nähe der Dinge betont, entzieht sich Modersohn dieser Bedrohung durch die Rettung in eine Kunstsprache, die in ihrer lyrischen Innigkeit dem Betrachter Hoffnung macht, er könne in der Kunst seiner Ohnmacht und Isolierung in der modernen Gesellschaft entrinnen.

Zwischen 1895 und 1900 feierten die Worpsweder ihre triumphalen Erfolge. Ihre schlagartige Berühmtheit verdankten sie der Zwiespältigkeit ihrer Kunst. Ihre ersten Bewunderer fanden sie im offiziellen Kunstbetrieb und nicht bei den Sezessionen, mit denen sich die damals formierende künstlerische Moderne ihre eigenen Ausstellungsmöglichkeiten schuf. Diese Verkehrung wurde durchaus bemerkt:

„Das Kabinett der Worpsweder ist unstreitig das modernste (d.h. für das große Publikum das unverständlichste) des Glaspalastes, und man könnte daher sagen, es gehöre eigentlich in die Sezession. Wir haben es nichtsdestoweniger auch im Glaspalast mit Freuden begrüßt." [13])

Die Modernität, die man zunächst ihren Bildern zusprach, war aber von Beginn an prekär und verschwand in dem Maße, wie ihre kompensatorische Funktion in den Vordergrund trat. Mit dem Erscheinen von Rilkes Worpswede-Monographie war diese Entwicklung abgeschlossen. Seitdem wurde ihre Kunst nicht mehr als modern empfunden und geriet auch in der Kunstgeschichtsschreibung mehr und mehr ins Abseits. Parallel dazu entwickelte sich das Dorf zu einem beliebten Ausflugsziel, das mit Eisenbahn und Galerien nunmehr selbst von dem gesellschaftlichen Modernisierungsprozeß erfaßt wurde und in die Fänge der Kulturindustrie geriet. Von ihr wurde die kompensatorische Funktion der Bilder dankbar für den Kulturtourismus ausgebeutet. Es ist die Tragik der ersten Worpsweder Künstler, daß sie diesem Prozeß mit ihrer Kunst entgegenkamen und ihm schließlich völlig anheimfielen.

Das gelang umso besser, weil sie in ihren Bildern eine breite Palette unterschiedlicher kompensatorischer Darstellungsformen bereit hielten: Das Bodenständige der Heimatkunst im Werk von Fritz Mackensen und Hans am Ende, das Dekorativ-Kunstgewerbliche im Werk Heinrich Vogelers, die expressive und die lyrisch-intime Landschaftsdarstellung in den Werken von Fritz Overbeck und Otto Modersohn. Der Philosoph Odo Marquard hat kürzlich die aktuelle Bedeutung der Geisteswissenschaften aus ihrer kompensatorischen Funktion hergeleitet. [14]) Gleichviel, ob man seiner neokonservativen Deutung der Aufgabe der Geisteswissenschaften zustimmt, sie charakterisiert treffend die Rolle, die der Kunst der Worpsweder heute zukommt. Nach Marquards Theorie tragen die Geisteswissenschaften dazu bei, daß die Menschen die Modernisierungen aushalten können, indem sie unter anderem „die farblos werdende Welt" durch „die Ersatzverzauberung des Ästhetischen" erträglich machen. Dadurch seien sie nicht „modernisierungsfeindlich, sondern – als Kompensation der Modernisierungsschäden – gerade modernisierungsermöglichend". So betrachtet, sind auch die Worpsweder Wegbereiter der Moderne, nicht weil sie eine avancierte Kunstform entwickelten, sondern eine Kunstsprache fanden, die modernisierungsermöglichend wirksam werden konnte. Sie förderten mit ihrer Kunst einen Prozeß, dem sie in ihrer Kunst entkommen wollten. Es macht die Kraft ihrer besten Bilder aus, daß wir vor ihnen für einen Augenblick glauben, solches Entkommen könnte gelungen sein.

Anmerkungen:

1) Michael Jacobs, Die Künstlerkolonie Worpswede im internationalen Zusammenhang, in: Worpswede 1889-1989, Hundert Jahre Künstlerkolonie, hrg. vom Landkreis Osterholz, Worpswede 1989, S. 14

2) zum Folgenden vgl. Konrad Fiedler, Schriften über Kunst, Köln 1977, S. 125-127

3) zit. nach Otto Modersohn in Worpswede 1889-1907, hrg. vom Otto Modersohn Museum, Fischerhude 1989, S. 30

4) Rainer Maria Rilke, Worpswede, Frankfurt/M. 1987, S. 22

5) zit. nach Otto Modersohn (vgl. Anm. 3), S. 41

6) zit. nach Otto Modersohn 1865-1943, hrg. vom Otto Modersohn Museum, Fischerhude 1981, S. 84

7) zum Folgenden vgl. Ernst Bloch, Literarische Aufsätze, Gesamtausgabe Bd. 9, Frankfurt/M. 1977, insbesondere S. 442-445

8) zit. nach Otto Modersohn (vgl. Anm. 3), S. 103

9) Georg Simmel, Die Großstädte und das Geistesleben, in: ders., Brücke und Tor, Stuttgart 1957, S. 228

10) zit. nach Otto Modersohn (vgl. Anm. 6), S. 79

11) Bernd Küster, Pan stirbt im Moor, in: Worpswede (vgl. Anm. 1), S. 35

12) zum Folgenden vgl. Hugo v. Hofmannsthal, Prosa II, Gesammelte Werke in Einzelausgaben, Frankfurt/M. 1951, S. 7-22

13) zit. nach Worpswede, Eine deutsche Künstlerkolonie um 1900, Katalog Kunsthalle Bremen, Bremen 1980, S. 68

14) zum Folgenden vgl. Odo Marquard, Über die Unvermeidlichkeit der Geisteswissenschaften, in: ders., Apologie des Zufälligen, Stuttgart 1987, S. 98-116

Fritz Mackensen: „Otto Modersohn beim Malen", um 1890,
Öl auf Pappe (32,5 x 31,5)

Fritz Mackensen, Entdecker oder Begründer Worpswedes?

Warum habe ich mir zum Thema gesetzt, dem Phänomen Worpswede auf dem Wege über Fritz Mackensen näherzukommen? Es gibt dafür mehrere Gründe. Der wohl wichtigste ist, daß ich Mackensen noch persönlich erlebt habe und noch heute unter dem Eindruck dieses persönlichen Erlebnisses stehe.

Aus diesem persönlichen Erleben fühle ich mich ihm vielleicht mehr verpflichtet als andere, die ihn nur aus Überlieferungen und seinen hinterlassenen Werken kennen. Also, wenn Sie so wollen, mich interessiert dieses Thema, weil ich noch Augenzeuge bin. Allerdings können das andere, die heute hier unter uns sind, mit weitaus mehr Anspruch von sich behaupten.

Leider gibt es unter diesen anderen einige, die ihm zu Lebzeiten nicht näher gekommen sind – er war wohl, wie die meisten Künstler, ein schwieriger Mensch – und diese zeichnen von ihm heute ein Bild, das Mackensen in ein falsches Licht rückt. Am leichtesten geht das, indem man Zeitgenossen jenes für uns so beschämenden Geschichtsabschnitts von 1933 bis 1945, in dem nach heutiger Lesart jeder schuldig wurde, der damals lebte und die Zeit außerhalb eines KZ's überlebte, des Nazismus bezichtigt. Dabei ignoriert man, daß innerhalb des nazistischen Machtbereichs offener Widerstand gegen dessen diabolisch ausgeklügelte Kontrollmechanismen chancenlos war und erst nach der Beseitigung dieses Systems unserer moralischen Legitimation dienen konnte. Das ehrt die, die sich opferten. Aber Todesbereitschaft ist nun einmal nicht jedermanns Sache, und Größe zum Märtyrertum haben nur wenige.

Zu diesen, die nicht öffentlich opponiert hatten, gehörte wie Millionen andere, die wir alle Grund haben, bei diesem Thema die Augen niederzuschlagen, auch Fritz Mackensen. Nicht mehr und nicht weniger. Freilich hob er sich mit dieser allgemeinen Haltung nicht von jenen „Species minorum gentium" ab, wie Albert Einstein einmal die Masse der Duckmäuser im Zusammenhang mit dem Kampf gegen die faschistischen Verbrecher typisierte. Das hängt Mackensen und seiner Kunst, die schließlich auch Ausdruck dieser Haltung ist, bis heute an.

Man hat darüber hinaus Mackensen eine „Blut- und Boden-Mentalität" nachgesagt und ihn zu einem Handlanger des Hitler-Regimes gemacht. Man tut ihm damit unrecht. Zweifelsohne war er durch und durch ein Deutschnationaler und zeigte damit eine Haltung, wie sie im damaligen sogenannten ‚guten Bürgertum' üblich war. Er trug damit eine Gesinnung zur Schau, die uns heute befremdet, weil die Zeit nach allen bitteren Erfahrungen gottlob über sie hinweggegangen ist. So unverständlich dieses Nationalbewußtsein uns heute jedoch ist, so selbstverständlich war es im vorigen Jahrhundert für einen ‚guten Deutschen'. Selbst Paula Becker war als junges Mädchen in diesem Sinne geprägt, wenn sie z.B. an Richard Wagner monierte, daß seine Musik ihr nicht ‚deutsch genug' sei. Wer damals seine kosmopolitische Gesinnung bekannte, dem hing das Odium des ‚vaterlandslosen Gesellen', wenn nicht des ‚Vaterlandsverräters' schnell an. Diese Einstellung war damals keineswegs eine typisch deutsche Eigenschaft. Unter anderen Völkern war man mit derlei Urteilen ähnlich schnell zur Hand. Als z.B. Cezanne 1870 flieht, um dem Militärdienst zu entgehen, versuchen seine Freunde diese „Narrheit" damit zu entschuldigen, daß der Künstler alles seiner Kunst geopfert habe, sogar die Pflichten gegen das Vaterland.

Der Stader Historiker Hans Wohltmann, der Fritz Mackensen gut kannte, schrieb über ihn: „Mackensen war ein bewußt deutscher Mann, betonte aber und pflegte die völkerverbindende Kraft der Kunst." Daß diese Einschätzung Wohltmanns zu Recht besteht, dafür will ich einen Beleg von vielen bringen:

1911 hatte Fritz Mackensen als Direktor der Weimarer Kunsthochschule auf einer Parisreise von Rodin dessen Bronzeskulptur „Eva" für seinen Schulneubau erworben. Als man Mackensen zu Beginn des I. Weltkrieges aufforderte, dieses Werk eines jetzt feindlichen Künstlers zu entfernen, weigerte er sich, dem nachzukommen. Nach seinem Willen solle die Bronze Rodins auf ihrem Platz bleiben, „da die Kunst in erster Linie dazu beitragen kann, Gegensätze der Völker zu überbrücken."

Erst als Rodin Jahre später „in den Kreis unserer Schmäher eingetreten ist und ein Machwerk jener Art unterzeichnet hat", in dem die deutsche Kunst diffamiert wird und man behauptet, „die Deutschen hätten in den besetzten Ländern mutwillig Kunstwerke zerstört oder mißhandelt", ändert er seine Meinung: „Ich kann nun die Belassung der Bronze Rodins in der Halle der Kunsthochschule nicht mehr verantworten . . ." Das zur Charakterisierung von Mackensens ‚Nationalbewußtsein'.

Aber selbst wenn jemand in Mackensens Biographie oder Werk eine Blut- oder Bodenideologie zu erkennen glaubt, so ist es falsch, daraus abzuleiten, er habe nazistisches Gedankengut verbreitet. Mackensen hat den arbeitenden Menschen oft in den Mittelpunkt seiner künstlerischen Gestaltung gestellt. Wenn nun die nationalsozialistische Kunst an die bürgerlich-idealistische des 19. Jahrhunderts anknüpft und ihr Idol – den ‚Arbeiter der Stirn und der Faust', wie er damals hieß – in diesem Stil heroisierte, dann kann man doch daraus keine Verbindung zwischen Mackensen und dem Nazismus konstruieren. Mit gleichem Recht ließe sich dann folgern, daß Mackensens Spuren im Sozialistischen Realismus der Kommunisten zu finden wären, nur weil dessen Helden Arbeiter an der Werkbank, Traktorfahrer, Soldaten auf Wache und Schnitterinnen sind. Aber Mackensen zum Kommunisten zu erklären, wird nach seinen Auseinandersetzungen mit Vogeler wohl seinen ärgsten Gegnern nicht einfallen, obwohl es im Prinzip nichts anderes wäre.

Aus heutiger Sicht wird eine Betonung des Deutschtums oft voreilig mit nationalsozialistisch gleichgesetzt. Das ist nicht legitim. Jeder Nationalsozialist betonte wohl sein Deutschtum, aber nicht jeder, der sein Deutschtum betonte, muß Nationalsozialist gewesen sein.

Wer anderer Meinung ist, der verkennt oder ignoriert die damalige Situation, oder er stützt seine Argumentation auf kolportierte Anekdoten, die man über einen alten Mann verbreitet, der beim Einmarsch der Alliierten in Worpswede immerhin 79 Jahre alt gewesen ist. Er soll z.B. die einmarschierenden Engländer vor seiner Haustür mit „Heil Hitler" oder „Sieg heil" begrüßt haben, woraufhin ihm ein Teil seiner Bilder zerschnitten worden sein soll. Ich habe bei den Vorbereitungen zu diesem Vortrag diverse Briefe Mackensens in Händen gehabt und mit Ausnahme offizieller Schreiben, in denen sich jeder damals des im Amtsdeutsch vorgeschriebenen sogenannten „Deutschen Grußes" zu bedienen hatte, wenn er sich Scherereien ersparen wollte, keinen einzigen gefunden, der mit „Heil Hitler" endete. Lediglich im Umgang mit Leuten, von denen er Gefahr witterte, benutzte er diese Floskel.

Als er in einer Klagesache einmal einen Brief vom 28. 10. 1933 mit diesem sogenannten Deutschen Gruß unterzeichnet, antwortet ihm sein Prozeßgegner: „Ein Heil Hitler scheint mir aus Ihrem Munde doch nicht ganz angebracht, wenn ich in Betracht ziehe, in welcher Weise Sie den Namen seines Stabschefs beschmutzt haben."

Und dieser Mann, der ansonsten so oft als Opportunist hingestellt wird, soll nach verlorenem Krieg ausgerechnet die Befreier vom Nazismus mit dem ‚deutschen Gruß' begrüßt haben? Das scheint mir nach dem Vorhergesagten zumindest unwahrscheinlich.

Mackensen war ein Konservativer – in seiner Gesinnung wie auch in seiner Kunst – was zu beweisen sein wird. „. . . Wenn ich auch die Monarchie mit parlamentarischer Regierung für besser halte . . .", äußerte er in aller Öffentlichkeit. Er stand rechts, wie Deutschnationale und der „Stahlhelm", dem er bis 1931 angehörte, aber er war kein Gefolgsmann Hitlers, den er verachtete. Das alles ist nach nunmehr 60 Jahren kaum noch zu beweisen. Eines aber liegt klar auf der Hand und hält jeder Untersuchung stand: Selbst wenn Mackensen ein Anhänger Hitlers gewesen wäre, so war er doch niemals ein Nutznießer der Nazis. Im Gegenteil. Er war in wirtschaftlicher Konsequenz ihr Opfer, wenn auch ohne eigenes politisches Verdienst.

Aus welcher Zeit stammen denn die zahllosen Titel und Auszeichnungen, die er hatte? Die goldenen Medaillen aus München, Berlin, Dresden, Wien; die Ernennungen zum korrespondierenden Mitglied der Genossenschaft der bildenden Künstler Wiens und der Weltliga für bildende Kunst in Brüssel, zum Ritter des Weimarer Hausordens, zum Vorstandsmitglied des deutschen Künstlerbundes; die Berufungen als Professor der Leipziger Akademie, der Kunstakademie Düsseldorf, der Hochschule für bildende Kunst Weimar; die Verleihung des Villa Romana-Preises Florenz, des morgenländischen Komturordens, der Prinz-Regent Luitpold Medaille, des Offiziersehrenkreuzes des Lippischen Hausordens, des Komturkreuz des königlich Sächsischen Albrechtsordens, des Kumturkreuzes des Ordens vom Zähringer Löwen, des Ehrenkomturkreuz des oldenburgischen Haus- und Verdienstordens? Wann wurde Mackensen Ehrenbürger seines Geburtsortes Greene und seiner Wahlheimat Worpswede? 1926. Wann Ehrendoktor der philosophischen Fakultät der Universität Göttingen? 1916.

Alle Titel und Ehrungen Mackensens stammten aus dem Kaiserreich, der Weimarer Republik oder der Bundesrepublik, in der er 1953 das Bundesverdienstkreuz erhielt.

Eine einzige Auszeichnung wurde ihm während der Naziherrschaft zuteil, nämlich 1936 die „Goethe-Medaille für Kunst und Wissenschaft", die Hindenburg gestiftet hatte.

Und wie hat er ansonsten Nutzen von den Nazis gezogen? Ich habe mir einmal die Mühe gemacht und alle Ausstellungen überprüft, die seinerzeit im „Haus der deutschen Kunst" in München von den Nazis ausgerichtet wurden. Für Maler, die sich mit den Nazis arrangiert hatten oder wenigstens so taten, war das eine lukrative Einnahmequelle, weil NS-Dienststellen und Behörden ihre Räume gern mit dem schmückten, was dort gut geheißen wurde.

Fritz Mackensen: Gottesdienst im Freien (1895), Öl auf Leinwand (235 x 376)

Mackensen hätte sich dieser Institution sicherlich gern bedient, denn es ging ihm damals schlecht genug, und aus formalen Gründen hätte seiner Beteiligung dort kaum etwas im Wege gestanden. Und wie oft war er auf den Jahresausstellungen präsent?

Ein einziges Mal. Und das bei der Eröffnung dieses „Hauses der deutschen Kunst" im Jahre 1937 mit einem Bild, auf dessen Teilnahme er keinen Einfluß nehmen konnte, weil er es bereits 1896 für 13.000,– Goldmark verkauft hatte, jenem 1895 preisgekrönten „Gottesdienst im Freien", über den noch viel zu sprechen sein wird. Nicht ein einziges Mal war er mit einem von ihm selbst eingereichten Werk dort vertreten, was nicht alle Worpsweder von sich sagen konnten.

In anderen Ausstellungen erging es ihm während der Nazizeit nicht besser. Am 22. 4. 38 schreibt er an Wohltmann: „. . . In Berlin bin ich leer ausgegangen. Der erste Preis ist nicht verteilt, weil keines der eingelieferten Bilder den Zweck, ein Bild einer erbgesunden Familie zu erhalten, ganz erfüllt hat. Da war in meinem Bilde die mir liebste Figur des altersgebeugten Großvaters ganz unerwünscht."

Damit allein dürfte bewiesen sein, daß Mackensen von den Nazis keineswegs etwas profitierte. Im Gegenteil. Ich behaupte auf Grund meiner Untersuchungen nochmals, daß er Nachteile durch sie hatte, weil er ihnen unbequem war und von ihnen ignoriert wurde. Man sieht, wie einseitig das Bild ist, das von Mackensen heute gezeichnet wird.

Meine Damen und Herren! Wenn ich auch nur zu einem ganz kleinen Teil aus eigener Erinnerung schöpfen kann, so will ich aus den oben skizzierten Gründen sekundäre Quellen nur ganz sparsam in Anspruch nehmen, die ja immer die Gefahr in sich bergen, daß sich durch sie subjektive Meinung auf subjektive Meinung türmt und sich daraus eine ungewollte Verfremdung ergibt. Aus diesem Grunde auch will ich mich um Schlüsse, die andere über Fritz Mackensen gezogen haben, wenig kümmern. Denn – wie gesagt – gerade hier in seinem Weltdorf ist man mit seinem Entdecker leichtfertig, aber auch in böswilliger Absicht schamlos umgegangen wie mit keinem anderen.

Als Künstler ist er für einige Experten ein stupider, starrköpfiger

Naturalist, wobei diese Kritiker sich nicht einmal die Mühe machen zu erklären, was sie in diesem Zusammenhang unter Naturalismus in der deutschen Bildenden Kunst verstehen, der sich ja bekanntlich im Gegensatz zur naturalistischen Dramaturgie in der Malerei nur schwer vom Realismus und Impressionismus abgrenzen läßt. Sie nehmen den Gattungsbegriff unreflektiert als Synonym für positivistisches, vordergründiges, seichtes bildnerisches Reproduzieren, das weder empfunden noch hinterfragt ist, wenn es gilt, Mackensen herabzusetzen. Dabei sind bei Mackensen Stilkriterien, wie sie an den Naturalismus angelegt werden, kaum zu finden. So ist er niemals von einer „niedrigen Art Genauigkeit", wie Rodin damals diese Richtung beschreibt, für den Kunst stets mit „der inneren Wahrheit" anfängt. Auch aus anderen Bereichen ließe sich die Unhaltbarkeit dieser Anwürfe im Falle Mackensens mühelos widerlegen. Aber um eine sachliche und fachliche Einordnung von Mackensens Œuvre geht es hierbei ja nicht, vielmehr um haltlose Verunglimpfung.
Von diesen Experten wird allerdings auch – unter ähnlichen Auspizien – die ganze Worpsweder Kunst unter der Rubrik ‚Heimatkunst' subsumiert. Dabei ist gerade der Stilpluralismus der Alten Worpsweder, die sich niemals als Schule mit ausgerichteter Kunstauffassung gesehen haben, deren Charakteristikum. Man nimmt also Mackensen, der zweifelsohne die meisten Angriffsflächen bietet, als Prügelknaben, wenn man sich an die inzwischen aus der deutschen Kunstgeschichte nicht mehr wegzudenkende Worpsweder Malerei nicht herantraut.
Aber die richtige Auslegung vergangener Stilepochen und auch Mackensens politische Vergangenheit sind heute nicht unser Thema. Ich wollte jedoch die Gunst der Stunde nicht ungenutzt lassen, mich für eine sachliche und damit gerechte Beurteilung Mackensens, dem Worpswede so viel zu verdanken hat, zu verwenden. Für mich selbst hat das auch persönliche Gründe, war es doch Fritz Mackensen, der meine Eltern bewog, nach dem Kriege in der Künstlerkolonie Wohnsitz zu nehmen und sich dort eine neue Existenz zu schaffen. Das mag dazu beigetragen haben, daß in der Sammlung meiner Eltern der Pflege des Werkes von Fritz Mackensen stets besondere Bedeutung beigemessen wurde. Die einseitige Betrachtung von Künstler und Werk hat natürlich

ihre Wirkungen gezeigt. Der Kritiker Günter Bastian z.B. bemängelt am 13. August 1990 anläßlich der FM-Ausstellung: „In großen Sonderausstellungen wurden im vergangenen Jahr in Worpswede die Künstler der ersten Generation des ‚Weltdorfes' einer neuen Betrachtung und Bewertung unterzogen . . . Dem Gründer der Künstlerkolonie wurde jedoch so gut wie keine Beachtung zuteil: Fritz Mackensen galt vorher und während der Jubiläumsfeierlichkeiten quasi als Unperson, mit der man sich nicht einmal kritisch beschäftigte." Und schon vorher konstatiert Karl Veit Riedel 1986: „Nie erfuhr er posthum eine Renaissance".

Und damit komme ich zu einem weiteren Punkt, warum mich dieses Thema, das ich hier heute vor Ihnen abzuhandeln die Freude habe, so bewegt. Ich spreche über Fritz Mackensen, weil sich meines Erachtens heute viel zu wenige mit ihm auseinandersetzen. Die anderen der Alten Worpsweder sind in dieser Hinsicht auf mehr Gegenliebe gestoßen.

Otto Modersohns berechtigten Anspruch, sein großartiges hinterlassenes Werk der Nachwelt zugänglich zu halten, hat sein Sohn Christian in Fischerhude in beispielgebender Weise erfüllt. Um dem Werke seines Vaters zu dienen, stellte er sein eigenes künstlerisches Talent uneigennützig hintenan und baute Otto Modersohn in der Bredenau ein Museum, das heute überregionalen Rang besitzt. Die Darstellung und Sichtung seines umfangreichen Nachlasses und die sorgfältige und liebevolle Aufarbeitung der so reichlich hinterlassenen Aufzeichnungen haben zu einer völlig neuen Bewertung des Werkes von Otto Modersohn geführt, sei es in Form von weiteren Ausstellungen im In- und Ausland, sei es durch weit verbreitete Publikationen, sei es in monetärer Einschätzung.

Nehmen wir Heinrich Vogeler. Nicht nur, daß seine Familie im „Haus im Schluh" sein Andenken pflegt und sein Barkenhoff heute offizielle Bestätigung und Stützung erfährt, so hat er selbst aus dem Spannungsfeld von Ost und West ungewöhnliche Publizität gezogen.

Um Overbecks Werk hat sich in jüngster Zeit mit Tatkraft und Geschick eine Enkelin in Vegesack verdient gemacht.

Sie alle haben ihre Verfechter, die für sie eintreten. Nur einer ist wehrlos allen berechtigten und unberechtigten Anwürfen ausgesetzt. Einer, der in Worpswede und Umgebung wenig Fürsprecher hat, die sich für sein Werk einsetzen, ausgerechnet einer, der sich zu Lebzeiten so oft als Kämpfernatur erwies und der sein Weltdorf bis zum letzten Atemzug verteidigt hat und ihm treu geblieben ist: Fritz Mackensen. So will ich durch eine gebotene sachliche Betrachtung hier meinen Teil zu dem beitragen, was ich Mackensen viel häufiger gewünscht hätte, daß auch sein Werk durch kritisches Hinterfragen aktuell gehalten wird und Mensch und Künstler eine gerechte Behandlung erfahren.

Unsere erste Frage, mit der wir diese Veranstaltung angekündigt haben, heißt: „Fritz Mackensen, der Entdecker Worpswedes?" Wenn Sie im Kunsthaus in Stade unsere automatische Führung mitmachen, die täglich um 11 und um 15 Uhr dort angeboten wird, so beginnt diese mit folgenden Sätzen: „Es ist naheliegend, unseren Rundgang durch unser Worpswede-Museum mit dem Entdecker Worpswedes, Fritz Mackensen, zu beginnen. Entdecker nennen wir ihn zurecht, weil er der erste Künstler war, der als Neunzehnjähriger seine Schritte auf Worpsweder Boden lenkte und dadurch den Anstoß zu einer für unsere Region erstaunlichen kunsthistorischen Entwicklung gab. Das mag Zufall ohne eigenes Verdienst gewesen sein, aber die Tatsache selbst ist nicht zu bestreiten".

Die Fakten liegen also klar auf der Hand. Sie alle wissen es: Der angehende Studiosus aus unbegütertem Haus – der früh verstorbene Vater hatte eine Bäckerei gepachtet – erhält auf Grund seiner Begabung ein Stipendium an der Düsseldorfer Kunstakademie. Seiner wirtschaftlichen Situation Rechnung tragend, vermittelt diese ihm einen Freitisch bei einer Frau Eilert, deren Bruder der Worpsweder Gemeindevorsteher Stolte ist.

Dessen 27jährige Tochter Mimi ist irgendwann zu Besuch bei ihrer Tante in Düsseldorf. Nichte und Studiosus finden sich in gemeinsamer Naturschwärmerei, und es kommt am 13. 9. 1884 zum ersten Mackensen-Besuch in Worpswede, der zum Ausgangspunkt der Entwicklung der Künstlerkolonie wird.

Wie Sie weiter wissen, ist Mackensen von Flora, Fauna, Himmel, Moor und den einfachen Menschen begeistert und kommt mit Ausnahme von 1888 jedes Jahr in den Ferien wieder. Aber selbst dieser so harmlose Sachverhalt gibt späteren Generationen zu Spekulationen Anlaß. Die einen behaupten, nicht zur Natur, sondern zu Mimi selbst habe sich Fritz hingezogen gefühlt. Für andere sind seine Worpswede-Besuche nicht künstlerisches Stimulans, vielmehr unterstellen sie, daß er dort nur billig Urlaub machen wollte. Beides ist so unwichtig wie unrichtig.

Zufall ohne eigenes Verdienst nannte ich diesen Sachverhalt bereits. Aber war nicht der Zufall oft Ausgangspunkt zu großen Erfindungen, zu großen Entdeckungen, zu großen künstlerischen Leistungen? Daher fühle ich mich nicht in Beweisnot, wenn ich Fritz Mackensen den Rang des Entdeckers Worpswedes für die Kunst zuweise.

Stellen wir uns die nächste Frage, ob Mackensen der Gründer oder einer der Gründer der Künstlerkolonie Worpswede ist. Die Frage ist genau so leicht zu beantworten wie die vorhergehende nach dem Entdecker, sind uns doch in etwa das Datum – man weiß nicht genau, ob es der 25., 26. oder 27. August 1889 gewesen ist – und die Situation vertraut. Auf jener legendären Bergedorfer Brücke leisteten Fritz Mackensen, Otto Modersohn und Hans am Ende ihren ‚Rütli-Schwur‘, der Akademie den Rücken zu kehren und für immer in Worpswede zu bleiben. Diesen historischen Akt sieht die Nachwelt als die Geburtsstunde der Künstlerkolonie Worpswede an.

Nun ahne ich schon Protest von einigen, die mir unterstellen werden, ich habe Fritz Overbeck, Carl Vinnen, Heinrich Vogeler und letztlich sogar Paula Modersohn-Becker unterschlagen, die man heute alle zu den Alten Worpswedern zählt. Man zählt sie alle zur Gründergeneration, jedoch nicht zu den Gründern. Die Fakten sprechen nun einmal dafür, daß bei dem, was wir als den Gründungsakt der Künstlerkolonie ansehen, nur die drei von mir benannten Fritz Mackensen, Otto Modersohn und Hans am Ende dabei gewesen sind. Die anderen waren zu diesem Zeitpunkt noch gar nicht in Worpswede, haben bei dem Gründungsakt auf jener legendären Brücke nicht mitgewirkt und können daher nicht Gründer der Künstlerkolonie gewesen sein.

Aber spielt das eine Rolle? Was wurde denn gegründet? Eine Gemeinschaft von drei jungen Malern, die sich vorgenommen hatten, ihrer Kunst inmitten möglichst unberührter Natur und unverbildeter Menschen zu leben.

Nachdem sie vorher mit dem gleichen Gedanken in Tecklenburg gespielt hatten, wo Otto Modersohn Verwandte besaß, beschlossen sie, sich in dem abgelegenen Worpswede niederzulassen, in einer Landschaft also, die vorhanden war, in einem Dorf, das bereits bestand, unter Menschen, die dort längst lebten. Nicht mehr und nicht weniger. Fest steht: Hätten sie weniger Talent gehabt, wäre ihnen das Schicksal weniger geneigt gewesen, hätten sie durch ihre Taten nicht andere Künstler nachgezogen, kein Mensch würde heute von jenem Augenblick auf der Bergedorfer Brücke sprechen oder Worpswede Weltdorf oder Künstlerkolonie nennen.

Worpswede wäre es ergangen wie zahlreichen anderen Künstleransiedlungen, die damals unter dem Fanal „Zurück zur Natur" überall aus dem Boden schossen und ebenso schnell wieder verschwanden. Worpswede wäre die nächste Station zwischen Lilienthal und Gnarrenburg geblieben, es wäre heute sicherlich weniger belebt, wohl auch weniger problembeladen und würde keine Aufmerksamkeit erregen, es wäre ein niedersächsisches Dorf wie viele andere auch.

Seinen Wohn- und Arbeitssitz – an Hausstand oder Atelier war damals noch nicht zu denken – in Worpswede genommen zu haben, war also kein großes Ereignis, und dieser Art Gründung wurde wohl selbst von den weltabgeschiedenen Dorfbewohnern damals nicht viel Bedeutung beigemessen.

Aber vielleicht ist es Ihnen, meine Damen und Herren, aufgefallen, daß ich in diesem Zusammenhang stets von dem oder den Gründern gesprochen habe, obwohl meinen Ausführungen die Frage nach Mackensen als dem Entdecker oder Be-gründer vorangestellt ist. Es ist keine philologische Spitzfindigkeit von mir, wenn ich Sie bitte, die feine Nuancierung, die zwischen den beiden Begriffen ‚Gründer' und ‚Begründer' liegt, herauszuhören. Gründen, also willkürlich ins Leben rufen, kann jeder schnell etwas, eine Firma, einen Verein, eine Familie. Gerade die damaligen Gründerjahre sind voll von Beispielen, in denen Tatkräftige und Unternehmungslustige etwas gründeten. Begründen kann man nichts willkürlich, weil Begründen immer die Sicht der anderen impliziert. Meinen Ruf kann ich nicht selbst begründen, dafür sorgen die anderen. Und wer von der Künstlerkolonie Worpswede spricht, der meint den Ruf, der diesem Phänomen vorauseilt, den Ruf, an dem im Laufe von hundert Jahren viele, viele mitgewirkt, und den viele gefestigt haben.

Ich behaupte sogar, daß diese Be-gründer Worpswedes nicht nur in den Reihen der Bildenden Künstler zu suchen sind, überhaupt nicht nur der Künstler, weil viele von denen, die zum Ruf Worpswedes beigetragen und den Ort zu einem Begriff gemacht haben, anderen Berufen und Berufungen verbunden gewesen sind.

Unter denen, die Worpswedes Ruf begründet haben, steht vor allen in den Anfangsjahren Fritz Mackensen an hervorragender Stelle. Sie wissen, meine Herrschaften, worauf ich hinaus will: Auf jene Aufsehen erregende Goldmedaille, die Mackensen im Münchner Glaspalast für sein Gemälde „Gottesdienst im Freien" erhielt, und die Worpswede als Künstleransiedlung mit einem Schlage in aller Munde brachte. Wie war es dazu gekommen?

Runde fünf Jahre hatten unsere Maler, denen sich Fritz Overbeck, Carl Vinnen und Heinrich Vogeler zugesellt hatten, inzwischen mit gelegentlichen Unterbrechungen in ihrer neuen Wahlheimat aufgehalten und dort gearbeitet. Der Schulvorstand hatte Fritz Mackensen für 150 Mark jährlichen Mietzins das obere Stockwerk der Schule vermietet, so daß er die Kirchenwand, an dem sein großes Gemälde „Gottesdienst im Freien" entstanden war, ständig vor Augen hatte.

Die Gemeinde war den neuen Einwohnern wohl gesonnen. Der Worpsweder Pastor Fitschen wies von der Kanzel aus darauf hin, wenn einer der Künstler wieder ein ihm wichtig erscheinendes Werk vollendet hatte, und die Bewohner Worpswedes nutzten dann den nächsten Sonntagsspaziergang, um die Novität zu besichtigen.

Nun aber hielten es die jungen Maler für an der Zeit, mit dem bisher Erreichten auch in Bremen vor eine größere Öffentlichkeit zu treten und sich außerhalb Worpswedes dem Urteil eines breiten Publikums und der Fachwelt zu stellen. So griffen sie zu, als der Vorstand des Bremer Kunstvereins – er bestand aus dem Bremer Bürgermeister H.H. Meier, Dr. Focke – uns heute durch das Focke-Museum bekannt – und dem damaligen Stadtbibliothekar, dem Schriftsteller Heinrich Bulthaupt – seine Ambition galt ursprünglich dem Theater, so daß er heutigen Kunstwissenschaftlern durch seine umfangreiche uns hinterlassene Dramaturgie bekannt ist – sich für sie einsetzte und die jungen Worpsweder Künstler mit erstaunlichem Fingerspitzengefühl für das Neue einlud, in der Bremer Kunsthalle auszustellen.

Es wird heute oft kolportiert, daß diese Ausstellung ein großer Reinfall für Mackensen und seine Freunde gewesen sei. Das stimmt nicht ganz. Sie fanden bei einigen Mitgliedern des vorwiegend konservativen Kunstvereins sogar Anerkennung.

Zusammen mit Hermann Allmers und Müller-Brauel feierten sie nach der Eröffnung den Erfolg im Bremer Ratskeller, wobei Mackensen übermütig eine Grußkarte an Carl Vinnen folgenden Inhalts verfaßte: „Bremen, 10. 4. 95, Mein lieber Vinnen, Unsere Ausstellung ist gut aufgenommen worden. Wohlwollen, sogar Begeisterung wird uns entgegengebracht! Es sind 34 Bilder zusammengekommen, die wir vorzüglich in drei Oberlichtsälen untergebracht haben. Mein Bild" – es ist bezeichnend, daß Mackensen, der mit 14 Arbeiten vertreten war, in der Einzahl von „Mein Bild" spricht, so als sei für ihn nur der „Gottesdienst im Freien" von Bedeutung – also „mein Bild hängt im Oberlichtsaal rechts, aus dem die alten Bilder der städtischen Sammlung ausgeräumt sind . . . Es ist sehr schade und wird von uns allen bedauert, daß Du nicht dabei sein kannst. Ich trinke auf Dein Wohl! Mit herzlichen Grüßen Dein treuer Freund Fritz Mackensen."

Aber Artur Fitger, dem in Bremen bewunderten Maler des damals tonangebenden Historizismus in Form von mythologischen und pathetischen Szenen und Themen, dessen Werke die meisten von uns heute wohl eher als talentierten Kitsch empfinden, fehlte das Verständnis für das soziale und religiöse Anliegen, das hier einfachen Torfbauern entgegengebracht wurde. Ein typisches Gemälde von ihm hängt in der sehenswerten Kassenhalle der „Sparkasse in Bremen" am Brill. Auch sein Bruder, Redakteur der „Weser-Zeitung", der damals in kulturellen Dingen als sachverständig galt, erkannte nicht das bahnbrechend Neue, das sich vor den Toren Bremens entwickelte. Beiden ging das Gefühl für den Stimmungsgehalt der Moorlandschaft ab, und sie bemerkten nicht den Ernst, mit dem die jungen Maler die Themen angegangen waren.

Da das gedruckte Wort sich nun einmal am besten überliefert, geistert Fitgers Fama von dem großen Reinfall, vom „Lachkabinett", noch heute durch die Köpfe.

Aber wieder griff das Schicksal zugunsten unserer Worpsweder ein. Zufällig fuhr der Präsident der Münchner Sezession Eugen von Stieler, der Bismarck gerade anläßlich dessen 80. Geburtstages am 1. 4. 1895 im Sachsenwald bei Hamburg besucht hatte, durch Bremen. Ihm zeigte man die Ausstellung, und er versprach den Worpswedern spontan einen eigenen Saal auf der nächsten Ausstellung im Münchner Glaspalast.

Auf dieser „Münchner Jahresausstellung von Kunstwerken aller Nationen im Königlichen Glaspalast" wie sie exakt hieß – wir wissen es alle – erhielt Fritz Mackensen für die bis dahin unverstandene oder sogar belächelte Worpsweder Malerei die Goldene Medaille.

Das war eine gewaltige Tat, die richtig zu beurteilen uns heute schwer wird. 610 der wichtigsten lebenden Maler aus aller Welt, von Rußland bis zu den USA zeigen 1250 Werke, davon 807 Gemälde. Berühmte Namen sind darunter wie Achenbach, Böcklin, Corinth, Walter Crane, Deffregger, Leibl, Trübner, Eduard von Gebhardt, ja sogar Eduard Manet, damals noch bescheiden Manet, Eduard, Paris benannt, war mit 3 Gemälden dort vertreten, zwei Blumenstücken und „Am Hafen von Boulogne", alle drei verkäuflich, wahrscheinlich für ein paar Mark.

Und unter diesen Berühmtheiten unsere jungen Worpsweder! Mackensen mit 6 Gemälden, 5 Zeichnungen und 3 Radierungen, Otto Modersohn mit 8 Gemälden, 7 davon verkäuflich, Overbeck mit 3 verkäuflichen Gemälden und einer Radierung, Vogeler ebenfalls mit 3 Ölgemälden und 7 Radierungen, alle verkäuflich, Hans am Ende mit 8 Radierungen.

Bekannte Professoren, die sechs Jahre zuvor noch die Lehrer der jungen Worpsweder in Düsseldorf, Karlsruhe oder Berlin gewesen waren, hatten ihre Arbeiten nach München geschickt: Hermann Baisch, Eugen Bracht, Ludwig Bokelmann, Eugen Dücker. Sie alle bewarben sich um die begehrten Medaillen. Und einer ihrer Schüler, der unbekannte 29jährige Fritz Mackensen aus dem

ebenso unbekannten Worpswede, erhält eine der beiden Goldmedaillen, die andere geht nach Petersburg, dem heutigen Leningrad (Anm. d. Hersg.: Vortrag v. 1991). Weitere 11 Silberme-
daillen werden vergeben. Keiner der Lehrer der Worpsweder erhält eine von ihnen. Fritz Mackensen, die Worpsweder Maler und
das versteckte Dorf im unwegsamen Teufelsmoor waren mit einem Schlage zum Kunstbegriff geworden und in aller Munde.
Der Durchbruch war gelungen und Mackensen hatte ihn voll-
bracht. Es war vielleicht ein nationales, gewiß aber ein in der
Geschichte des einsamen Moordorfes Worpswede ungewöhnliches Ereignis.

Von nun an werden die jungen Maler zu allen wesentlichen Ausstellungen in Dresden, Berlin, Wien und anderen Kunstme-
tropolen eingeladen. Die Preise für ihre Bilder ziehen an, und aus
den mittellosen Studenten, die sich vor sechs Jahren im Moor
niedergelassen haben, werden begehrte Künstler, die schnell zu
Ansehen und Wohlstand kommen. Wie schon erwähnt, erhielt
Mackensen für seinen prämierten Gottesdienst 13.000,– Goldmark – eine für die damalige Zeit und den so bescheiden aufge-
wachsenen Bäckersohn ungewöhnliche Summe – für die ein
Kunstfreund das prämierte Gemälde erwarb, um es unverzüg-
lich seiner Heimatstadt Hannover zu schenken.

Wie aber ist dieser unerwartete Erfolg aus kunsthistorischer Sicht
zu bewerten und wo einzuordnen? Da jeder jemandes Sohn ist,
auch unsere gegen die Akademien aufsässigen jungen Worpsweder, kommen wir an einer kunsthistorischen Standortbestim-
mung nicht vorbei, wenn wir die Bedeutung dieses Ereignisses
untersuchen oder würdigen wollen, wobei ich im Rahmen dieser
Veranstaltung nur einen Teilaspekt herausgreifen kann.

Tonangebend in der Malerei war zur damaligen Zeit vorbehalt-
los Frankreich. Das war auch für Max Liebermann unstrittig, der
zu diesem Thema schrieb: „Selbst um die Entwicklung der damals zeitgenössischen deutschen Kunst zu verstehen, war die
Kenntnis der neueren französischen Kunst unverzichtbar."

Auch der sonst so nationalbewußte Mackensen sah das nicht anders, den ich in diesem Zusammenhang wie folgt zitiere: „An keinem Platz der Erde war der Gedanke der Erziehung zur Bilden-

den Kunst durch intensivstes Naturstudium so sehr hervor-
herrschend wie in Paris. Daher war Paris von jeher für alle Kul-
turvölker der Erde Lehrstätte der Bildenden Kunst." So weit
Mackensen selbst.

Da es ferner hinreichend bekannt ist, daß man sich in Worpswede
die Künstlerkolonie Barbizon im Walde von Fontainbleau vor
den Toren von Paris als Modell genommen hat mit den heute
noch weltbekannten Künstlern Theodore Rousseau, Daubigny,
Corot, Diaz, Dupre, Troyon und Millet, der Mackensens besonderes Vorbild war, bietet es sich an, die damalige kunsthistorische
Situation an französischen Verhältnissen zu verdeutlichen.

Die zweite Hälfte des 19. Jahrhunderts brachte in der Entwicklung der Bildenden Kunst einen gewaltigen Umbruch. Bei recht
pauschaler Betrachtung, wie sie hier nur angeboten werden
kann, orientierten sich die Künstler damals im wesentlichen an
der griechischen Antike und waren auf der Suche nach dem ab-
soluten Schönen, strebten nach idealer Vollkommenheit. Und
weil man an einen Zusammenhang, eine Verflechtung von ethi-
schen und ästhetischen Werten glaubte, wurde das Schöne, das
folglich das Gute, Edle mit oder in sich führte, zum künstlerischen Ideal, dem der Künstler nahezukommen bemüht war.

Ferdinand Georg Waldmüller (1793-1865), heute noch hochan-
gesehener Maler der alten Schule, sagte dazu: „Die Kunst soll Gefühle veredeln und im Gewand des Schönen den Geist des Guten
fördern."

Da dieses Ideal aber außerhalb des Künstlers zu suchen war,
konnte Kunst nicht Ausdruck des eigenen Ichs sein. Darum ver-
mied es der Künstler, eigene Emotionen in seinem Opus sichtbar
werden zu lassen und widmete sich mit Können und Verstand
ganz seinem Sujet, das er erhöhte, wenn nicht überhöhte, das er
idealisierte und schönte, um dem griechischen Ebenmaß der
Dinge möglichst zu entsprechen.

Und da dem nüchternen Alltag und einer harten Gegenwart zu
selten schöne Seiten abzugewinnen waren, die sich veredeln
ließen, siedelte man sein Schaffen in einer nicht mehr nachprüf-
baren verklärten Vergangenheit, an epochalen Ereignissen oder
in höheren Gesellschaftsschichten an, die bei der seinerzeit gül-

tigen gesellschaftlichen Distanz einer Klassengesellschaft und dem damaligen Informationsstand ohnehin schwer zu überprüfen waren. Stil entsprang nicht dem Formgefühl einer Persönlichkeit, war nicht Ausdruck des gültigen Weltbildes, sondern wurde zur Tünche, mit der man jeden Geschmack – oder Ungeschmack, wie Schadow es einmal nannte – treffen konnte.

Die wirklichkeitsfremde Überhöhung äußerte sich in spektakulären, unechten, melodramatischen, oft technisch brilliant hingesetzten, durchdachten Handlungen, die meist in einer komponierten Landschaft, oft unter kulissenhaften Bäumen, spielten. In meist süßlichen und verschwenderischen Farben zeigten sie jede Einzelheit, nur nicht die Empfindungen des Malers. So entstanden gemalte Epen und Romane, günstigstenfalls Anekdoten, Schlachten, Schwüre, Krönungen, Verrat, mythologische Gestalten, Bergpredigten, Heldentaten. Ebenso waren Ehebruch, Mord und Totschlag beliebte Themen.

Die edle Absicht erfährt wie so vieles im Leben Mißbrauch und Entgleisungen. So dienten antike Figuren oft als Vorwand, Nacktes zeigen zu können. In einem anderen damals bevorzugten Betätigungsfeld, der Genre- und Anekdotenmalerei, ist jedes Bild eine kleine Geschichte, meist eine amüsante Nichtigkeit, oft pikant, manchmal sogar gewagt.

Mit freudestrahlendem Gesicht tätscheln brave Priester die rosigen Wangen junger Mädchen, und hinter der angeblich harmlosen Geste spürt man die Schlüpfrigkeit, die der Künstler gemeint hat, um an entsprechende Instikte zu appellieren und die Phantasie des Betrachters herauszufordern, der sich ausmalen konnte, wie die reizende Geschichte wohl weiterging. Sie glauben, ich übertreibe? Dann will ich ihnen kurz einen Augenzeugen präsentieren, der damals als Kunstkritiker von den Pariser Salons – so wurden die Kunstausstellungen ja damals genannt – berichtete, Emile Zola. Er war nicht nur der größte französische Romancier seiner Zeit, sondern auch das, was wir heute den Theoretiker der damaligen modernen Malerei nennen würden. Er beschreibt den Salon von 1875: „Hiermit will ich es bewenden lassen, um mich nicht in einer Masse von Bildern zu verlieren, die nach Aufmerksamkeit heischen . . . Ich werde also mit geschlossenen Augen an Dutzenden von nackten Frauen vorbeigehen. Da sind Najaden, Bacchantinnen, Dianas, Ledas – alle Schönen der Mythologie . . . Auch an den historischen Szenen gehe ich vorbei: Die Begegnung von Laura und Petrarca, das Gespräch zwischen Heinrich IV. und Sully, Maria Stuarts Hinrichtigung. Ich gehe an den literarischen Themen vorbei: Goethes Gretchen und Mignon, Mussets Namouna, Flauberts Salammbo, La Fontaines Fabeln. Ich gehe an Bildern mit Themen aus allen Ländern der Welt vorbei, an einer endlosen Reihe von Italienern, Spaniern, Türken, Ungarn und Russen in ihren jeweiligen Nationaltrachten. Und wenn ich mich endlich, nicht ohne Mühe, aus diesem Wust von symbolischen Abbildungen, von verschrobenen und extravaganten Ideen befreit habe, beginne ich mit einer neuen Leidenschaft von der Geburt einer neuen Kunst zu träumen, die unsere Zivilisation ausdrückt und ihre Kraft aus dem Schoße unserer Gesellschaft schöpft."

Aber vorerst sind – ich zitierte „die Maler nichts weiter als armselige Dekorateure, die für die Ausstattung unserer scheußlichen Wohnungen sorgen . . ., und lediglich die Landschaftsmaler, die Naturanalytiker sind wahrhaft schöpferisch geblieben." Damit meint er die Meister von Barbizon, die sich bereits um die Jahrhundertmitte, also runde 30 Jahre vor dem soeben beschriebenen Pariser Salon, in die Natur zurückgezogen hatten, und er spielt auf die Impressionisten an, die noch auf Anerkennung warteten.

Falls Sie glauben, daß die Entwicklung in Deutschland anders verlaufen sei, will ich Ihnen einige Titel von Bildern aufzählen, die an jener legendären Ausstellung im Münchener Glaspalast 1895 – also sogar weitere 20 Jahre nach Zola's Bericht – dort gezeigt wurden: Gleich Nr. 1 des Kataloges ‚Auf die Kavallerie: Visier 1200 Meter', Nr. 3 ‚Junge Kätzchen', 6. ‚Auf der Wallfahrt', 8. ‚Der Kranke' (ein Scheinkranker kommt später auch noch), 9. ‚Die Kapitänswitwe', 18. ‚Franctireurs', 20. ‚Beim Gärtner', 35. ‚Sarcy bei seiner Tochter', 41. ‚Prozession in Assisi', 42. ‚Gassenbuben', 54. ‚Das Tränenkrüglein', 57. ‚Centaurenkopf', 57a. ‚Opferfest', 59. Prof. Bokelmann, ein Lehrer und Gönner Mackensens: ‚Abendmahl in Selsingen', 65. ‚Geständnis', 72. ‚Aus dem deutschen Reichstag', 73. ‚Am Schafstall', 76. ‚Am Klavier', 83. ‚Besuch bei der Wahrsagerin'. Ich glaube, es reicht. Und

dabei war das eine Auswahl unter den ersten 83 von 1250 Bildern. Ich wollte es Ihnen nicht antun, noch weitere Stilblüten anhören zu müssen. Das war – fast hätte ich gesagt – „Der Stand der Technik" im 19. Jahrhundert, die manieristische Phase, der Schwanengesang einer Kulturepoche, die nach einer Wende schrie. Ein Schillerwort aus seinem Briefwechsel mit Goethe war wieder zutreffend: „Die Deutschen sollten die nächsten Jahre das Wort Schönheit nicht in den Mund nehmen. Heute wäre es an der Zeit, wenn man das Wort Kunst ruhen ließe und, wie die Griechen sagten, mit dem Anfang anfinge, in der Hoffnung, daß aus dem Handwerk wie ein Phönix sich das neue Genie erhebe."
Schillers Wunsch sollte sich bald erfüllen – und er selbst trug kräftig dazu bei – hatte doch die bürgerliche Gesellschaft seit der Aufklärung immer mehr eine feudale Ordnung einiger weniger abgelöst. Dadurch gewann die Würde des einzelnen immer mehr an Bedeutung, und auch der Künstler wurde sich seines Eigenwertes bewußt und fand eine neue Identität.
Die Einmaligkeit und Unwiederholbarkeit seines Vortrags wurde das Eigentliche, das Wesentliche des Kunstwerks. Jeder nutzte seine eigenen Mittel. Diese hatte man, oder man hatte sie nicht. Es war einem gegeben und nicht erlernbar. War es aber nicht lernbar, dann war es auch nicht lehrbar. Folglich war alles Studium auf den Akademien vertane Zeit, denn dort wurde man – so sah man es – bestenfalls zum Epigonen erzogen. Diese Gedankenfolge führte damals zu einer Akademiemüdigkeit, oft sogar zu einer Akademieflucht, die ja schließlich auch zum Ursprung der uns hier interessierenden Worpsweder Malerei wurde.
Hatte das Darzustellende, das idealisiert werden mußte, bisher Vorrang, so rückten an seine Stelle nun Wahrheit und Wirklichkeit. Das Sujet wurde zum Vorwand, das der Künstler nur noch zur Interpretation seines eigenen Ichs als Ausdruck menschlichen Geistes benötigte und verlor bis hin zur völligen Aufgabe des Objekts als Abstraktion immer mehr an Gewicht.
Subjektanteile, von denen Freud später sprechen wird, gewannen immer mehr an Dominanz. Nicht das Abbildhafte, sondern die schöpferische Persönlichkeit wurde das Wahre. Nicht Natur, wie sie ist, kam zur Bedeutung, real wurde die Welt, wie sie dem

einzelnen erschien. „Nur der Geist schafft die Wirklichkeit", bestätigte Max Liebermann.

So wurden Szenen nicht mehr von „nachäffenden Bildnern griechischer Form", wie August Macke sie später einmal verspottete, künstlich gestellt, malerisch drapiert und raffiniert ausgeleuchtet. Auch eine nacherzählbare Handlung war nicht mehr vonnöten. Der bedeutungsloseste Naturausschnitt und jeder beliebige Eindruck genügten, um kraft der Persönlichkeit und des Ausdrucksvermögens des Künstlers für ewig auf die Leinwand gebannt zu werden. Zwar nahm das Auge den Gegenstand auf, aber die Vision des Künstlers gab ihn wieder oder ignorierte ihn, wenn er nicht wesentlich war.

Diesem ästhetischen Wandel entsprach auch eine neue Sehensweise des Rezipienten, der es gelernt hatte, durch individuelle Eindrücke und eigene Mitarbeit seinen Teil zur Wirkung des Kunstwerks beizutragen und dadurch nicht mehr nur passiver Konsument war, sondern selbst am schöpferischen Prozeß teilhatte.

Mit dieser neuen Sicht, die man als den Beginn der Moderne ansprechen kann, ändern sich auch die Maßstäbe, die an ein Kunstwerk gestellt werden. Die bislang geforderte Geschlossenheit der Form löst sich in Dramaturgie und in den Bildenden Künsten zugunsten künstlerischer Freiheit auf. Damit dürfte neben der fundamentalen Forderung nach Wahrheit und Wahrhaftigkeit einer der vielen Aspekte dessen, was wir Realismus nennen, erklärt sein.

Vom manchen wird dieses Abwerfen jahrtausende alter Fesseln der Tradition oft als Unvermögen des Künstlers angesehen. Je konsequenter es auftritt, mit desto mehr Widerspruch wird es aufgenommen. So fehlt dieser neuen Kunst anfangs die Breitenwirkung, sie wird elitär.

Zola prägt für diese neue Richtung seinen markanten Satz: „L'œuvre d'art est un coin de la nature, vue a travers un temperament" oder verkürzt „L'art, c'est la nature, vue par un temperament". „Kunst ist durch ein Temperament gesehene Natur."

Von diesen Worten ist es kein weiter Weg mehr zu Mackensens künstlerischem Credo: „Kunst ist Spiegelung der Natur in einer Menschenseele. Wie die Seele, so die Kunst."

Auch er spürt den Zug der Zeit, auch ihm gelingen großartige Bilder, in denen er ein Stück Natur oder besser gesagt das, was er in ihr sieht, wie er sie empfindet, eindrucksvoll auf die Leinwand bannt: Die junge Martha Schröder, die spätere Frau Heinrich Vogelers, die am Gartenzaun lehnt und nichts weiter als die Einheit von Natur und Mensch verkörpert, ist eines seiner schönsten Beispiele. So empfinden wir heute die Bilder, denen er wohl nicht allzuviel Bedeutung beigemessen hat, als seine stärksten.

Fritz Mackensen: Mädchen am Gartenzaun (1897), Öl auf Leinwand (65 x 40)

Aber oft kann er seinen Hang zum Besonderen nicht unterdrücken. „Ein Bild, pompös", beschreibt er 1887 in einem Brief an Modersohn schwärmerisch ein Gemälde. Schon damals hätte der Freund merken müssen, wie wenig sie beide als Künstler verbindet, wenn man von ihrer Natürlichkeit absieht.

Selbst, wenn Mackensen die reine Landschaft ohne Figuren malt, spürt man oft seinen Hang zum Außergewöhnlichen, zum Blickpunkt. Darum auch seine Vorliebe für Windmühlen.

Was ihn aber am meisten von seinen Worpsweder Freunden unterscheidet, ist seine Hinwendung zur menschlichen Darstellung, die früher oft Triebfeder vieler Historienmaler gewesen ist. Als er als Anfänger auf der Düsseldorfer Akademie von Modersohn beraten wird, aus praktischen Erwägungen die Landschafterklasse zu belegen, weist er das empört von der Hand: „Was, Landschafter soll ich werden? Menschen will ich malen."

Diesen Hang nimmt er auch mit nach Worpswede und bekennt sich im Gegensatz zu seinen Freunden, die sich meistens in die menschenleere unbelebte Landschaft zurückziehen, zur Darstellung des Menschen, der bei ihm jedoch stets in die Landschaft eingebunden bleibt, ja fast zum Teil von ihr wird. Aber wie, um eine Verbindung von Mensch und Natur zu schaffen, stellt er die

Moorbauern in den unerbittlichen Lebenskampf, der hier Tag für Tag ausgetragen werden muß? Er malt sie bei der Arbeit, die ihrem Leben einen Sinn gibt: Den Fischer, den Holzschuhmacher, den Bauern mit der Egge, die alte Wollspinnerin, den Sämann. Und selbst, wenn eine Figur im Augenblick der künstlerischen Erfassung nicht arbeitet, hat der Betrachter den Eindruck, daß sie nur soeben einmal von ihrem Tagewerk ausruht. Arbeit aber ist schließlich auch Handlung. So liegt es auf der Hand, daß es von dieser Wiedergabe tätiger Personen zur epischen narrativen Malerei kein großer Schritt ist. Daher ist Mackensen ständig in Versuchung, in eine Darstellungsform zurückzufallen, die zu überwinden sie alle gemeinsam in die Einsamkeit gegangen sind. Mit diesem Drang zum Anekdotischen steht er in der Pflicht einer Tradition, aus der er sich nicht lösen kann. Er gestaltet durch in Handlungen eingebundene Gestalten und läuft dabei zusätzlich Gefahr, daß die ihn bewegenden Anliegen nicht als Sinnbilder, sondern als Abbilder aufgenommen, daß sie betrachtet, statt empfunden werden, daß sie wirken, aber nichts bewirken.

Mackensens Überhöhung des Menschen, der in seiner Pflicht Erfüllung findet, dieses Hohelied der Arbeit, erinnert an den inzwischen überwundenen Regelkanon Gottscheds vom moralischen Lehrsatz, der Verhaltensmuster demonstriert und zur Nachahmung oder Vermeidung empfiehlt. Kunst blieb für ihn die moralische Anstalt, ein bildhaft verbrämtes moralisches Bekenntnis, das dem Zusammenleben dienen sollte, sei es im gesellschaftlichen, im kirchlichen Sinne, sei es in harmonischem Einklang mit der Natur. Dieses Erbe kann Mackensen nicht abschütteln, und er bleibt konsequent auf dieser Linie bis hin zu seinen „Arbeitsdienstbildern", die ihm heute so übelgenommen werden, obwohl sie nicht als Verherrlichung nazistischer Herrschaftsformen, sondern als unparteiische Hymne an das Ethos der Arbeit gesehen werden sollten.

Eine Sicht der Arbeit, wie Fritz Mackensen sie gesehen hat, scheint heute nicht mehr zeitgemäß. Dabei wäre zu streiten, ob die Pflege des Arbeitsethos, unter dem deutsche Wertarbeit zum Begriff mit Weltgeltung geworden ist, nicht besser für alle gewesen ist als die utilitaristische Einstellung, die man heute zur Arbeit hat und durch die menschliche Leistung inzwischen zur

Ware degradiert ist. So kann man sich heute zurecht fragen, ob Mackensens künstlerische Reflexion der Arbeit nicht etwas Visionäres gehabt hat, wodurch ihm allein schon dadurch heute eine Neubewertung zustünde.

Wie anders die übrigen Worpsweder! Für sie ist Kunst kein Mittel, weder zur moralischen Besserung oder Erbauung, noch zu bloßem Zeitvertreib. Wenn bei ihnen reale und künstlerische Wahrheit eins werden und Bild und Sinnbild verschmelzen, dann wird ihre Kunst etwas Absolutes, das keine Funktion nötig hat und entspricht damit Kants Kunsttheorie von einem „interessenlosen Wohlgefallen" oder Hegels Forderung nach „Begierdelosigkeit". So sind sie in ihren Arbeiten nicht auf Menschen angewiesen, nicht auf Schicksale, Taten oder Handlungen. Ihnen genügt die Landschaft, möglichst die unberührte, unverbildete, urwüchsige, um ihre Phantasie zu erregen. Ihnen ist jedes Stück Natur, die ohnehin in ihrer neuen Heimat schön ist, recht, um sich selbst darin ohne Ideen oder Gedankenkonstruktionen, ohne jede Absicht, ohne Handlung, ohne Staffage zu verwirklichen. Das Motiv ist für sie nur Vehikel für ihre Emotionen, sofern es in ihnen solche hervorruft. Wenn sie die Hamme malen, so geht es ihnen nicht um den Fluß, sie malen die Empfindung, die sie angesichts des Wassers und der weiten Flächen befällt. Diese Empfindung wird ohne intellektuelle Korrektur, ohne effekthascherische Eitelkeit, ohne Kalkulation von Wirkung und Erfolg in Kunst umgesetzt, in der nur Wahrheit und Wahrhaftigkeit zählen. Wenn sich im Laufe der Jahre ihr Gefühl ändert, verändern sich auch Formen und Farben ihrer Bilder.

Bei Modersohn, der von Mackensens Freunden am ältesten wird, wird das besonders deutlich, wenn man z.B. die Bilder, die er an Paulas Seite malte, mit ähnlichen Werken aus seinen späteren Fischerhuder Jahren vergleicht. „Form und Farbe und Wesen der Dinge . . . bannte er auf die Fläche und schuf so bedeutende Werke ganz in seiner Eigenart", sagte Mackensen, als er an des Freundes Grab stand.

Bei Mackensen steht also der tätige Mensch im Mittelpunkt und ist in seine heimische Umgebung, in sein Milieu gestellt. Damit betritt er, wenn auch in traditioneller Form und mit akademischen Mitteln, mit der Würdigung des tätigen einfachen Menschen thematisch Neuland.

Zwar hat schon Menzel in seinem „Eisenwalzwerk" zehn Jahre früher die harte Arbeit zum Gegenstand künstlerischer Auseinandersetzung genommen. Und das nicht wie seinerzeit die Niederländer, bei denen Arbeit auf dem Lande stets eine für Städter bestimmte Idylle gewesen ist, sondern in aller sachlichen Härte des industriellen Zeitalters, dem Menzel damit seine Reverenz erweist.

Max Liebermann hat sich des Themas Arbeit ebenfalls bereits vor Mackensen angenommen, man denke an seine Netzflickerinnen, Gänserupferinnen oder Konservenmacherinnen.

Mit der 1892 gemalten „Stillenden Bäuerin" schockierte Fritz Mackensen das Bremer Kunstpublikum. Wie auch konnte man anderes in einem Land erwarten, dessen Kaiser selbst in diesem Zusammenhang von „Armeleute"- oder sogar „Rinnsteinkunst" sprach. Obwohl Mackensen die „Madonna im Moor" losgelöst von ihrer realistischen Lebenssituation, wie Sauer es sieht, überhöhte und mit einer nahezu sakralen Würde ausstattete, war die Kritik zunächst vernichtend. Dabei strahlte alles, was Mackensen auch malte, ob einsamen Fischer oder müde Moorbäuerin, bei ihm stets Lebensernst und Würde aus, so als ob der Künstler beim Malen das Bibelwort im Kopf hatte „und wenn es schön gewesen ist, so ist es Mühe und Arbeit gewesen."

Das entspricht ganz Mackensens Einstellung zur Arbeit, die für ihn nicht Fron zu fremdem Nutzen sein muß, sondern auch Erfüllung auf der eigenen Scholle sein kann. Er zeigt den Landmenschen in seinem harten, aber selbstbestimmten Lebenskampf, der aller proletarischen Entfremdung des Stadtproletariats entgeht, weil hier der Produzent nicht von den Produktionsmitteln getrennt ist. Auch wenn dafür auf Mackensens großem Gemälde „Die Scholle", das im Besitze der „Dresdener Gemäldegalerie" ist, die Töchter des Bauern selbst die Egge über den Acker ziehen. Sie führen eine Arbeit aus, die man sonst nur Ochsen oder Pferden zumutet, aber sie tun das mit zufriedenen Gesichtern, weil es die eigene Scholle ist, die sie bearbeiten. Dadurch entgehen Mackensens Figuren bei aller Härte ihres mühsamen Tagewerks der entwürdigenden Vermassung und Entmenschlichung und bleiben für ihn schwer arbeitende, aber eigenständige Individuen.

Vielleicht ist das überhaupt einer der Gründe, warum sich die jungen Worpsweder Maler damals nicht zu den Latifundien des Landadels oder der ostelbischen Gutsherren mit ihren hierarchischen Strukturen hingezogen fühlten, wo sie sicherlich nobler aufgenommen worden wären, sondern in die karge Moorlandschaft, deren industrielle Ausbeutung und landwirtschaftliche Nutzung damals noch nicht verlohnend zu sein schien und dadurch Refugium derer blieb, die zwar arm, dafür aber die eigenen Herren waren.

Schon 1900 liest man in der Zeitschrift ‚Kunst für alle': „Auch bei Mackensen scheint mir das subjektive Element nicht zu fehlen. Indem er die Menschen anscheinend so objektiv darstellt, malt er einen Teil seines eigenen ihnen verwandten Wesens."

Sollte das ein Schlüssel sein? Schon Paula Modersohn-Becker hat ihn bedauert, weil er nicht abstreifen könne, in kleinen Verhältnissen aufgewachsen zu sein. Sie vertraut schon 1897 ihrem Tagebuch an: „Es klingt hart von mir, grausam hart, es liegt ein großer Dünkel darin, und doch muß ich es sagen. Dies ‚In kleinen Verhältnissen Aufgewachsensein' . . . ist sein Fehler, für den er selbst nichts kann. Daß der Mensch es doch nie abschütteln kann, . . . auch später nicht, wenn er im Wohlstand lebt, der edle Mensch wenigstens nicht. Dieser Kampf läßt Spuren zurück. Sie sind fast unsichtbar, aber es sind ihrer viele, viele . . . So ist es auch bei Mackensen. Er ist ein famoser Mann, geklärt in jeder Beziehung, steinhart und energisch, zärtlich, weich . . . Doch das Große, das unsagbar Große, das ist verloren gegangen. Im Leben nicht, in der Kunst. Schade, schade." Sollte er die Welt aus dieser Perspektive der eigenen Vergangenheit sehen, aus diesem Blickwinkel sein künstlerisches Credo beherzigen „wie die Seele, so die Kunst"?

Oder glaubt er, sich dem Vorbild akademischer Monumentalität und balladesker Epik nicht entziehen zu können, wenn er Anerkennung finden will und Jury und Publikum auf's Maul schaut? Hatte nicht schon vor ihm August Graf von Platen, ein Meister der Form, resignierend erkannt:

Stets am Stoff klebt unsere Seele, Handlung
ist der Welt allmächtiger Puls, und deshalb
Flötet oftmals tauberem Ohr der hohe
Lyrische Dichter.

Meint Mackensen, diese Selbstverleugnung ohne kompromittie-
renden eigenen Schaden zu überstehen, wenn er einen Milieu-
wechsel von der pompösen Historie zur harten Gegenwart voll-
führt und damit neue Probleme alten Mitteln adaptiert?

Fast bin ich in Versuchung, daran zu glauben. Und wenn das
seine Absicht gewesen sein sollte, dann hätte er damit sogar Erfolg gehabt, was die Goldmedaille im Glaspalast ja bewiesen hat.

Und, meine Herrschaften, jetzt riskiere ich eine gewagte Hypo-
these, deren Beweisführung mich noch einmal nach Bremen und
München führt.

Ich vermute, daß in Bremen nicht Mackensens preisgekrönter
„Gottesdienst" den Präsidenten der Münchner Genossenschaft
Eugen von Stieler so sehr beeindruckt hat, daß er die jungen
Worpsweder nach München einlud, sondern die übrigen spontan
entstandenen Arbeiten in ihren so ungewohnt frischen, in Son-
nenlicht getauchten klaren Farben, die so mutig nebeneinander gesetzt waren und die Landschaft befreiten von den Fesseln
eines streng dosierten Lichteinfalls und des teerfarbenen
Galerietons, wie sie auch die deutschen Akademien seit Couture
forderten, damit die Bilder die Patina eines vergilbten Firnisses
vortäuschten. Cezanne spricht davon als „von dem Schrecken
der Akademien, jener braunen Sauce, die nach Rezepten jäm-
merlich zusammengebraut ist."

Von Stieler, Dr. jur., der sich nach abgeschlossenem Studium später mit nicht allzuviel Erfolg der Malerei zuwandte, dann diese
beiden Berufswege erfolgreich in eine auf die Bildende Kunst
ausgerichtete Verwaltungslaufbahn einbrachte und später Syn-
dicus der Akademie der Bildenden Künste wurde, konnte
Mackensen in jahrelanger Arbeit, teilweise an der Worpsweder
Kirchenwand, teilweise im Atelier entstandener „Gottesdienst
im Freien" nicht viel Neues bieten. Sieht man von dem Ernst und
der Würde des Vorgetragenen ab, dann war dieses monumentale
Gemälde bei hohem malerischen Anspruch das, was der Präsident in München stilistisch täglich vor Augen hatte. Zwar war

der erste Eindruck, den Mackensen bei dem Schlußdorfer Gottesdienst gewonnen hatte, ein natürliches Ergebnis, das er ausgiebig skizzierte. Aber dann trug der junge Maler die Idee jahrelang mit sich herum, und aus dem wahrhaftigen, realistischen ersten Eindruck wurde ein komponiertes und stilisiertes Sujet. Die dargestellten Figuren waren nicht mehr die erlebten echten Worpsweder Typen. Den Pfarrer, der von vielen als Fremdkörper empfunden wurde, fand Mackensen in Tecklenburg, die andächtig der Predigt Lauschenden wurden in Kostüme gesteckt, die es in Worpswede nicht gab. Zu diesem Zweck betrieb Mackensen auf Anregung Prof. Bokelmanns mehrere Wochen lang Studien in Selsingen, wo die Bewohner teilweise diese Trachten trugen.

Dieses in die damalige Kunstlandschaft passende konservative Gemälde hob sich wie eine epische Ballade unter lyrischen Gedichten von den übrigen 33 Gemälden der jungen Worpsweder, die in Bremen ausgestellt waren, gewaltig ab, ja, es fiel selbst unter den Arbeiten Mackensens aus dem Rahmen, der neben Porträts dort mit einer Moorbrücke und einer Windmühle im Stile seiner anderen Kollegen vertreten war.

Lediglich sein „Säugling", im Volksmund später Worpsweder Madonna genannt, ließ in dieser Hinsicht noch Zweifel aufkommen. So kann ich mir nicht vorstellen, daß von Stieler die übrigen 33 Gemälde in Kauf genommen hätte, nur um den „Gottesdienst" in München zeigen zu können. Die Logik liegt eher im Umkehrschluß: Wenn die neue Sicht der Worpsweder den Präsidenten so beeindruckte, daß er sie in München vorstellen wollte, so mußte er das Paradestück des Entdeckers Worpswedes wohl oder übel mitnehmen. Dieser Gedanke wird auch durch die Tatsache gestützt, daß die Gemälde aller Künstler der Künstlerkolonie – einschließlich Fritz Mackensens – in einem eigens für sie reservierten Raum, dem Saal 23, des Glaspalastes hingen. Lediglich der „Gottesdienst" war in Saal 24, der „Säugling" in Saal 22 unter den Werken anderer Künstler plaziert.

Wenn es aber dem mit der Ausstellungsleitung betrauten Präsidenten von Stieler nicht um den „Gottesdienst", sondern um die anderen Worpsweder gegangen sein sollte, wie ist es dann zu erklären, daß ausgerechnet dieses Werk des in München völlig unbekannten Worpsweder Malers ausgezeichnet wurde?

Schauen wir uns zu diesem Zweck einmal die Mitglieder der Jury an, die die Preisfolge zu vergeben hatte. Von Stieler selbst gehörte ihr nicht an. Den Vorsitz führte der Direktor der Königlichen Akademie der Bildenden Künste, München, Prof. Ludwig von Löfftz, über den ich folgendes recherchiert habe: Geboren 1845, gestorben 1910, Genre- und Landschaftsmaler. Einige Titel seiner Bilder: Heimkehr von der Jagd, Geiz und Liebe, Orpheus und Eurydike.

Sein Stellvertreter in der Jury: Prof. Alfred von Kowalski, München. Über ihn konnte ich nichts eruieren.

Die Mitglieder:

Der Maler Christian Maximilian Baer, geb. 1853. Wie folgt geschildert: Ausmalung von Speisesälen in Schlössern, Jagdstilleben mit lebensgroßen Rehen, Hirschen, Geflügel. Bildnis- und Genremalerei. Einige Titel: ‚Nach der Jagd‘, ‚Fastenzeit‘, ‚Durch den Boten‘.

Karl Blos, geb. 1860, Kgl. Prof. der Münchner Akademie. Ich zitiere aus einer Beschreibung des Künstlers: „Große Bewegungen erschütterten den Boden deutscher Kunst. Von Frankreich herüber wehte der kühle, herbe Atem der Impressionisten. Klinger und Stuck revoltierten die deutschen Ausstellungssäle. Das alles scheint an der stillen Werkstatt des Karl Blos einflußlos vorübergegangen zu sein." So weit das Zitat. Können Sie sich vorstellen, daß dieser Mann etwa für Modersohns „Herbstmorgen am Moorkanal" gestimmt hätte?

Als weiteres Mitglied der Jury, Gilbert von Canal, geb. 1849. Stimmungsbilder mit malerischen Architekturen.

Dann kommt ein Mann, den Sie alle kennen, Franz von Defregger, geb. 1835, tiroler Genre- und Historienmaler, Schüler von Piloty, daher nicht ohne sprichwörtliches Piloty-Pathos. Einige Titel: ‚Heimkehr der Sieger‘, ‚Andreas Hofers letzter Gang‘, ferner – Sie kennen es alle – ‚Das letzte Aufgebot‘, das in Wien hängt.

Dann dessen Schüler, der Österreicher Albin Egger-Lienz, den Mackensen später als Lehrkraft nach Weimar holt. 1868 geb., Historienmaler unter dem Einfluß Defreggers; einige Titel: ‚Ave Maria nach der Schlacht am Berge Isel‘ oder ‚Nach dem Friedensschluß in Tirol‘.

Dann ein Franz Eisenhut, über den ich nichts finden konnte. Ferner Prof. Walter Firle, geb. 1859. Anfangs Freilichtmalerei in den Spuren Israels, später Porträt- und Genremaler. Titel seiner Bilder: ,Morgenandacht in einem holländischen Waisenhause', ,Im Trauerhause'. Letzteres soll eine erschütternde Schilderung mütterlichen Leides ohne Sentimentalität dargestellt haben. Weitere Titel: ,Die goldene Hochzeit', ,Vaterunser'. Man kann sich vorstellen, daß dieser Künstler keine Probleme hatte, Mackensen seine Stimme zu geben.

Dann folgt ein Grieche, Georg Jakobides, 1853 auf Lesbos geboren, studiert an der Akademie in Athen. Historienbilder mit den Titeln: ,Iphigenie in Tauris', ,Medea'. Später soll er zum Genre und zu humoristisch-anekdotischen Darstellungen übergegangen sein. Dann Orvin Peck, ein 1860 in den USA geborener Genre- und Bildnismaler, der in München studiert hat. Ferner Theo Schmuz-Baudiss, ein 1864 geborener Töpfer und Keramiker, ab 1902 Direktor der Berliner Porzellan-Manufaktur.

Als letzter dann Georg Schuster-Woldan, geb. 1864, über den nichts zu finden ist. Laut Vollmer könnte es sich um einen Münchner Restaurator mittelalterlicher Werke gehandelt haben. Das war die Jury, die 1895 über Wohl und Wehe von 1250 zur Münchner Jahresausstellung von Kunstwerken aller Nationen im Königlichen Glaspalast eingereichten Arbeiten zu befinden hatte, auf die Eugen von Stieler, der die Worpsweder in Bremen entdeckt hatte, keinen Einfluß nehmen konnte.

Haben Sie nun noch Bedenken, daß Fritz Mackensen mit seinem „Gottesdienst" bei ihnen in guten konservativen Händen gewesen ist? Die Münchner Jury hat die besten Exemplare der zu ihrer Zeit gültigen Malweise ausgezeichnet.

Noch einen Beweis möchte ich für meine These anführen, daß mit Mackensens „Gottesdienst" konservative Preisrichter ein ihnen konservativ erscheinendes Gemälde prämiert haben: Es wurde nämlich noch eine zweite Goldmedaille vergeben. Sie erhielt nicht ein ,armer Schlucker', wie Mackensen sich später oft selbst charakterisierte, sondern ein bereits anerkannter Meister, schon seit 1893 Professor und Leiter der Klasse für Historienmalerei an der Petersburger Akademie, Ilja Repin, den die Russen noch heute den großen Repin nennen. Auch sein Ideengehalt hatte eine stark soziale Tendenz. Mit seinem Verständnis für das Volk und die geistigen Bestrebungen seiner Zeit bestimmte er in seinen Werken die wesentlichen Züge des russischen Realismus in der zweiten Hälfte des vorigen Jahrhunderts.

Sein in München mit einer Goldmedaille ausgezeichnetes Bild „Die Saporoger Kosaken schreiben einen Brief an den türkischen Sultan", an dem er von 1880 bis 1891 arbeitete, schildert eine Begebenheit aus dem Jahre 1676, als der türkische Sultan die Dargestellten aufforderte, seine Untertanen zu werden, was sie in ei-

Ilja Repin: Die Saporoger Kosaken schreiben einen Brief an den türkischen Sultan (1880 – 1891), Öl auf Leinwand (203 x 358)

nem Brief mit beißendem Spott ablehnten. Aber die trefflich gemalte Handlung ist bei diesem Historienbild nicht so von Bedeutung wie die einzelnen verwegenen Gestalten, deren jede eine Persönlichkeit ist mit keiner Spur von Untertanengeist, alle sind aus dem Leben gegriffene, deftige Figuren, vielleicht als verschlüsselte Warnung gedacht. Vor München war das 203 x 358 cm große Gemälde bereits 1891 in Leningrad ausgestellt, wo es heute noch zu sehen ist.

Repin, ein echtes malerisches Gegenstück zu Leo Tolstoi, erhebt – wie Mackensen den Moorbauern – den zur Fronarbeit vergewaltigten Leibeigenen zum Individuum, an dessen seelische Kräfte er glaubt. Vieles Gemeinsame läßt sich beim Vergleich der Werke beider Künstler entdecken, ein Tatbestand, der gesonderte Untersuchung durchaus rechtfertigen würde.

Die Jury hat also auch in diesem Falle ein Werk prämiert, das neue soziale Probleme im historischen Gewand darstellt. Sollte die Auswahl in München von der Absicht bestimmt gewesen sein, von den sich deutlicher und deutlicher abzeichnenden sozialen Problemen, die immer mehr unter den Nägeln brannten, Kenntnis zu nehmen und dazu noch mit Mackensen – entgegen früheren Gepflogenheiten – einmal einen jungen Maler zu prämieren, dem der Ruf eines Worpsweder Neuerers vorausging, und von dem trotzdem nichts Neues zu befürchten war? Fest steht, daß die Jury Bilder begünstigte, die mit der alten akademischen Sicht nicht brachen.

So läßt sich an dem Beispiel, das wir hier abhandeln, neben unserem eigentlichen Thema gut der Mechanismus demonstrieren, durch den es das Neue so schwer hat, sich durchzusetzen. Wenn eine Jury aus altverdienten Künstlern besteht, so werden diese immer wieder den Werken und Künstlern den Vorzug geben, die der Art entsprechen, mit der sie selbst einmal mehr oder weniger erfolgreich waren. Wie schwer mußte es für diejenigen sein, von denen sich eine solche Jury vor den Kopf gestoßen fühlte. Ein noch so stark empfundener „Herbstmorgen am Moorkanal" von Otto Modersohn hatte vor diesem Gremium keine Chance. Um so viel höher ist es zu bewerten, daß die Pinakothek eines von Modersohns Bildern, den leider verschollenen „Sturm im Teufelsmoor", ankaufte. Aus künstlerischer Sicht war das der größere der Münchener Erfolge. Aber er erregte bei weitem nicht das Aufsehen, das eine Goldmedaille einem bis dahin unbedeutenden Moordorf brachte.

Resumieren wir: Um sich von akademischen Fesseln zu lösen, zogen die jungen Künstler – Mackensen voran – nach Worpswede. Der Durchbruch jedoch gelang ihm in München mit einem Werk, mit dem er gegen diesen Vorsatz verstieß. Aber er gelang! Mackensens großes Verdienst liegt in diesem Gelingen, ganz gleich, wie es zustande gekommen war. Wer weiß, ob jemals jemand von einer Künstlerkolonie Worpswede gesprochen hätte, wenn es zu diesem Erfolg nicht gekommen wäre, wenn Mackensen von München keine Goldmedaille mit ins Moordorf heimgebracht hätte.

Dennoch, der Sieg von München wurde teuer bezahlt, brachte er doch den Gegensatz zutage, an dem die Gemeinschaft von Freunden einmal zerbrechen sollte. Besonders zwischen Fritz Mackensen und Otto Modersohn wird die Kluft von da an größer und größer. Noch 1889 schrieb er an ihn: „Wir müssen das Glück, das gerade wir beide zusammengekommen sind, benutzen. Ich glaube, daß sich sehr selten zwei zusammenfinden, die so ganz dasselbe Ziel verfolgen . . ." Wie wenig kannte Mackensen den Freund, wie hätte er ihm sonst 1892 vorhalten können: „Es mag ja stimmen, wenn du sagst, ein kleines Stück Luft mit ganzem Gefühl gemalt, darin könne schon die ganze Kunst liegen. Aber wir werden damit nie auf uns aufmerksam machen." Mackensen trachtet also nach Wirkung, Modersohn weiß, daß diese von selbst kommt, wenn etwas nur tief genug empfunden und wahrhaftig wiedergegeben wird. Er spricht später einmal von „der Sensationslust bei den Ausstellungen". Statt „glänzender Mache" und „virtuoser Technik" will er „dem Zufall freien Lauf lassen . . . die Natur subjektiv sehen, sie beseelen." Mag Mackensen mit seinen epischen Monumentalgemälden brillieren, Modersohn sucht in der Stille das Intime, in dem es nicht auf den Stoff, auf das ‚Was', sondern auf das ‚Wie' ankommt. Ihm geht es nicht darum, Aufmerksamkeit zu erregen. Im Gegenteil: Er will diese meiden, um in Stille arbeiten zu können. So leben sich die einstigen besten Freunde auseinander, in ihrer Kunst und in ihrem persönlichen Umgang.

Ihr Zeitgenosse Hans Müller-Brauel hatte die widersprüchliche Natur beider früh erkannt, wenn er schreibt: „Der Landschafter Otto Modersohn steht in seiner, sowohl körperlichen wie künstlerischen Erscheinung im schärfsten Gegensatz zu Fritz Mackensen. Ist dieser eine thatkräftige, energische, sich nie genugthuende Natur mit sehnigem Körper und stolzer freier Haltung, so ist Modersohn ganz das Bild eines Innenmenschen, träumerisch und sanft, mit leicht vornüber gebeugter Haltung. Er steht der Natur nicht als zwingender Eroberer, sondern als Untergebener gegenüber, er will nachschaffen, was er von der Natur empfunden, was in seiner Seele wirkt."

Aber wie es auch sei, die unserem Thema vorgegebene Frage, welche Bedeutung Fritz Mackensen für Worpswede zukommt, ist für mich unstrittig: Er war der Entdecker Worpswedes, er war einer der drei Gründer der Künstlerkolonie, und er war einer ihrer Be-gründer.

Dennoch tut man Mackensen mit der Behauptung nicht Unrecht,

daß mit ihm keine neue Stilrichtung begann, sondern die alte in Glanz endete.

Ein dementsprechendes Schicksal erfuhr auch das Werk, das die Künstlerkolonie seinerzeit in das öffentliche Interesse gerückt hatte. Es hängt nicht in der Gemäldegalerie des Niedersächsischen Landesmuseums zwischen bedeutenden Bildern der Kunstgeschichte, wo der Kunstfreund es vermutet, es hängt als historisches Zeugnis im „Historischen Museum" in Hannover. Eine Konsequenz, wie sie selten von einer musealen Administration so folgerichtig getroffen wurde.

Wie wichtig es mir dennoch erscheint, ist durch die Tatsache bewiesen, daß ich mit allen Mitteln dafür kämpfte, dieses 4,10 x 2,70 große Gemälde 1986 zu jener großen Worpswede-Retrospektive nach Wien mitzunehmen, um es dort im Wiener Künstlerhaus noch einmal an der Stelle zu zeigen, an der es 1898 in Mackensens großer Zeit schon einmal die kunstbesessenen Wiener erfreut hatte. Denn wie sollte man ihnen Worpswede anschaulich machen, wenn dieses denkwürdige Dokument fehlte?

Der „Alte Trutzige", wie Wohltmann ihn später einmal nannte, hatte ein ähnliches Schicksal wie das Bild, das sein Leben bestimmte. Der Stern des Mannes mit den Goldmedaillen, von dem Paula einst sprach, war schneller verblaßt als der seiner Freunde. Was ihn groß gemacht hatte, war meist vor der Jahrhundertwende entstanden. Als er spürt, daß ihn seine Kreativität verlassen hat – ein Mackensen hätte das niemals zugegeben – setzt er seine pädagogischen Fähigkeiten in Weimar ein.

Aber auch als Direktor der dortigen Kunstschule bleibt er Worpswede treu. Zwar mietet er sich in der Goethestadt eine bescheidene Wohnung im Erdgeschoß Windmühlenstr. 4, benutzt aber jede sich bietende Gelegenheit, in sein Haus am Weyerberg zurückzukehren, auf das Walter Bertelsmann in Mackensens Abwesenheit ein Auge hat. Als er 1918 den Weimarer Lehrauftrag verliert, kommt er ganz nach Worpswede zurück, findet aber als Künstler nie wieder Anschluß und ernährt sich in der Hauptsache von Porträtaufträgen, die Zola einmal „das Kleingeld der Historienmaler" genannt hat. Nur in wenigen Fällen findet er zur alten schöpferischen Größe zurück. Als er z.B. seine schwermütige, lebensuntüchtige Tochter Alexa malt und Farben und Form bei ihm zum schmerzhaften, fast expressiven Aufschrei werden. Seine letzten Lebensjahre verlebt er in Armut und Einsamkeit.

Mackensen hat für etwas die Goldene Medaille bekommen, das er und seine Freunde ursprünglich überwinden wollten, sagte ich. Aus diesem Faktum und Fatum mußte sich ein Spannungsfeld entwickeln, das sich bereits auf die Gründergeneration auswirkte mit seinem positiven und seinem negativen Pol. Dieses Spannungsfeld hat sich gehalten bis auf den heutigen Tag. Unter ihm hat sich die Gründergeneration zerstritten, unter ihm haben andere Generationen gelitten, auch ich fühle mich davon betroffen[1]. – So mancher mag in Anlehnung an das Heinrich-Heine-Gedicht unter seinem Strohdach geseufzt haben:

> „Worps- ich an Wede in der Nacht,
> dann bin ich um den Schlaf gebracht."

Aber diese Spannungen, welche die Alten uns hinterlassen haben, blieben das Kraftfeld, aus dem so viele ihre Energien bezogen und das so oft Kreativität zündete, mal im Schaffensrausch, mal voller Verzweiflung. Es war Stimulans für eine schöpferische Unruhe, die zu großen Taten beflügelt. Auch das ist ein Teil des Phänomens Worpswede.

Ich sagte eingangs, daß an diesem Phänomen viele mitgewirkt hätten. Von dem Durchbruch in München haben wir ausführlich gesprochen. Aber es kamen andere Impulse. Rilke trat auf und schrieb seine Worpsweder Künstlermonographie. Es war nicht sein stärkstes Werk, aber mit dem wachsenden Ansehen des Dichters wuchs auch Worpswedes Bedeutung. Heinrich Vogeler machte als prominenter Jugendstilmaler, als Buchillustrator und später als agitatorischer Sozial-Utopist von sich und Worpswede reden. Als Worpswedes Stern zu verblassen schien, rückte Paula in den Mittelpunkt des Kunstinteresses und ließ ihn wieder aufleuchten. Ihre Tagebücher trugen den Namen ‚Worpswede' auch zu denen, die wenig Sinn für Bildende Kunst hatten.

Krummacher kam, Bertelsmann, Höttger, Schiestl, Tappert, Dammasch, Kolmar, Peters, Hausmann, Augustiny; wer kann die Namen bis hin zu Oelze aufzählen, von den Lebenden ganz zu schweigen. Sie alle hielten Worpswede lebendig und wurden selbst zu einem Stück Worpswede. Und so wird es bleiben, solange sich Menschen finden, die das Wahre in der Kunst zu erkennen vermögen und die Achtung vor der Natur aufbringen, die immer die Grundlage dieser Kunst gewesen ist.

Meine Herrschaften, ich verballhornisierte vorhin Heinrich Heines „Nachtgedanken". Aber man soll niemals etwas aus dem Zusammenhang reißen, und auch dieses Gedicht hat noch weitere Strophen. Eine davon lautet:

„Deutschland hat ewigen Bestand,
Es ist ein kerngesundes Land,
Mit seinen Eichen, seinen Linden
Werd' ich es immer wiederfinden."

Liebe Freunde, an Eichen und Linden mangelt es in Worpswede nicht. Noch leben sie, wie die Worpsweder Kunst. Lassen Sie uns in dem Geiste weiterwirken, daß jeder Natur- und Kunstbegeisterte sein Worpswede stets wiederfindet, das mit seinem Entdecker so verheißungsvoll begann und die Feuerproben eines ganzen Jahrhunderts bestanden hat. Vielleicht konnten meine Ausführungen dem dienen.

* * * *

Meine sehr verehrten Damen und Herren, alles, was ich hier vorgetragen habe, war meine ganz persönliche Meinung und nichts weiter. Es ging mir auch nicht darum, Sie zu belehren oder zu bekehren, noch viel weniger, Ihnen Liebgewordenes zu nehmen. Ganz im Gegenteil. Wenn Sie vor Mackensens „Gottesdienst im Freien" andere Empfindungen haben als ich, dann bewahren Sie sich diese wie ein kostbares Gut. Und wenn Sie den Schöpfer dieses Werkes anders sehen als ich, dann überprüfen Sie bitte Ihre Meinung und bemühen Sie sich um ein gerechtes Urteil und Verständnis. Denn auch der Entdecker, Gründer und Begründer Worpswedes war ein Mensch in seinem Widerspruch wie wir alle.

Meine Gedankengänge, die ich hier offengelegt und bekundet habe, sind unverbindlich und nicht einmal das Entscheidende. Sie müssen nicht einmal richtig sein, denn auch andere Ansichten von Kunst oder über Kunst unterliegen schnellebigem Wandel und sind kein starres Dogma. Unsere Ästhetik ist ebenso wenig ein Urgesetz wie unsere Moral.

Das Ergebnis, zu dem wir gekommen sind, ist ja gar nicht so wichtig. Wichtig allein ist der Prozeß, der ausgelöst wurde, der Prozeß, der alles in Fluß hält und ständig erneuert. Wichtig sind die neuen Ideen, die musealem Stillstand entgegenwirken, wichtig dies Werken und Wirken – wie es mein Vater einmal ausdrückte —, das dafür gesorgt hat, daß Worpswede den Rang erhielt, der ihm gebührt. Wenn ich diesen Prozeß in Ihnen auslösen konnte und Sie ihn vielleicht weitertragen, dann bin ich für meine Worte reichlich entlohnt.

Meine Ausführungen waren bruchstückhaft, aber das schadet nichts. Im Gegenteil: Eine fehler- und lückenlose Verknüpfung alles Geschehenen, wenn es sie gäbe, wäre wie ein Axiom, über das nachzudenken nicht mehr lohnt und nähme unserem Leben seinen Sinn, denn schließlich sind wir alle nur Suchende.

Das gilt natürlich auch für den, der das Herz hat, seine Meinung öffentlich zu bekennen, und so bitte ich mit einem Goethewort um Nachsicht, falls Sie mir irgendwann nicht zustimmen konnten:

„Sobald man spricht, beginnt man schon zu irren."

Anmerkung:

1) Der Vortragende spielt hier offensichtlich auf seine vergeblichen Bemühungen an, für seine bedeutende Sammlung von Gemälden der Worpsweder Gründergeneration in der Künstlerkolonie ein adäquates Domizil zu finden. (Der Herausgeber)

Paula Modersohn-Becker und Otto Modersohn, Foto um 1902

Das Naturverständnis der frühen Worpsweder

Mir ist ein schweres Thema gestellt worden, und meine erste Aufgabe muß es sein, genau abzugrenzen, was ich Ihnen überhaupt vortragen kann. Seit dem ersten Besuch Fritz Mackensens in Worpswede hat es in ununterbrochener Folge den Zuzug von Künstlern hierher gegeben. Wer aus dieser langen Reihe gehört zu den „frühen Worpswedern"? Wo ist die Grenze zu ziehen, die unsere Untersuchung davor bewahrt, sich im Unendlichen zu verlieren? Dann: Gehören zu den frühen „Worpswedern" nur die Maler oder auch andere Köpfe, etwa Dichter? Schließlich: Wenn es darum geht, wie diese Personen die **Natur** verstanden haben – was ist gemeint, wenn von dem vieldeutigen Terminus *Natur* die Rede ist?

Ich knüpfe an den Vortrag an, den Wolfgang Kaufmann vor einem Jahr an dieser Stelle gehalten hat: Er hat darin aus intimer Kennerschaft Fritz Mackensen als den Begründer Worpswedes herausgestellt und insbesondere die spektakuläre Bedeutung der Münchner Goldmedaille von 1895 für den Ruf des Künstlerdorfes näher betrachtet. Kaufmann dürfte recht haben, wenn er schreibt:

Wer weiß, ob jemals jemand von einer Künstlerkolonie Worpswede gesprochen hätte, wenn es zu diesem Erfolg nicht gekommen wäre, wenn Mackensen von München keine Goldmedaille mit ins Moordorf heimgebracht hätte.

Zugleich weiß er als Kunsthistoriker, daß „aus künstlerischer Sicht" „der größere der Münchner Erfolge" der war, daß die Pinakothek Otto Modersohns STURM IM TEUFELSMOOR ankaufte, weil in diesem Werk das eigentlich Neue dessen enthalten war, was die Worpsweder Kunst kennzeichnete und auszeichnete und was den durchreisenden Präsidenten der Münchner Sezession, Eugen von Stieler, bewogen hatte, den fünf jungen Künstlern aus dem unbekannten Moordorf bei Bremen einen eigenen Saal auf der nächsten Ausstellung im Münchner Glaspalast zuzusagen. Das für Worpswedes Ruhm entscheidende Ereignis von München bestimmt mich, das Jahr 1895 als zeitliche Grenze anzusetzen und die dort vertretenen Fünf als „die frühen Worpsweder" zu wählen: Fritz Mackensen, Otto Modersohn, Hans am Ende, Fritz Overbeck und Heinrich Vogeler. In dieser Auswahl sehe ich mich durch Rainer Maria Rilke bestätigt, der in seiner 1902 geschriebenen, 1903 veröffentlichten Monographie WORPSWEDE nur diese Namen aufführt, also z.B. Carl Vinnen und Paula Becker nicht nennt. Hans Bethge, der in seinem Essay sechs Worpsweder aufführen wollte, hat über Carl Vinnen nur wenig erfahren und keins seiner Bilder genannt; Vinnen wollte nicht mehr zu den Worpswedern gerechnet werden. Paula Becker fehlt auch in Bethges Schrift, nicht nur bei Rilke.

In einer Hinsicht muß ich die Zeitgrenze von 1895 überschreiten, und zwar der eben genannten beiden Autoren wegen. Sie, die im Jahre 1898 zum ersten Male nach Worpswede kamen, sind auch die ersten, die jeder in einer eigenen Schrift das Phänomen der frühen Worpsweder Malerei zu interpretieren unternommen haben. Auf ihre Deutung sollte man nicht verzichten, wenn man die Kunst jener Maler und ihr Verhältnis zur Natur verstehen und bestimmen will. Rilke und Bethge haben aber die Werke bis 1900 oder gar 1902, bis zur Gegenwart ihres Schreibens, berücksichtigt; so sollen auch Bilder aus den Jahren nach 1895 in die Betrachtung eingeschlossen werden.

Was den Begriff *Natur* bei den genannten Künstlern angeht, so hat man sie letzthin unter die Naturalisten eingereiht. So hat Bernd Küster 1989 „Worpswede als Malerkolonie des deutschen Naturalismus" gekennzeichnet. An Kritiker dieser Art hat Kaufmann die berechtigte Frage gestellt,

was sie in diesem Zusammenhang unter Naturalismus in der deutschen bildenden Kunst verstehen, der sich ja bekanntlich im Gegensatz zur naturalistischen Dramaturgie in der Malerei nur schwer vom Realismus und Impressionismus abgrenzen läßt.

Otto Modersohn hat in Tagebüchern und Briefen den Naturalismus kritisiert und sich von ihm abgesetzt, zugleich aber die Natur immer wieder als seine Lehrmeisterin hervorgehoben. Bethge hat von ihm gesagt:

*Die **Natur**, der dieser Träumer mit einem beinahe wissenschaftlichen Interesse nachgeht, ist ihm die Mutter, die ihm Alles gibt.*

Wir kommen nicht umhin, zunächst die verschiedenen Inhalte des Wortes *Natur* zu prüfen und diejenigen, die offensichtlich nicht in Betracht kommen, auszugrenzen.

Das neunzehnte Jahrhundert hat die modernen Naturwissenschaften zu ihrer Blüte kommen sehen; die Wissenschaften von der Natur hatten einen ganz spezifischen Naturbegriff, den Martin Heidegger bestimmt hat: Für den modernen Physiker ist Natur als „der in sich geschlossene Bewegungszusammenhang raum-zeitlich bezogener Massenpunkte" definiert; wenn er deren Regelmäßigkeiten als Naturgesetze zu erkennen und als mathematische Formeln auszusprechen sucht, ist Natur dadurch gekennzeichnet, daß ihre Erscheinungen wie Größe, Wärme, Geschwindigkeit meßbar und berechenbar sind. Natur ist das in Zahlen Meßbare.

Am Ende des Jahrhunderts kommt in der Ästhetik, besonders in der Literaturästhetik, eine *Naturalismus* genannte Richtung auf, in der Emile Zola die Aufgabe des Schriftstellers in Analogie zu der des Naturwissenschaftlers bestimmt. Das hat für den Begriff der *Natur*, nach dem sich diese Kunstform nennt, weitreichende Folgen. Der Naturalismus

verfolgt häufig eine gesellschaftskritische Tendenz und neigt in diesem Zusammenhang dazu, die abstoßenden Züge des Natürlichen hervorzuheben. Er bezeichnet mit dem Wort ‚Natur' primär die vom Menschen geschaffene oder gestaltete, gesellschaftlich vermittelte, also nicht eigentlich ‚natürliche' Welt.

Man verdeutliche sich in aller Schärfe, was das bedeutet! Der dem Wissenschaftler nacheifernde Forscherdrang der Schriftsteller und anderer Künstler wendet sich gesellschaftlichen Themen zu und findet in der Menschenwelt das Häßliche. Er legt den Finger darauf und behauptet, darin die wahre Natur des Menschen entdeckt zu haben. Der Begriff der Natur, zumindest der, den ein Jahrhundert zuvor Rousseau der Gesellschaft seiner Zeit vorgehalten hatte, ist damit in sein Gegenteil verkehrt.

Neben diesen einseitig ausgeprägten Wortinhalten der physikalischen und der kunsthistorischen Fachterminologie kennt die deutsche Sprache noch Bedeutungen des Wortes von allgemeiner

Geltung. Im Jahre 1889 hat Matthias von Lexer den 13. Band des Grimmschen DEUTSCHEN WÖRTERBUCHES vorgelegt und darin folgende Bedeutungen des Wortes *Natur* ausgewiesen:

"das werdende, seiende, wirkliche in seinem natürlichen zustande (äußerlich oder innerlich), besonders im verhältnisse oder gegensatze zum künstlich gemachten";

„der (wirkliche oder vermeintliche) unverdorbene zustand, wie etwas aus den händen der schaffenden <u>natur</u> *hervorgegangen ist";*

„das frei entwickelte und gewordene, das naturwahre und ungezwungene im gegensatze zum anerzogenen, erkünstelten, gemachten";

„die schaffende, bildende und erhaltende kraft, der lebenskeim und lebenstrieb des einzeldinges und die daraus hervorgehende natürliche beschaffenheit desselben";

„die an- und eingeborene art und wesenheit".

Wenn ich jetzt noch auf den theologischen Begriff der *Natur* hinweise, als dessen Gegenpol das Reich der *Gnade* zu denken ist, dann habe ich die Weite der Bedeutungsstreuung angedeutet, die wir noch heute beim Aufklingen des Wortes *Natur* zu denken gewohnt sind. Wir unterscheiden uns darin nur wenig von den Sprachgenossen vor hundert Jahren; allenfalls hat der Natur-Begriff des Naturalismus für uns an Virulenz verloren, so daß wir inzwischen naturverbundene Malerei mit ihrem Gegensatz verwechseln und als *naturalistisch* bezeichnen können.

Bei dem Rütli-Schwur der drei Gründerväter der Worpsweder Sezession am 26. oder 27. August 1889 sprach Otto Modersohn auf der Bergedorfer Brücke jene Sätze, die er anschließend in sein Tagebuch protokollierte, weil er sich ihres Gewichtes deutlich bewußt war:

Fort mit den Akademien, nieder mit den Professoren und Lehrern. Die **Natur** *ist unsere Lehrerin, und danach müssen wir handeln.*

Wie ihr folgendes Handeln zeigt, waren sich Fritz Mackensen, Otto Modersohn und Hans am Ende über diese Gedanken einig, in deren Mitte das Wort *die Natur* steht. Sie dachten und empfanden dabei offenbar dasselbe, möglicherweise mit gewissen Unterschieden. An der Wiege der Künstlerkolonie stand also das gemeinsame Naturverständnis der Beginner.

Wenn man fragt, was die drei in diesem Augenblick unter dem Begriff *Natur* gedacht haben, kann man zunächst einmal verschiedene Wortinhalte ausklammern, weil sie eindeutig nicht in Betracht kommen. So ist nicht an die theologische Bedeutung zu denken: Die Natur ist hier nicht der Bereich des gefallenen, sündigen Menschen, der durch die Gnade überwunden werden soll. Auch der naturwissenschaftliche Begriff liegt den drei Künstlern fern; sie meinen nicht die Naturgesetze, die zu erforschen ihre Aufgabe wäre. Schließlich ist von dem gesellschaftskritischen Impetus, der den Naturalismus kennzeichnet, an dieser Stelle wenig zu bemerken. Umgeben von den köstlichsten Bildern der Landschaft, wie Otto Modersohn ausdrücklich festhält, sehen die Augen der drei Maler nichts Abstoßendes in der Natur; ihre Kritik richtet sich gegen die Akademien, weil sie ihnen als naturferne Stätten gelten.

Wenn also aus dem Spektrum der Bedeutungen mehrere auszuschalten sind, dann bleibt die Frage, was denn nun genau Otto Modersohn gemeint hat, als er die Natur als seine alleinige Lehrerin anerkannte. Denn das war ja offenbar das Neue, das die Sezession der drei vom Bisherigen unterschied. Genau das war aber, so dürfen wir schließen, auch das Neue, das sechs Jahre später im Münchner Glaspalast Aufsehen erregte und den Worpswedern zu weitem Ansehen verhalf.

Unsere Aufmerksamkeit hat im folgenden insbesondere dem Natur-Begriff Otto Modersohns zu gelten, und zwar aus mehreren Gründen. Einmal hat er sich mehr als Mackensen seit seinen Anfängen mit diesem Begriff auseinandergesetzt, wie seine Tagebücher zeigen. Dann wissen wir auch mehr von seinem gedanklichen Ringen mit der Natur als von dem Fritz Mackensens und Hans am Endes. Und schließlich lag tatsächlich das künstlerisch Neue vor allem in seinem Werk, wie Wolfgang Kaufmann gezeigt hat.

In seiner Würdigung Mackensens, die diesem oft verkannten Mann Gerechtigkeit widerfahren lassen will, hat Kaufmann – meines Erachtens überzeugend – herausgearbeitet, daß das in München preisgekrönte Werk, der GOTTESDIENST IM FREIEN, eine im Grunde herkömmliche Arbeit war, die einem konservativen Preisrichterkollegium eben deshalb gefiel: „Die Münchner Jury hat die besten Exemplare der zu ihrer Zeit gültigen Malweise ausgezeichnet." Der Entdecker der Worpsweder, Eduard von Stieler, der auf diese Entscheidung keinen Einfluß hatte, wollte in seiner Ausstellung etwas ganz anderes zeigen:

Wenn die neue Sicht der Worpsweder den Präsidenten so beeindruckte, daß er sie in München vorstellen wollte, so mußte er das Paradestück des Entdeckers Worpswedes wohl oder übel mitnehmen.

Dieses in die damalige Kunstlandschaft passende konservative Gemälde hob sich wie eine epische Ballade unter lyrischen Gedichten von den übrigen 33 Gemälden der jungen Worpsweder, die in Bremen ausgestellt hatten, gewaltig ab, ja, es fiel selbst unter Mackensens eingereichten Arbeiten aus dem Rahmen, der neben Porträts dort mit einer Moorbrücke und einer Windmühle im Stile seiner anderen Kollegen vertreten war.

„Die neue Sicht der Worpsweder", die 1895 in München trotz oder doch neben dem GOTTESDIENST IM FREIEN die Betrachter überzeugte, so daß die Pinakothek den STURM IM TEUFELSMOOR Modersohns ankaufte, war die Folge des anderen Naturverständnisses, das die fünf frühen Worpsweder bei allen Verschiedenheiten einte. Der „Wortführer" dieser neuen Sicht – nicht durch Worte, sondern durch seine Bilder – wurde Otto Modersohn, wobei es in Vergessenheit geriet, daß Carl Vinnens Ölgemälde RUHE schon 1893 den Bremern eine Vorstellung von den neuen Bestrebungen gegeben hatte.

Wolfgang Kaufmanns Urteil ist nicht neu; es stimmt mit dem überein, was Rilke in seiner Monographie verhalten ausgesagt hatte und was Mackensen und Modersohn als die ersten Leser auch deutlich herausgehört haben.

Wenn man die umfangreichen Auszüge aus Otto Modersohns Tagebüchern durchliest, die Antje Noeres und Beate Grentzenberg im Katalog über DAS FRÜHWERK dankenswerterweise zugänglich gemacht haben, dann stößt man auf viele Stellen, die das Nachdenken des jugendlichen Malers über sein Verhältnis zur Natur bezeugen. Seit den Eintragungen des Neunzehnjährigen im Mai 1884 finden sich zahlreiche Belege für den Gebrauch des Wortes *Natur*, die dem Sprachwissenschaftler Einblick gewähren in das Denken des jungen Kopfes, der in einem jahrelangen Prozeß seine Vorstellungen von jener Größe klärt, die dann für sein Handeln bestimmen werden sollte.

Modersohn gebraucht den Terminus *Natur* oft mit Emphase, ohne daß der Leser im einzelnen Falle weiß, was denn genau darunter zu verstehen sei, was der Schreiber präzis meint, wenn er sich die Natur zum Vorbild wählt. Einer der Gründe dafür ist der, daß, wie wir gesehen haben, am Ende des neunzehnten Jahrhunderts das Wort *Natur* mit Inhalten ganz verschiedener Art befrachtet ist, die einen Jugendlichen, der in den allgemeinen Sprachgebrauch hineinwuchs, wohl verwirren konnten. Selbst wenn der junge Otto Modersohn kein bildender Künstler, sondern Philologie-Student gewesen wäre, hätte er auch als solcher seinen Sprachgebrauch erst noch abklären müssen. Jedenfalls stehen wir vor der nicht ganz leicht zu beantwortenden Frage, welche Vorstellung diesen Kopf damals beherrschte, als er sich der Natur als seiner alleinigen Lehrerin verschrieb – und daraufhin in Worpswede blieb.

Wenn ich im Folgenden mehrere Schichten des Wortinhaltes von *Natur* beim frühen Modersohn abhebe und dabei auch die Entwicklung in ihrer zeitlichen Abfolge zu zeigen versuche, so muß ich vorausschicken, daß ich dabei abhängig bin von der Vollständigkeit der Tagebuch-Auszüge, die der Katalog DAS FRÜHWERK erstmals zugänglich macht. Sollten die Bearbeiterinnen wichtige Partien ausgelassen haben, könnte sich das von mir gezeichnete Bild noch in Einzelheiten verschieben; im Ganzen freilich dürfte sich wohl nicht viel ändern.

Die früheste Schicht der Wortbedeutung liegt vor, wenn Modersohn von seinen „Naturstudien" schreibt oder davon, daß er „nach der Natur" gemalt habe. Hier ist offenbar gemeint, daß seine Ausbildung an der Akademie teils im Modellsaal an vorgelegten Gipsmodellen von Händen und Köpfen vor sich geht, teils an Dingen draußen „in freier Wildbahn", die er sich selbst suchen darf. Gemeinsam ist beiden Vorlagen, daß der Malschüler das genaue Hinsehen lernt, nicht pfuscht und nicht seiner Phantasie freies Spiel läßt. So ist es zu verstehen, wenn sein Lehrer Professor Dücker ihn am 17. Dezember 1885 „immer von neuem auf exaktestes **Naturstudium** hingewiesen" hat. In Dückers Sinne ist das strenge Arbeit, so daß er am 18. Mai 1887 sagen kann: „Man muß vor der **Natur** malen, daß man heult!" Dem Schüler kamen diese Auslassungen wie eine kalte Dusche vor; er zog von früh an das Malen vor der Natur dem Modellsaal vor. Doch unterschied er diese Studien sehr bald von der Aufgabe der „Composition", wo bei der Gestaltung eines Bildes die Phantasie mitzuwirken pflegt. Das war ihm die allerliebste Tätigkeit, wie er am 12. Juli 1884 bekennt:

*In der Akademie kam ich natürlicherweise ziemlich langsam vorwärts, da Köpfezeichnen eine gänzlich neue Sache für mich war. Privatim hatte ich mehrere Öl- und Aquarellstudien gemalt (nach der **Natur**). Aber schon damals regte sich mächtig in mir der Trieb zur Landschaftskomposition und schon damals erschien mir diese Beschäftigung als die liebste.*

Man wird bei diesem Widerstreit von Pflicht und Neigung lebhaft daran erinnert, was Gottfried Keller um die Jahrhundertmitte als Schüler der Münchener Akademie an sich erfuhr und dann in seinem Roman DER GRÜNE HEINRICH ausführlich dargestellt hat. Modersohn jedenfalls hat die Notwendigkeit des genauen Arbeitens „vor der Natur" bejaht und gern befolgt; so hält sich dieser Wortgebrauch unverändert durch die folgenden Jahre hindurch. Am 12. Dezember 1888 heißt es:

*Man muß die **Natur** studieren, man muß Wahrheit in seinen Bildern haben.*

Am 1. Januar 1889:

*Einzelheiten dürfen sich nicht vordrängen, doch muß alles nach d(er) **Natur** studiert sein.*

Am 14. März 1889:

*Man soll sich auf die ernsteste Weise die genaueste **Naturkenntnis** aneignen.*

*In dem genauesten, schärfsten **Naturbeobachten** steckt sicher allein eine gesunde Kunst.*

Schon aus der Worpsweder Zeit stammt die Eintragung vom 1. Januar 1890:

So sehe ich dann nur in dem energischsten Naturstudium ein gesundes und mich befriedigendes Weiterkommen.

Bestandteile der hier gemeinten „Natur" sind alle Gegenstände der wirklichen Welt – außerhalb der unwirklichen Welt der Akademie: nicht nur Landschaften, sondern auch Straßen, Häuser, Personen, Tiere. Sie sind Objekte des genauen Beobachtens und

Erfassens; und wenn auch diese Tätigkeit gern geübt wird, haben sie zunächst nichts mit den Gefühlen des Malenden zu tun.

Nach zweijährigem Anfängerkurs meldete sich bei Modersohn jener „Trieb zur Landschaftskomposition" zu Wort, der in der Zwischenzeit wohl zurückgedrängt worden war. In einer längeren Eintragung vom 16. März 1886 geht seine Überlegung vom anfangs erwähnten Naturstudium zu etwas Neuem über, von dem bisher noch nicht die Rede war:

Als das Wesentliche für mich muß mir fortwährend für die Folgezeit das **Naturstudium** *gelten. Freie Kompositionen vorläufig noch unterdrücken oder doch wenigstens nur lediglich in der Skizze lassen, sonst aber erscheint mir das Anlehnen an die* **Natur** *als das durchaus Wichtige (…)*

Schon werden die einzelnen Bestandteile der Landschaft eigens erwähnt und bilden den Übergang:

Besonders Gegenstände der Landschaft, wie Bäume, Wasser, Wiesen etc., die mir noch besonders Schwierigkeiten bereiten, fleißig studieren.

Dann ist auf einmal von Stimmungen und poetischem Gefühl die Rede, die bei der Wahl der Motive leitend sein sollen:

Mit Vorliebe werde ich mich immer zu ausgesprochenen, bildmäßigen, peotisch-schönen Stimmungen hingezogen fühlen und diese, wenn es nur eben angeht, nach der Natur in Öl skizzieren, ist eine Hauptaufgabe. (. . .) Leitet mich bei der Wahl der Motive und Stimmungen mein poetisches Gefühl für die **Natur,** *so muß der Erfolg ein schöner sein.*

Dieses Neue kennzeichnet nun die zweite Schicht des Wortinhalts von *Natur* und bleibt bis zum Frühjahr 1889 bestimmend. Natur ist jetzt für Modersohn etwas mit dem Gefühl Erfaßtes, und dieses Naturgefühl erfährt er als poetisch. Bezeichnend dafür ist die Tagebuchnotiz vom 1. März 1889:

In dem **Naturgefühl,** *welches sich in allem kund gibt, steckt das Poetische. Die größte und tiefste* **Naturnachempfindung** *ist schließlich die größte Poesie.*

Es läßt sich beobachten, wann dieses Empfinden den jungen Maler zum ersten Male ergriff. Das war am 28. April 1886 in Tecklenburg:

Wunderwerke waren die Abende zumeist, wenn ich am Schloßberg stand, so still, so klar, so feierlich, wie da die ganze **Natur** *war; da* *konnte ich lange Zeit, gewissermaßen starr und stumm vor Entzücken, dastehen.*

Diesem Eindruck folgen andere, so in Lippstadt, wo am 29. September 1886 von den „herrlichen Stimmungen der **Natur**" erzählt wird. Am folgenden Tage – so das Tagebuch –

*enthüllten sich mir auf den Wiesen an der Lippe mit ihren malerischen Baumgruppen herrliche Motive. Wie gebannt von der **Natur** skizzierte ich eins.*

Dieses Gefühl auszusagen wird schließlich für Modersohn die Aufgabe, die er sich mit seiner Kunst stellt. Am 17. Dezember 1888 schreibt er:

*Was nützt alle technische Fertigkeit. Das Gefühl muß angeregt, hingerissen werden. Je mächtiger, gewaltiger das Bild das Gefühl der **Natur**, die zu Herzen gehende Stimmung widerspiegelt, um so besser. (…) Das Gefühl, womit mich die **Natur** oft so überreich anfüllt, sollen meine Bilder ausstrahlen.*

Es ist zu beachten, daß dieses Naturgefühl, diese Stimmung, sich nicht mehr auf den einzelnen Gegenstand richtet, sondern daß – wie in Tecklenburg – „die ganze Natur" dabei erfahren wird. Aus den Bäumen und Wiesen, aus Teichen und Himmel wird so das Ganze: die Landschaft. Das Poetische an deren „Composition", das Modersohn immer wieder nennt, besteht nicht im phantasievollen Zusammenfügen der Bausteine, sondern in der Auswahl der Motive, so daß trotzdem die Genauigkeit des Details gewahrt bleibt. Auch diese Landschaften sind „vor der Natur" studiert und dennoch „poetisch". Auf diese Weise kann Modersohn von der Malerei, die ihm vorschwebt, am 1. Januar 1889 fordern:

*Ein Stimmungslandschafter muß poetisches Gefühl für die **Natur** (Größe, Tiefe) haben, das fehlt fast allen Modernen.*

An dieser Stelle muß man vor einem Mißverständnis warnen, das durch die Wörter „Gefühl" und „Stimmung" verursacht werden könnte. Modersohn ist hier wie viele seiner Zeitgenossen der Auffassung, daß es Dinge gibt, die sich dem begreifenden Verstande entziehen, die dem Denken ein Geheimnis bleiben. Dem Gefühl erschließt sich wenigstens eine Ahnung davon, daß es sie gibt. Das meint er, wenn er am 22. Februar 1888 schreibt:

Mir steht immer klarer ein Ideal vor Augen, welches eine unendliche Glut für mich in sich birgt. Dieses Ideal ist erfüllt von Gefühl, einem ah-

nenden, geheimnisreichen, märchenhaften, erhabenen und tiefen **Naturgefühl.**

Und am 12. Dezember dieses Jahres bekennt er:

Ich begeistere mich immer mehr für das Hohe, Tiefe, Gewaltige, Seelische in der **Natur.**

Damit ist die dritte Schicht des Wortinhalts von *Natur* beim frühen Modersohn berührt, in der das Naturgefühl keine bloße Empfindung bleibt, sondern über sich hinaus auf etwas verweist, was anders nicht benannt werden kann. Modersohn kann es nur umschreiben; die Attribute, die er dem Kompositum *Naturgefühl* zuschreibt, gelten dabei weniger dem Grundwort *Gefühl* als dem Bestimmungswort *Natur:*

geheimnisreich, märchenhaft, erhaben, tief, hoch, gewaltig.

Einmal, am 18. Mai 1887, ist er deutlicher geworden:

„Wie wunderbar ist das alles", sagt oft mein Herz beim Anschauen der **Natur;** *wenn ich den Pulsschlag göttlichen, himmlischen Lebens in der* **Natur** *zu hören glaube.*

Und am 9. Februar 1889 bestätigt er diese Sicht:

Mich regt die **Natur,** *das All, das unermeßlich Hohe, Erhabene, Tiefe, was in der* **Natur** *liegt, an.*

Diese Natur, die „mit Tiefe und Größe erfaßt" werden soll, meint Modersohn zu Beginn des Jahres, das ihn nach Worpswede führt. Am 11. März 1889 bekennt er:

Meine Kunst soll eine Verherrlichung der **Natur** *sein, geistiges Erfassen des überall sich äußernden* **Naturgeistes.**

Und am 17. März rühmt er von den Meistern von Fontainebleau, die er als seine Vorbilder betrachtet:

Alle zusammen singen der **Natur** *in ihrer alltäglichen Einfachheit, Schlichtheit und Größe ein begeistertes Loblied.*

Schon am 17. Dezember 1888 hatte er aufgezeichnet und damit gezeigt, wie sehr er innerlich auf Worpswede vorbereitet war:

Meine alte Idee, die kleinen Menschen mit ihren armseligen Häusern unter dem gewaltigen hohen Himmel, in der reichen großen **Natur** *gefällt mir wieder sehr.*

Das ist die Natur, die Modersohn im August dieses Jahres allein als seine Lehrerin anerkennt; sie war mehr als das: Ihr wollte er – wie die Maler von Barbizon – ein begeistertes Loblied singen, indem er das, was sie selbst ihm zeigte, genau studierte und in seinen Bildern dem Gefühl des Betrachters nahebrachte.

So weit hat sich die Auffassung von der Natur oder – genauer gesagt – das, woran er dachte, wenn er das Wort *Natur* gebrauchte, in den Jahren 1884 bis 1889 bei Otto Modersohn folgerichtig aus einem eigenen, inneren Klärungsprozeß entwickelt und entfaltet. Am Anfang stand die Forderung nach exaktem Naturstudium, die ein naturgetreues, sozusagen fotografisches Abbilden der Natur zum Ziele hatte. Das verlangte sein Lehrer Dücker von ihm, und Modersohn erkannte diese Forderung bis 1890 für sich an. Wenn auch der Terminus *Naturalismus* in diesem Zusammenhang nicht fällt, ist das doch eines der Merkmale naturalistischen Malens, nur daß noch nichts über den Gegenstand entschieden war, vor allem jede soziale Blickrichtung fehlte.

Seit dem Frühjahr 1886 trat als Neues hinzu, was Modersohn sein „poetisches Gefühl für die Natur" nannte, wobei ihm die Natur als das Ganze vors Auge trat. Dieses „ahnende, geheimnisreiche, märchenhafte (…) Naturgefühl", dessentwegen ihn Bethge einen Romantiker nannte, ließ ihn „den Pulsschlag göttlichen Lebens in der Natur" hören und seine Kunst zum „geistigen Erfassen des überall sich äußernden Naturgeistes" werden. Diese offensichtlich religiöse Wendung ist das Neue bei ihm; das überwindet den naturalistischen Ansatz der Jahre auf der Akademie, ohne ihn preiszugeben.

Dieser innere Prozeß wurde nun von außen her beeinflußt, ja bisweilen gestört durch die damalige Diskussion um den aufkommenden *Naturalismus*-Begriff, der ja einen ganz anderen Wortinhalt von *Natur* voraussetzte. Man kann deutlich beobachten, wie dieser Naturbegriff von außen an Otto Modersohn herangetragen wurde. Zweimal waren es Aufsätze in Kunstzeitschriften, die ihn beschäftigten, einmal die Äußerung eines Professors und schließlich eine Diskussion mit Carl Vinnen; jedesmal folgten Tagebuch-Eintragungen, die sich mit dem Naturalismus und der naturalistischen Technik auseinandersetzten.

Als Modersohn am 22. Oktober 1885 in der „Zeitschrift für bildende Kunst" einen – wie er sagt – brillanten Aufsatz von Levin gelesen hatte, vermerkte er im Tagebuch lapidar: „Begeisterung für ideales Streben, Wut gegen Naturalismus." Was er zu dieser

Zeit darunter verstand, könnte ein Blick in den Levinschen Beitrag lehren. Daß seine Auffassung sich in den folgenden Jahren gewandelt hat, kann man daraus ersehen, daß er im Sommer 1887 die bewunderten Maler von Barbizon, Rousseau, Dupré, Daubigny, Troyon, Millet als die „französischen **Naturalisten**" bezeichnete und am 24. Mai dieses Jahres schrieb:

*Ich möchte in deren Sinne ein **Naturalist** werden, voll Hingabe an die* ***Natur*** *und ihre Wandlungen, überzeugend, kräftig.*

Als im Oktober 1888 Böcklins Kunst in der Münchner Schackgalerie „einen riesigen Eindruck" auf ihn machte, rühmte Modersohn an diesem Meister:

*Er hatte eine riesige Phantasie, oft wunderbar feines, ganz **naturalistisches** Kolorit.*

Um die Jahreswende 1888/89 hat ein Satz des Professors Lübke, den er wörtlich zitiert, Modersohns nachhaltiges Nachdenken über die naturalistische Kunst ausgelöst. Am 1. Januar 1889 um Mitternacht beginnt er ein programmatisches Einzelblatt mit der Zielsetzung:

*Ich will ein Stimmungslandschafter von **naturalistischer** Kraft und Tiefe werden.*

Zweifellos ist hier sein eigener Wortinhalt von *Natur* in die Weiterbildung *Naturalismus* eingeflossen, so daß dieser Terminus nicht mit dem uns geläufigen Epochenbegriff der Kunsthistoriker verwechselt werden darf. Trotz seiner eigenen Wortwahl wird man Modersohn nicht zu den Naturalisten von der Art Liebermanns oder der Käthe Kollwitz stellen; da würde man das, was er wollte, sicherlich verkennen.

Am 2. März 1889 hat ein Ausflug mit Carl Vinnen „zuletzt große Kunstgespräche" über den **Naturalismus** mit sich gebracht, die dann Modersohn nach dem „wahren **Naturalismus**" fragen lassen. *„Warum muß der Naturalismus immer in Holzschuhen gehen?"* fragt er am folgenden Tage; und noch am 23. April kommen ihm allerlei Ideen zu diesem Thema. Er hält sie im Tagebuch fest:

*Aus berechtigter Furcht vor Süßlichkeit, Lieblichkeit, Weichheit, verfällt man in Häßlichkeit, Trivialität, Gemeinheit, Leerheit etc. Man muß mit dem **Naturalismus** Tiefe, Poesie etc. verbinden. Der wahre **Naturalismus** führt dazu von selbst. Die Poesie muß nicht subjektiv von* *d(em) Künstler hineingetragen werden, sondern mehr in der geschilderten **Natur** selber stecken.*

Hier hat Modersohn seinen Begriff von Naturalismus abgeklärt, indem er die eigene Auffassung von der Natur einbezogen hat. In diesem Sinne – aber nur in diesem – kann man ihn als „wahren Naturalisten" begreifen.

Schon in die Worpsweder Zeit fällt eine letzte Anregung in diesem Zusammenhang. Im Oktober 1889 kam den jungen Malern die Zeitschrift DIE KUNST FÜR ALLE in die Hand mit der „Studie über den Naturalismus und Max Liebermann" von Hermann Helferich. Das Tagebuch vermerkt:

*Wir lasen und schwärmten für den Helferichschen Aufsatz „Über **Naturalismus** und Liebermann". Dokumente der **Natur** errichten, künstlerisches Temperament waren Schlagworte.*

Daß dieser Beitrag den Worpswedern „Schlagworte" geliefert hat und daß sie ihm eine Bestätigung des eigenen Wollens verdankten, verrät Modersohns Rückbesinnung aus der Neujahrsnacht 1889/90, in der er sich wie schon in den Vorjahren Rechenschaft ablegt. Dabei greift er das eine „Schlagwort" auf:

*Eine Kunst, die über das optische Sehen fast hinausgreift und den Gehalt, die Eigenschaft der Dinge, erreichen will, ist mein Ideal. Elementar muß sie wirken, die Gegenstände mit Vehemenz erfassen, Dokumente der **Natur** errichten. Für das Höchste achte ich dabei, die **Natur** in ihrer Einfachheit mit möglichster Objektivität zu schildern, ohne Zutaten, da die **Natur** sicher eine originalere Kraft besitzt als die tüchtigste, bewußte Arbeit des Menschen.*

* * *

Aus der Entwicklung des Wortgebrauchs ist sichtbar geworden, daß sich Modersohns malerisches Wollen auf das zu bewegt, was er den „wahren Naturalismus" nannte, den er zugleich von dem unterschied, was sich zu seiner Zeit unter dem Titel *Naturalismus* durchsetzte und was heute in der Kunstgeschichte darunter verstanden wird. Otto Modersohn ist nicht von diesem Naturalismus als der herrschenden Stilrichtung ausgegangen, auf die hatte er 1885 Wut. Sein Wille, Dokumente der Natur zu errichten, verbindet naturalistische Technik mit dem die Natur erfassenden Gefühl, das er bei anderen vermißt.

Von dieser Einsicht her ist Küsters Darstellung zu korrigieren, der die Entwicklung vom Naturalismus (im üblichen Sinne) ausgehen läßt und als „Verfall" begreift:

Die frühe Worpsweder Kunst entwickelte sich im Zeichen des Naturalismus als eine Kunst reiner Anschauung, eines „Nur-Auge-Seins".

Die in Einvernehmen mit dem Naturalismus stehende Frühphase Worpswedes ist auf den Zeitraum 1889 bis 1893 begrenzt, danach steht die Malerei auch hier im Zeichen des Verfalls einer bis dahin unwidersprochen aktuellen Naturanschauung.

Wenn Küster als Kronzeugen dieses „Verfalls" Rilkes Tagebücher von 1900 und die 1902 geschriebene Monographie WORPSWEDE heranzieht, übersieht er, daß Rilke, und zwar erst nach 1897, eine Entwicklung durchgemacht hat, die ihm das reine Schauen als ideale Haltung des Künstlers erscheinen läßt, nachdem seine frühe Lyrik vom Gefühl beherrscht war. Vom eben gewonnenen Standort seines Dichtens her ist es zu verstehen, wenn Rilke das selbstlose Schauen der Maler rühmt, „diese tägliche Aufmerksamkeit, Wachheit und Bereitwilligkeit der nach außen gewendeten Sinne, dieses tausendfache Sehen und immer von sich Fortsehen. Dieses (…) nur (…) Augesein." Nur hat solches Bekenntnis zur phänomenologischen Haltung, die seine nach 1902 entstehenden NEUEN GEDICHTE kennzeichnen wird, nichts mit der Stilrichtung des Naturalismus zu tun. Weil er den Naturalismus als Ausgangspunkt der Worpsweder Kunst absolut setzt, verschieben sich für Küster die Wertmaßstäbe; er ist ein später Nachfahre Arthur Fitgers:

Doch den Vorsatz einer ,naiv-gerechten' Schilderung des Wahrgenommenen sieht Rilke nur in begrenztem Maß noch eingelöst, etwa bei Fritz Mackensen, wenn dieser malend jede Empfindung dem „bewundernden Anschauen der Natur" (Mackensen) nachordnet; oder bei Fritz Overbeck, der „Tatsachen" male und die Landschaft in ihrem Detailreichtum getreu erfaßt und abbildet.

Bei Hans am Ende, besonders aber bei Otto Modersohn spürt Rilke, daß von einer reinen Abbildfunktion der Kunst nicht mehr die Rede sein kann.

Die reine Abbildfunktion der Kunst war für den Akademieschüler Modersohn eine Zeit lang verbindliche Schulaufgabe; spätestens mit der Sezession von 1889 hat sein zu anderer Sicht herangereiftes Naturverstädnis das hinter sich gelassen. Für die frühe Worpsweder Malerei kann man feststellen, daß bei Fritz Mackensen und Fritz Overbeck Nachklänge des Naturalismus zu finden sind und Rilke das auch bemerkt hat. An Modersohn hat er das Poetische gesehen und den Freund als „Dichtermaler" gerühmt; dessen lyrische Bilder galten ihm als die höchste Vollendung der Malerei.

Rilkes Deutung des Phänomens Worpswede, das darzustellen er 1902 übernommen hatte, ist von erstaunlichem Scharfblick. Weil es ihm darauf ankam, das Naturverständnis der frühen Maler herauszuarbeiten, begann er mit einer weit ausholenden Einleitung über die Landschaftsmalerei und als deren Voraussetzung über das Verhältnis der Menschen zur Landschaft. An ihm zeigte sich für Rilke das Verhältnis zur Natur, und daran scheiden sich die Geister. Otto Modersohn hat, als ihm der Dichter ein Exemplar der Monographie zusandte, am 20. Juni 1903 gedankt und versichert, daß er sich durch Rilkes Worte ganz verstanden fühle. Modersohns Zustimmung galt dem ganzen Buche, nicht allein dem Kapitel, das etwas von seinem Werdegang und seinem Werke erzählte. Wir dürfen davon ausgehen, daß das auch die Gedanken einschloß, die der Dichter in seiner Einleitung über die Landschaftsmalerei entwickelt hatte. Was Rilke dort über die Natur sagte, war dem Maler aus dem Herzen gesprochen, so daß wir daraus etwas über sein Naturverständnis erfahren. Deshalb sei das Zeugnis des Dichters an dieser Stelle eingerückt.

Rilke geht von zwei Denkweisen aus, die zu seiner Zeit weit verbreitet waren und die Köpfe der meisten beherrschten, einer biologischen, derzufolge die Beziehung der Menschen zur Natur darin besteht, daß sie „die letzten Früchte eines großen aufsteigenden Stammbaumes" sind, und einer ökonomischen, wonach der Mensch mit der Natur dadurch verkehrt, daß er sie bebaut und sich ihrer Kräfte bedient. Vor allem die letzte Haltung, die nach Rilkes Urteil „der gewöhnliche Mensch" einnimmt, wird ihm fragwürdig. Man wird Rilke nicht widersprechen können, wenn er von diesem gewöhnlichen Menschen feststellt:

*Sein Auge, welches fast nur auf Menschen eingestellt ist, sieht die **Natur** nebenbei mit, als ein Selbstverständliches und Vorhandenes, das soviel als möglich ausgenutzt werden muß.*

Diese menschliche Durchschnittlichkeit des Sehens, nicht die naturwissenschaftliche Einseitigkeit oder die naturalistische Gesellschaftskritik, ist für ihn die Gegenposition, der er eine andere Weise der Erschlossenheit gegenüberstellt, eine tiefere, die der Wirklichkeit näher kommt. Es ist ein Lieblingsgedanke Rilkes, daß solche ursprüngliche Erschlossenheit in der Kindheit möglich ist, den meisten aber dann mit dem Erwachsenwerden verloren geht:

Anders schon sehen Kinder die **Natur;** *einsame Kinder besonders, welche unter Erwachsenen aufwachsen, schließen sich ihr mit einer Art von Gleichgesinntheit an und leben in ihr, ähnlich den kleinen Tieren, ganz hingegeben an die Ereignisse des Waldes und des Himmels und in einem unschuldigen, scheinbaren Einklang mit ihnen.*

Wenn Kinder dann erwachsen werden, scheiden sich die Geister. Die einen werden nützliche Glieder der Gesellschaft:

Und schließlich bescheiden sich die Einen und gehen zu den Menschen, um ihre Arbeit und ihr Los zu teilen, um zu nützen, zu helfen und der Erweiterung dieses Lebens irgendwie zu dienen, während die Anderen, die die verlorene **Natur** *nicht lassen wollen, ihr nachgehen und nun versuchen, bewußt und mit Aufwendung eines gesammelten Willens, ihr wieder so nahe zu kommen, wie sie ihr, ohne es recht zu wissen, in der Kindheit waren. Man begreift, daß diese Letzteren Künstler sind: Dichter oder Maler, Tondichter oder Baumeister, Einsame im Grunde, die, indem sie sich der* **Natur** *zuwenden, das Ewige dem Vergänglichen, das im Tiefsten Gesetzmäßige dem vorübergehend Begründeten vorziehen, und die, da sie die* **Natur** *nicht überreden können, an ihnen teilzunehmen, ihre Aufgabe darin sehen, die Natur zu erfassen, um sich selbst irgendwo in ihre großen Zusammenhänge einzufügen. Und mit diesen einzelnen Einsamen nähert sich die ganze Menschheit der Natur.*

Mit diesen Sätzen sprach Rilke genau das aus, was Otto Modersohn am 9. Februar 1889 seinem Tagebuch anvertraut hatte:

Mich regt die **Natur,** *das All, das unermeßlich Hohe, Erhabene, Tiefe, was in der* **Natur** *liegt, an.*

Das Bekenntnis vom 11. März 1889 zeigt Modersohn als einen der einzelnen Einsamen, mit denen sich die ganze Menschheit der Natur nähert:

Meine Kunst soll eine Verherrlichung der **Natur** *sein, geistiges Erfassen des überall sich äußernden* **Naturgeistes.**

Mit der Abbildfunktion der naturalistischen Malerei hat das wenig zu tun, wohl aber mit dem kindlichen Einklang des Rilkeschen Künstlers mit der Natur. Das ist das Wesentliche des Naturverständnisses, auf das es hier ankommt. Das war auch das Neue an der Kunst Otto Modersohns und seiner Freunde. Das hat man in München bemerkt, das löste eine Sensation aus.

* * *

Vom frühen Mackensen läßt sich die Entwicklung seines Naturbegriffes nicht in derselben Weise aufzeigen wie bei Otto Modersohn; dazu sind zu wenige Wortbelege von ihm bezeugt. Bekannt ist das Dürer-Zitat, das er sich als Wahlspruch ausgewählt und in einem Briefe an Otto Modersohn vom 27. Dezember 1889 angeführt hat:
*Aber das Leben in der **Natur** gibt zu erkennen die Wahrheit dieser Dinge. Darum sieh sie fleißig an, richte Dich danach und geh nicht von der **Natur** in Deinem Gutdünken, daß Du wollest meinen, das besser von Dir selbst zu finden. Denn wahrhaftig steckt die Kunst in der **Natur.***
Rilke führt dieses Wort 1902 in erweiterter Form an; man darf annehmen, daß es so schon im Jahrzehnt davor für Mackensen gültig war:
*Und vor der **Natur** giebt es kein Urteil; sie hat immer recht. , … Darum sieh sie fleißig an, richte dich danach und geh nicht von der **Natur** in deinem Gutdünken, daß du wollest meinen, das besser von dir selbst zu finden … Darum nimm dir nimmermehr vor, daß du etwas besser mögest oder wollest machen, denn es Gott in seiner erschaffenen **Natur** zu wirken Kraft gegeben hat, denn dein Vermögen ist kraftlos gegen Gottes Geschöpf.' In diesen schlichten Worten Dürers liegt sein Gesetz und sein Glauben. Wie oft hat er es sich selbst und anderen gesagt: ‚Meine Empfindung bleibt immer die gleiche. Sie kann sich nur im bewundernden Anschauen der **Natur** weiterbilden.'*
Aus der Zeit vor dem Rütli-Schwur auf der Bergedorfer Brücke stammt jene Briefstelle über Böcklin:

*Böcklin ist mir der liebste Landschafter, den ich kenne. Der faßt so die feinsten Noten der **Natur** auf und trägt sie in meiner Ansicht nach kaum zu erreichender Feinheit vor.*

Das steht in einem Brief an Otto Modersohn aus Ingolstadt vom 30. April 1889.

Für das Naturverständnis Fritz Mackensens läßt sich aus diesen Zeugnissen eins ablesen, und das gilt schon für die Zeit, da er im Einklang mit Otto Modersohn die Sezession von Worpswede begonnen hat: Die Natur war für ihn eine absolute Instanz, die immer recht hat; der Maler soll sie fleißig ansehen. Das bewundernde Anschauen der Natur allein bildet ihn weiter. Nach Rilkes Zeugnis liegt in Dürers schlichten Worten Mackensens Gesetz und sein Glauben. Tatsächlich ist es eine gläubige Haltung, die Mackensen unerschütterlich einnimmt. Er beharrt am Ende des neunzehnten Jahrhunderts auf der religiösen Sicherheit der Zeit Dürers, wenn er nichts besser machen will, „denn es Gott in seiner erschaffenen **Natur** zu wirken Kraft gegeben hat, denn dein Vermögen ist kraftlos gegen Gottes Geschöpf." Aus dieser Sicht heraus ist ihm Böcklin der liebste Landschafter. Bei dieser Haltung ist Mackensen noch 1897/98 geblieben, wie wir aus den Urteilen seiner Schülerin Paula Becker wissen. Davon soll später die Rede sein.

Daß Fritz Mackensen den Worten Otto Modersohns auf der Bergedorfer Brücke von ganzem Herzen zustimmen konnte, ist danach nicht zu bezweifeln. Es ist aber nicht zu übersehen, daß sich seine Überzeugung auch als Begründung naturalistischen Malens heranziehen läßt und daß – um mit Küster zu reden – die „Abbildfunktion der Kunst" als Resultat des bewundernden Anschauens erwachsen kann. Von da aus ist Mackensen (neben Carl Vinnen) derjenige der frühen Worpsweder, der dem Naturalismus am nächsten steht. Für ihn, der Menschen, nicht Landschaften malen wollte, stehen die lyrischen Landschaftsbilder, die es in seinem frühen Werk auch gibt, nur neben den großformatigen Kompositionen und sind nicht das Wesentliche. Wenn sich später Mackensens und Modersohns Wege trennen, sind daran nicht nur persönliche Rivalitäten schuld. Es ist der Gegensatz zweier Richtungen, den die beiden Freunde untereinander austragen;

der Unterschied in ihrem Naturverständnis ist der letzte Grund dafür.

Was Fritz Mackensen mit der herrschenden Richtung des Naturalismus verband, war seine Zuwendung zu den Menschen des vierten Standes; nur wandte er seine Aufmerksamkeit nicht dem Industriearbeiter und den Deklassierten der Städte zu, sondern den schwer arbeitenden Männern und Frauen der Moorkolonie Worpswede, also Menschen bäuerlichen Zuschnitts. So wie Georg Büchner in der Gestalt Woyzecks schon 1835/36 einen Mann des vierten Standes als tragikfähig auf die Bühne und damit menschlich vor Augen gestellt hatte, so wie Gerhart Hauptmann 1892 DIE WEBER und den BAHNWÄRTER THIEL veröffentlichte, so malte Mackensen in diesen Jahren die bäuerliche Mutter auf dem Torfkarren, die trauernde Familie am Sarge des Kindes und die Bauern von Schlußdorf beim GOTTESDIENST IM FREIEN. Seine Bilder sind frei von sozialer Anklage; ein Fabrikant Dreißiger kommt darin nicht vor. Nur eben zeigt Mackensen den Menschen der untersten Gesellschaftsschicht in menschlicher Größe, also dem Bürger ebenbürtig. Daß die Bauern der Heidepredigt aufmerksam dem Wort Gottes lauschen, ist das Erregende an diesem Bilde; daß ihnen das Wort Gottes nicht von einem bäuerlichen Pastor, sondern aus dem Munde eines „schönen" bürgerlichen Kopfes zugesprochen wird, ist ein psychologisch höchst geschickter Kunstgriff des Malers, den Bethge und Rilke nicht verstanden haben. Das hat die Münchner Jury ebenso überzeugt wie der Freiheitswille der Kosaken Repins. Natur ist für Mackensen der Mensch, der fern der städtischen Kultur in Armut und harter Arbeit lebt und auf diese Weise ein Kind der Landschaft ist. Diese Natur verkündet er in seiner Kunst.

Von den drei Gründervätern der Künstlerkolonie Worpswede ist Hans am Ende derjenige, von dem wir am wenigsten wissen. Eine weitere Sonderstellung kommt ihm auch dadurch zu, daß er nach dem Rütli-Schwur vom August 1889, in Worpswede zu bleiben, gar nicht dort geblieben ist. Im Spätherbst reiste er nach Paris, und den Winter verbrachte er, vor allem aus finanziellen Gründen, bei seiner Mutter in Berlin. Das Gleiche gilt für die Wintermonate 1890/91. Hans am Ende, in dem, wie Rilke anmerkte, vielleicht etwas vom Großstädter war, kannte nicht ganz dieselbe Leidenschaft für die Natur wie seine beiden Freunde, obwohl ihm Berlin gar nicht gefiel, wie Fritz Westphal und Peter Rabenstein betont haben:

Schweren Herzens war er von Worpswede in diese „entsetzlich-schreck-liche" Stadt abgereist, die für ihn nicht einmal eine richtige Großstadt ist, sondern ein heilloses Konglomerat von vielen, nicht zueinander pas-senden Teilen, schlichtweg „ein Greuel".

Berlin ist von einem Ende bis zum andern fad und langweilig. Genau so wie ich es mir vorgestellt habe. Und wo es das nicht ist, schusterhaft gemein ...

(...)

„Die Königstreue wird mir hier recht sauer."

Aus dem Januar 1892 ist eine Briefstelle an die Freunde bezeugt, die etwas über das Naturverständnis Hans am Endes aussagt:

*Es wird sich immer mehr zeigen, daß wir in Worpswede doch auf dem rechten Weg waren. (...) Gibt es Schöneres als forschen, als ergründen, immer tiefer eindringen in die **Natur**?*

Nach alledem wird man sagen können, daß der Dritte im Bunde, Hans am Ende, von Herkunft ein Mann war, der großstädtisches Leben kannte, zu dem auch die Kunstakademien gehörten. Aus der Einsicht, daß der zeitgenössische Kunstbetrieb in einer Sack-gasse steckte, und aus Abkehr von der Großstadt kam er nach Worpswede und fand dort die Natur, die zu ergründen ihm als das Schönste erschien. Es war bei ihm kein Glaubensbekenntnis wie bei Fritz Mackensen und – auf andere Weise – bei Otto Mo-dersohn; und doch zog er das Leben in Worpswede vor und baute sich neben dem Barkenhoff Vogelers sein Haus.

Im Jahre 1889, als sich die drei Gründer Worpswedes als Sezes-sion verbündeten, ging Fritz Overbeck als gerade Zwanzigjähri-ger nach Düsseldorf auf die Akademie und studierte dort drei Jahre hindurch im ganzen durchaus zufrieden in der Klasse der Landschafter. Obwohl er gebürtiger Bremer war, wußte er von der Worspweder Künstlerkolonie nichts, als 1891 Fritz Macken-sen und Otto Modersohn einmal den „Tartarus" in Düsseldorf, die Vereinigung junger Künstler der Akademie, besuchten und den nachfolgenden Studenten begeistert von dem Ort ihres Wir-kens erzählten.

Overbeck nahm die Einladung der beiden an, besuchte im Jahre darauf das Moordorf zum ersten Male und richtete sich seit 1894 dort ein Atelier ein. In München war er dann 1895 mit drei Gemälden und sechs Radierungen als Worpsweder vertreten; und als alle Welt etwas über das unbekannte Künstlerdorf wissen wollte, schrieb er im selben Jahr – sozusagen stellvertretend für die anderen Maler – für die Zeitschrift KUNST FÜR ALLE den oft zitierten „Brief aus Worpswede", in dem er das Land und die Landschaft dort einem nicht genannten Zeitgenossen vorstellte. Rilke fand sieben Jahre später die Darstellung so treffend, daß er sie zitierte und in Erinnerung rief:

Ein Hauch leiser Schwermut liegt ausgebreitet über der Landschaft. Ernst und schweigend umgeben weite Moore und sumpfige Wiesenpläne das Dorf, das, als suche es einen Zufluchtsort gegen unbekannte Schrecknisse, sich an dem steilen Hange einer alten Düne, dem Weyerberge, zusammendrängt. Wirr und regellos durcheinander zerstreut liegen Häuser und Hütten, beschirmt von schwer lastenden, moosüberkleideten Strohdächern und knorrigen Eichen, an deren weitausladenden Wipfeln sich machtlos die Stürme brechen. (…) Von der einsamen Höhe schweift weithin der Blick ins Land hinaus, über Moor und Heide, Felder und Wiesen. Dunkle Eichenkämpe, die in ihrem Schatten spärliche Gehöfte der Bauern bergen, unterbrechen hin und wieder die Monotonie der großen Ebene. (…) Darüber spannt sich der Himmel aus, der Worpsweder Himmel (…)

Hier bricht Rilke ab; er verzichtet merkwürdigerweise auf den folgenden Satz, der für Overbecks Naturverständnis besonders aufschlußreich ist:

Was hülfen uns unsere Strohhütten, Birkenwege und Moorkanäle, wenn wir diesen Himmel nicht hätten, welcher alles, selbst das Unbedeutendste adelt, ihm seinen unsagbar koloristischen Reiz verleiht, der Worpswede schließlich erst zu dem macht, was es ist.

Es ist nicht zu überhören, daß hinter dem Gefüge dieses Satzes ein Bibelwort in der Sprache Luthers steht: „Was hülfe es dem Menschen, wenn er die Welt gewönne und nähme doch Schaden an seiner Seele?" Vor seinem Hintergrund wird deutlich, was Fritz Overbeck meinte, wenn er die Landschaft bei Worpswede suchte.

Am Ende desselben Briefes erzählt Overbeck vom Leben der drei ersten, die sich 1889 entschlossen hatten, in Worpswede zu bleiben:

Wohl sah sie nicht jeder Tag an der Staffelei, mancher vielmehr mit Dingen beschäftigt, welche die Schulweisheit des Philisters als mit der Kunst nicht in Zusammenhang stehend erachtet, so liefen sie Schlittschuh, fingen und zähmten Vögel und trieben mehr dergleichen Liebhabereien, aber stets blieben sie im Verkehr mit der Natur und empfingen so unbewußt Eindrücke, welche keine Professorenweisheit ihnen hätte ersetzen können.

Wir sind auf diese Sätze Overbecks und auf seine Bilder angewiesen, wenn wir etwas über sein Naturverständnis wissen wollen; denn von dem wortkargen Bremer liegen erst seit dem vorigen Jahre ein paar Auszüge aus seinem Briefwechsel vor. Im übrigen hat er, wie es scheint, nicht sonderlich über die Natur reflektiert; er hat sie beschrieben. Renate Damsch-Wiehager kennzeichnet seine Haltung so:

Wie der Schreiber so steht auch der Maler Overbeck der Welt als genau registrierender Beobachter, gewissermaßen als „Naturforschender", als welcher er sich immer gern gesehen hat, gegenüber, der Farben und Dinge gleichsam nachbuchstabiert, und erst die – malerisch gestaltete – Summe des so Benannten vermag über dessen reale Vorhandenheit hinaus auf etwas Übergreifendes, dieses erst Begründende zu verweisen.

Als Overbeck nach Worpswede kam, hat er das von Mackensen Entdeckte vorgefunden und sich dem angeschlossen; im Verständnis der Erscheinungen ist er der Sehweise seines Freundes Modersohn gefolgt, wobei ihm in seinen menschenleeren Bildern der Himmel mit seinen Wolkengebilden vor allem wichtig war: Man hat von „Overbeckschen Wolken" gesprochen. Seine Aufsehen erregende Radierung STURM IM MOOR (1894) wie auch der STÜRMISCHE TAG IM TEUFELSMOOR (um 1900) verraten, daß es Overbeck um die Auseinandersetzung mit den Naturgewalten ging. Die Natur in ihrer grenzenlosen Einsamkeit ist es, die als ein Fremdes dem schauenden Menschen gegenübersteht und die er in ihrer herben Strenge erfährt. Wenn Overbeck die leise Schwermut der Landschaft, ihren Ernst und ihre Schweigsamkeit betonte, so hat er das Naturverständnis der Vorgänger in dieser Hinsicht aufgenommen und vertieft. Das haben die Besucher der Münchner Ausstellung bemerkt; es gehört seitdem un-verlierbar zur Malerei der frühen Worpsweder.

* * *

Mit Heinrich Vogeler, dem jüngsten, der 1894 auf Overbecks Ein-ladung nach Worpswede kam und 1895 den Barkenhoff erwarb und umbaute, kam eine völlig neue Stimme in den Chor der Ma-ler. Schon Rilke, der als Gast Vogelers 1898 und 1900 auf dem Bar-kenhoff wohnte, hat das deutlich ausgesprochen. Das Neue an diesem vielseitig begabten Künstler war unter anderem sein ganz anderes Naturverständnis.

Vogeler war im Münchner Glaspalast mit drei Gemälden und sie-ben Radierungen vertreten und nahm als Dreiundzwanzigjähri-ger am Ruhm der Worpsweder Künstlervereinigung teil, deren Mitglied er war. Wenn er zum Weyerberg gekommen war, weil er die Natur suchte, war sein Beweggrund von dem, der die Macken-sen und Modersohn hierher geführt hatte, ganz verschieden. Von früh an war in ihm das angelegt, was später zu seinem politi-schen Schicksal wurde und eine tiefgehende Disharmonie ins Le-ben Worpswedes hineintrug.

Wenn man seinen Lebenserinnerungen glauben darf – und das soll heißen: wenn dieser Rückblick nicht allzusehr aus der Sicht seines späteren Bekehrungserlebnisses gestaltet und damit nur noch von bedingtem biographischen Quellenwert ist – wenn man also Vogelers Erinnerung ernst nimmt, dann war sein erster nachhaltiger Kindheitseindruck der einer Naturkatastrophe. Ein Deichbruch der Wümme hatte eine Überschwemmung zur Folge, die bis an Bremens Stadtgrenze vorgedrungen war und das Souterrain des elterlichen Hauses unter Wasser gesetzt hatte. Vom Dachfenster des Hauses aus zeigte der Vater seinen drei Söhnen das neue Landschaftsbild, und Heinrich rief in kindlicher Freude aus: „Das Meer ist gekommen!" (Er hatte also nach seiner Darstellung nicht etwa Angst, so wie später Max Frisch seine Schweizer Heimat von der Sintflut bedroht sah, die ihn in seinen Träumen verfolgte.) Vogeler fährt fort:

In diesem Augenblick brach die Märzensonne durch und vergoldete in *weiter Ferne einen schmalen Fetzen Land. Der lag da wie ein goldener*

Fisch auf einer silbern blinkenden Schüssel. Ich kletterte im eisernen
Rahmen der Dachluke hoch und zeigte den beiden Brüdern die leuch-
tende Insel. „Wir müssen ein Schiff bauen mit einem Segel und die In-
sel entdecken", rief ich. (...) „Die Insel, die ihr dort in der Ferne seht,
Kinder, das ist der Weyerberg im Teufelsmoor (...)", rief uns der Vater
zu.

Wenn, wie gesagt, diese Erinnerung beim Wort genommen werden darf, dann ist sie Gegenstand für einen Tiefenpsychologen,
der das Verhalten eines Erwachsenen aus den Träumen seiner
Kindheit herzuleiten gelernt hat. Der Weyerberg in weiter Ferne
jenseits des Meeres als leuchtende Insel, die der junge Heinrich
entdecken will, ist für den Träumer Vogeler von früh an das Ziel
seiner Sehnsucht, das er Jahrzehnte später mit Hilfe des väterli-
chen Erbes erreichen kann. Das ist nicht die Landschaft, die
Mackensen, Modersohn und Overbeck malend suchen, sondern
der Standort für ein ganz persönlich gemeintes Paradies, eine Insel, die blinkend aus dem weiten Meer herausragt.

Vogeler beginnt sein Kapitel, das er „Der Weg zum Weyerberg"
betitelt:

Es trieb mich hinaus in die Natur. Das Bild von der fernen Insel im
Meer aus der Überschwemmungszeit war während der Schuljahre ver-
drängt gewesen. Nun tauchte es wieder auf, und bald konnte man uns
auf der Landstraße zum Weyerberg marschieren sehen, zwei jugendli-
che Wanderer mit Rucksäcken auf dem Rücken.
(...)
Wir Jungens waren nun den Heidehang des Weyerberges hinaufgestie-
gen und lagerten uns in der Sonne. Unter uns lag das Moor, und wir
sahen auf die birkenbestandene Landstraße, die wir gekommen waren.
Ich nahm meine Malsachen aus dem Rucksack und malte den Heideweg,
der sich den Berg hinaufschlängelte.

Die fertige Ölskizze, die Vogeler nach dieser Rast einpackte, war
der Niederschlag eines Erlebnisses, das der zum bildnerischen
Gestalten veranlagte Junge ebenso festhielt, wie er als Schüler
Lehrerkarikaturen, also kritische Porträts, gezeichnet hatte. Es
war keine Landschaft im Sinne Modersohns. Die Natur, in die es
sie hinaustrieb, die sonnige Heide am Weyerberg, war für die
beiden Stadtjungen mit ihren Rucksäcken ein Erlebnisraum; sie
waren Vorboten des Wandervogels, der wenige Jahre danach,

1896, von Berlin-Steglitz her „aus grauer Städte Mauern … durch Wald und Feld" zog und damit die Jugendbewegung einleitete.

Dieses Naturverständnis bestimmte Vogeler auch, als der freiheitsdurstige Kunststudent an der Düsseldorfer Akademie den Zeichensälen entfloh:

Aber hier war ruhige blanke Frühlingssonne. Sie rief uns hinaus, wenn die Korrektur im Antikensaal beendet war. Dann wanderten wir, zwei Freunde, über die Rheinbrücke zum anderen Flußufer. Man saß schon auf der Veranda irgendeines kleinen Gasthauses beim Spargelessen und brütete geheime Wünsche aus. Alles schien uns zuzurufen: Kommt zur Natur, kommt in den Frühling. Singt mir mein Lied, ihr jungen Künstler.

Als Vogeler 1894 nach Worpswede kam, galt sein Besuch am ersten Tage nach seiner Ankunft dem Landschafter Otto Modersohn; und dessen Auffassung der Natur überwältigte den Besucher:

Der rotbärtige Westfale arbeitete in einem hellen früheren Schulraum. Alles sah bei ihm nach intensiver Arbeit aus. Ich war ganz erregt, nicht nur von der Fülle der Arbeit, sondern auch davon, wie Otto Modersohn dies Land erfaßte, sowohl die braunrote Herbststimmung des Moores als auch den smaragdgrünen blumigen Frühling der Wiesen und die weißen Birkenstämme im Moor. Aber über allen anderen Eindrücken waren es die Lüfte, das sommerliche Ziehen der weißen Wolken über das Land, der graue Herbststurm, der die Bäume peitschte, und die niegesehene Kraft der Farbe, die der Moorlandschaft eigen ist, wenn sich die Natur, vor allem die Luft, in dem dunklen Schwarzspiegel der Torfgräben und Moorsümpfe spiegelt.

Vogeler folgte Modersohns Vorbild; doch es wurde etwas anderes daraus:

Am anderen Tag durchstreifte ich mit meinem Skizzenbuch unter dem Arm das Moor und die weite Wiesenlandschaft. Ich wanderte über den Weyerberg zu den windschiefen alten Kiefern, wo wir gestern gelagert hatten. Ich zeichnete Naturstudien und phantasierte Kompositionen, deren Inhalte Märchenmotive waren …

Bei Mackensen schließlich lernt er den Menschen als Teil der Natur studieren:

Morgens saß ich in dem etwas verwilderten Obstgarten Mutter Schröders mit Mackensen vor der blonden jungen Martha und malte ihren

Profilkopf. Ich lernte von dem Meister das strenge, nüchterne naturalistische Beobachten der Natur, die weiche Auflösung von Kontur und Fläche durch das Spiel der Farben.

Damit hat Vogeler die Elemente seines Naturverständnisses genannt. Es gibt bei ihm kaum eine „reine" Landschaft; immer steht ein Mensch darin, der etwas erlebt, die Verkündigung, die Liebe, den Abschied, den Tod. Die Szenen in der Natur sind oft märchenhaft komponiert und spiegeln die Träume des Künstlers. Immer wieder ist Martha Schröder der Mittelpunkt seiner sehnsüchtigen Bilder.

Vogelers Gast Rilke hat das bald nach seinem Eintreffen in Worpswede erkannt und am 29. September 1900 seinem Tagebuch anvertraut, nachdem der Freund ihn sein Skizzenbuch hatte sehen lassen.

Nach dem Kaffee brachte Vogeler sein altes Skizzenbuch herunter, das ich als eine seiner besten Vertraulichkeiten dankbar empfing. Es enthält verschiedene Kompositionen aus der Düsseldorfer Zeit: Zentauren und Faune, ein Napoleonprofil, Landschaft aus Holland, und dann mit einem Male reicht ein fein gezeichneter Rosenzweig über ein Blatt, in dessen linker Ecke ohne Betonung ‚Worpswede' steht. Hier beginnt Vogeler. Das Leise und Märchenhafte und Schlichte, das mühelose Wiedererleben jeder Liebesstimmung im Märchenhaften, Schwäne auf sehr dunklen Teichen, seltsame Rüsseltiere und Drachen, Schlangen, die sich nach großen Kronen strecken, und Ritter, welche das Waldinnere bewachen, in dem ein kindhaftes Mädchen einen schwarzen zahmen Vogel nährt. Die Kanäle, die Birkenalleen, die Hütten, die Kirche am Weyerberg – alles Landschaftliche gleich aufgegriffen und als Erlebnis verbraucht. Aus der Stimmung von Wind und Wolken, aus den Wäldern und Wasserläufen kommt der Ruf nach Märchenhaftigkeit, und es kommen die ältesten Könige und die jugendlichsten Mädchen, und der Ritter kommt, der übereiserne, der dunkel glänzt unter den alten Bäumen.

Rilke weiß es auch aus Vogelers eigener Erzählung, woher dieser Neubeginn des Künstlers gekommen ist:

Ganz im ersten Worpsweder Jahr, als er mit Mackensen mal auf dem Berg lag und ins Land schaute, rief Mackensen ein vierzehnjähriges Mädchen herzu. Sie war blond und still und schon damals voll Wohltun. Mackensen wohnte bei ihren Eltern. „Ich wurde mit Mackensen merkwürdig rasch befreundet damals . . ." Sie machten zusammen weite

Wege ins Moor, traten in den Hütten ein, und kaum war man da bei-
sammen und sprach, hatte sich Martha Sch(röder), indem sie etwas
schaffte, immer schon irgendwie in das Interieur eingefügt, und ihre
stille Blondheit war schon mit wirksam im Bilde. Und so trat sie auch
bald in Vogelers Bilder ein. Er hatte bis dahin immer wilde, fremde
Dinge gezeichnet. Mahle, überstandene Gelage im Morgendämmern
und aus dem werdenden Tag sprengen Zentauren herein, um die trun-
ken-dumpf schlafenden Mädchen zu rauben. Sie machte ihn nun einfach
mit einem Mal. Zeigte ihm das Land, in dem er sie träumerisch zu fei-
ern begann.

So hat Worpswede Vogelers Kunst verwandelt, indem ihm die
Landschaft zum Garten wurde, dessen Mittelpunkt Martha war.
Schließlich aber wurde der Garten um den Barkenhoff allein die
Bühne, die er gestaltete und auf der er seine Menschen auftreten
ließ, so etwa in dem verklärenden Rückblick aus dem Jahre 1905,
der den Titel SOMMERABEND trug. Es war tatsächlich der
Abend eines Sommers.

In jungen Jahren hatte Vogeler weite Kunstreisen unternommen;
Rilke hatte ihn in Florenz kennengelernt. Die selbstgewollte Begrenzung des Freundes auf den Garten am Weyerberg hat der
Dichter mit Verwunderung gesehen und später in der Monographie WORPSWEDE charakterisiert:

Wer sich nun entschließt, an Stelle einer mönchischen Gemeinschaft ei-
nen Einzelnen zu setzen, einen Menschen von heute, der nach dem Wil-
len seines Wesens, wie nach einer Ordensregel seine eigene Welt gebaut,
begrenzt und verwirklicht hat, der wird am besten imstande sein, die
Erscheinung Heinrich Vogelers und den Ursprung seiner Kunst zu ver-
stehen; denn man kann von dieser Kunst nicht reden, ohne des Lebens
zu gedenken, aus welchem sie wie eine fortwährende Folge fließt. Gleich
der Kunst jener mittelalterlichen Mönche steigt sie aus einer engen und
umhegten Welt auf, um an der Weite und Ewigkeit der Himmel leise
preisend teilzunehmen.

Es ist nicht das weite Land, darin er wohnt, bei dem er den Lenz gelernt
hat; es ist ein enger Garten, von dem er alles weiß, sein Garten, seine
stille, blühende und wachsende Wirklichkeit, in der alles von seiner
Hand gesetzt und gelenkt ist und nichts geschieht, was seiner entbeh-
ren könnte.

In diesen Garten schreibt er seine Gefühle und Stimmungen wie in ein Buch; aber das Buch liegt in den Händen der Natur, die wie ein großer Dichter die flüchtigsten seiner Einfälle gebraucht, um sie auf eine unerwartete Weise auszuführen.

Das war das Naturverständnis Heinrich Vogelers, das bei seinem Eintritt in den Worspweder Künstlerkreis in ihm Gestalt gewann, und um dessen eigenwillige Dimension er dann das Spektrum der anderen vier erweiterte. Noch etwas anderes, das von früh an in ihm angelegt war und sich erst viel später ganz entfaltete, brachte Vogeler schon damals mit auf den Weyerberg.

Als der Schüler Heinrich Vogeler mit seinem Freunde Karl Müller zum ersten Male zum Weyerberg wanderte, diskutierten die beiden, als sie in Lilienthal am Gefängnis vorbeikamen, über die Roten, die ungebildeten Leute, die in Deutschland regieren wollten. Die betonte Ausführlichkeit, mit der die Erinnerungen das Gespräch wiedergeben, mag von dem Kommunisten Vogeler zurückprojiziert sein; dennoch ist nicht zu bezweifeln, daß die soziale Thematik ihn von Jugend an beschäftigte. Seine Lehrerkarikaturen, deretwegen er die Schule wechseln mußte, verraten seine frühe Empfindlichkeit gegen Herrschaftsstrukturen, die er nicht anerkannte; auch die Jahre auf der Akademie erschienen ihm als Unterdrückung seines künstlerischen Wollens. Daß er sich von 1893 an verstärkt dem Kunsthandwerk verschrieb und seit 1896 an der englischen Zeitschrift STUDIO mitarbeitete, gehört ebenfalls in diese Richtung. Denn das Kunsthandwerk wollte das Schöne nicht in der Abgeschiedenheit der Museen belassen, sondern in die Wohnstuben des einfachen Mannes hineintragen und an dessen Bildung mitwirken. Darin lag ein soziales Anliegen, das Vogeler schon damals bewegte. Bei seinem ersten Besuch auf dem Barkenhoff im Dezember 1898 hat Rilke das scharfsichtig beobachtet; die Erzählung IM GESPRÄCH von 1899 deutet in verhaltener Ironie seine Kritik an dem Freunde an.

Das aufbegehrende soziale Engagement gehört von früh an zu Heinrich Vogelers Verständnis von Natur und Kunst; das verband ihn zunächst mit Fritz Mackensen und tauchte nicht erst seit 1908 bei ihm auf. Seine spätere Konversion zu den Roten ist von Kindheit an in ihm vorbereitet und hat dann nur Jahrzehnte gebraucht, ehe sie durchbrach. In der frühen Zeit waren diese

Keime nur für Scharfsichtige zu bemerken; die rückblickende Analyse sollte sie freilich auch für die Jahre um 1895 nicht verschweigen.

* * *

Wir haben die fünf frühen Worpsweder nach ihrem Naturverständnis befragt, soweit uns die Quellen erlauben, darüber Genaueres zu erfahren. Es gilt jetzt, das für jeden von ihnen Festzuhaltende zum Gesamtbild zusammenzufassen, das herauszuarbeiten, was als das Charakteristikum der anfänglichen Worpsweder Malerei zu gelten hat, wie sie in München die Aufmerksamkeit der deutschen Öffentlichkeit erregte und zu Weltruhm gelangte.

Bekanntlich hat es unter den Malern heftige Meinungsverschiedenheiten gegeben, bis hin zur Duellforderung. Otto Modersohns Tagebücher enthalten manche harsche Kritik an den Kollegen. Zumeist hat man das für persönliche Rivalität unter Künstlern gehalten, die rein menschlich zu verstehen und zu verzeihen sei. Wenn man einmal das Naturverständnis der einzelnen als Leitfossil verwendet, zeigt sich, daß hier mehr als Rivalität dahinterstand, daß es sich vielmehr um Richtungsgegensätze handelte, die unter ihnen ausgetragen wurden und zur Gegnerschaft führten. Fritz Mackensen und Otto Modersohn stritten nicht so sehr darum, wer von ihnen der Größere sei, als darum, wer von ihnen recht habe. Und weil beide ihren Standort mit einer inneren Gläubigkeit vertraten, die ans Religiöse grenzte und die sie zu ihrer immensen Arbeit antrieb und befähigte, wurde der Gegensatz schließlich unüberbrückbar. Auch bei Heinrich Vogeler stand von früh an eine im Seelischen wurzelnde Überzeugung hinter der Vielfalt seines Künstlertums, die anfangs, in seiner romantischen Phase, noch unerkannt, von der bürgerlich akzeptierten Produktion überdeckt und verborgen wurde; erst im Weltkrieg, in der Krise der alten Gesellschaft, zerbrach diese Decke endgültig, und Vogelers Sehnsucht schlug um ins Revolutionäre.

Soll man hundert Jahre nach den geistigen Kämpfen, die sich in diesem Dorfe, von wenigen bemerkt, abspielten und dabei *in nuce* Gegensätze spiegelten, die darüber hinaus in ganz Deutschland, ja in Europa, herrschten – soll man, sag ich, nachträglich über die Streitenden urteilen und gar nach dem Sieger fragen? Wenn man die Kunst der frühen Worpsweder als eine abgeschlossene, kunsthistorisch hinter uns liegende Epoche betrachten will, dann hat eine solche Beurteilung wenig Sinn. Dann ist es angemessener, die Verschiedenheiten des Denkens und der daraus erwachsenden Kunstwerke zur Kenntnis zu nehmen und zu verstehen.

Sollte man freilich zu der Auffassung gelangen, daß die vor einem Jahrhundert geleistete Arbeit uns Heutige noch unmittelbar angeht, daß uns diese Werke etwas zu sagen haben, dann müssen wir uns die Frage vorlegen, welche Stimme aus diesem Chor uns noch anspricht, welcher wir vertrauen und folgen dürfen. Dabei finden wir Zeitgenossen vom Ende des zwanzigsten Jahrhunderts uns in der eigenartigen Lage, daß uns die Frage nach der **Natur** genau so, wenn nicht noch härter bedrängt als die Vorgänger, weil die industrielle Revolution in den hundert Jahren von damals bis heute eine Dimension angenommen hat, die 1895 noch nicht zu ahnen war. Auch wir müssen unser Naturverständnis klären; das ist der Grund, weshalb die Frage nach dem Naturverständnis der frühen Worpsweder von außerordentlicher Aktualität ist.

Da ist auf der einen Seite Fritz Mackensen, der mit den Mitteln des Naturalismus eine konservative Sicht der Natur verfocht, die er mit einem bei Dürer gefundenen Wahlspruch rechtfertigte. Wenn er den arbeitenden Moorbauern in seiner menschlichen Größe in den Blick rückte, kam er dem sozialen Interesse seiner Zeit entgegen: Dieser Mischung seiner epischen Ballade vom GOTTESDIENST IM FREIEN erkannte eine Jury aus süddeutschen Großstädtern die eine Goldmedaille zu, deren zweite der russische Realist Ilja Repin für sein revolutionäres Gruppenbild der SZAPOROGER KOSAKEN erhielt.

Da ist am anderen Ende der Skala Mackensens Schüler Heinrich Vogeler, für den sich die Natur auf den umhegten Ausschnitt seines Gartens verengte. Er wollte, zeitweise im Biedermeier-Kostüm, auf dieser selbstgeschaffenen Insel ein ästhetisches Leben verwirklichen und verkündete die Schönheit dieses Lebens in seinen Gemälden und Graphiken den bewundernden Zeitgenossen. Sein gestaltender Zugriff auf die Natur war nicht ohne herrscherliche Geste; das vertrug sich in ihm mit einem von früh an angelegten revolutionären Impetus, der eines späten Tages durchbrach.

Vogelers Garten und Haus waren schön; Rilke und Modersohn haben das bewundert. Doch Vogeler übersah, daß dieses ästhetische Reich von innen her gefährdet war und daß sein Glück eines Tages aus inneren Gründen zerbrechen mußte. Seine Freiwilligen-Meldung 1914 war ein erster Versuch, auszubrechen; der zweite bestand darin, daß er sich dem Anspruch des revolutionären Sozialismus bedingungslos unterstellte und ihm bis zum bitteren Ende in Kasachstan diente. Ich habe diese Entscheidung – im Unterschied zu Werner Hohmann – immer für einen tragischen Irrtum gehalten, auch als der Zusammenbruch der sozialistischen Utopie noch nicht offenkundig war und sie ihren Anhängern als zukunftsträchtig erschien. Das ändert nichts daran, daß ich Rilkes Bewunderung des schönen Gartens und des Weißen Saales teile, in dem Dichtung und Musik zu vernehmen sind. Vogelers Insel des Schönen ist mir Vorbild und geht mich an; nur bemühe ich mich, als Hausherr kein Pygmalion zu werden, der allein die Geschöpfe seiner Hand zum Leben erweckt. Vielleicht hat der Garten dann Bestand.

Bleibt als letzter Otto Modersohn (wenn wir einmal in Hans am Ende und Fritz Overbeck die begleitenden Freunde der beiden ersten Worpsweder erblicken). Er hat in dienendem Schauen **Dokumente der Natur** schaffen wollen; seine Bilder sind als lyrische Gedichte Zeugnisse der fühlend erfahrenen Landschaft. Wenn er seinen Tagebüchern zufolge immer wieder bestrebt war, die Stimmung zu erfassen, so bin ich für meine Person zu sehr Verstandesmensch, als daß ich mich dem Gefühl und der Stimmung zu sehr überlassen möchte. (Vielleicht darf ich die Stimmung, die mich aus diesen Bildern anspricht, als fühlend erfahrene Zu-Stimmung begreifen, die das, was Modersohn mir vor Augen stellt, dankbar annimmt.) Doch davon abgesehen, ist in jedem seiner gemalten Gedichte so viel Geschautes darin, daß sein Rang als Dokument der Natur nicht zu bezweifeln ist.

Das ist es, weshalb ich Otto Modersohn brauche, so wie ich als Historiker Quellen brauche, wenn ich das Vergangene verstehen will. In seiner Treue als Augenzeuge liegt seine Größe und seine Aktualität. Denn die Natur, wie er sie zutiefst erfahren hat, ist in unseren Tagen in höchster Gefahr; und die größte Gefahr besteht darin, daß wir gar nicht mehr wissen, was Natur ist. Wer Otto Modersohns Bilder sieht, weiß es wieder; und wer Rilkes Charakteristik des Freundes liest, lernt sie besser zu verstehen. Das ist die Stimme aus dem Chor der frühen Worpsweder, die ungebrochen zu uns herüberklingt und der ich daher für meine Person besondere Gültigkeit zuerkenne.

Mit dem NATURVERSTÄNDNIS DER FRÜHEN WORPSWEDER, so wie ich das Thema zu Beginn eingegrenzt habe, bin ich am Ende. Wir haben die fünf Maler des Jahres 1895 einzeln und in ihrem Verhältnis zueinander betrachtet. Mir scheint aber noch etwas zu fehlen; und wenn Sie gestatten, werde ich meinem selbstgewählten Prinzip untreu und füge noch einen zweiten Teil an. Das bisher Vorgetragene hat es so ausschließlich mit Männern zu tun, noch dazu recht streitbaren, daß ich mich – einfach als Kavalier – unwohl fühle. Denn das Profil der Worpsweder Kunst ist doch auch von begabten Künstlerinnen geprägt worden, die zumeist als Mackensens Schülerinnen dorthin kamen, allerdings erst von 1898 an. Ich überschreite also mit Ihrem Einverständnis meine Zeitgrenze und frage einmal nach dem Naturverständnis der Künstlerinnen, die um 1900, zur Zeit der Sternstunde Worpswedes, dort gewirkt haben. Vier Namen sind da zu nennen: Clara Westhoff, Ottilie Reyländer, Marie Bock und Paula Becker.

Da muß ich Ihnen zunächst gestehen, daß ich über Ottilie Reyländer und Marie Bock fast nichts weiß; über Clara Westhoff, die als Bildhauerin mit dem Erfassen der Landschaft nicht befaßt war, habe ich nur wenig finden können. Eine Briefstelle vom 20. November 1898 zeigt sie in der Nähe zum Naturalismus, wenn sie der Großmutter vom Besuch der Rembrandt-Ausstellung in Amsterdam berichtete:

Das war eine großartige Reise, eine Pilgerfahrt zu Rembrandt. (…) Rembrandt, der hat sich nur der Natur gebeugt. Da kann man was lernen.

In einem Brief vom 18. März 1900, den sie aus Paris an das Ehepaar Modersohn richtete, sprach sie von den zwiespältigen Gefühlen, die diese Stadt in ihr auslöste, vor allem, wenn sie an Worpswede dachte:

Manchmal kommt man mit einem Grauen nach Hause, daß man gar nicht mehr um sich blicken mag. Nur nichts mehr sehen von alledem! Und dann wiederum fühlt man sich so angeregt und freudig gehoben, daß man in dieser Stadt bleiben möchte.

Um dieses Grauen zu vergessen, flüchtete sie zusammen mit Paula Becker nach Versailles, um dort die Gartenanlagen und die Versailles umgebende

*einfache, wilde, **natürliche Natur,** üppig und reich und fast berauschend in ihrer Üppigkeit,*

außerhalb des Großstadtbetriebs zu genießen. Dieser tief empfundene Widerspruch zwischen städtischem und ländlichem Leben, zwischen Paris und Worpswede, wurde ihr in der kargen, einsamen Heimat mit den Bauern im Moor, die

*wie ein Stück **Natur** erlebt und bewundert*

wurden, um so bewußter. Hier klingt einerseits die Sicht ihres Lehrers Mackensen an; andererseits nahm Clara Westhoff das Bild der Großstadt Paris vorweg, das ihr späterer Ehemann Rilke nach 1902 gewinnen und in seinen AUFZEICHNUNGEN DES MALTE LAURIDS BRIGGE aussprechen sollte. Die Freundin Paula Becker empfand es ähnlich.

In einem Rückblick aus dem Jahre 1932 gedenkt Clara Westhoff der frühen Zeit in Worpswede und ihrer Freundin Paula Becker:

Die Zeit, in der wir einander begegneten, war für uns beide eine besonders glückliche und bedeutsame. Es war ein Jahr, das uns aus der Stadt und aus dem städtischen Malschulenbetrieb heraus in eine uns heimatlich und verwandt empfundene Landschaft versetzt hatte. Worpswede bedeutete für uns ein schönes köstliches Geschenk. Das Ankommen dort, das Dortbleiben- und Dortarbeitendürfen war wie der Anbruch eines unaufhörlichen Sonntags. Man war gleichsam hinaufgehoben aus dem Alltag durch die sanfte Rundung dieses einzigen in der Ebene liegenden Berges, durch ihn unter den großen wolkigen Himmel gerückt. Man hatte keine andere Pflicht, als diesen Himmel täglich und stündlich zu erleben, ihn selbst und seinen Widerschein bis in die dunklen

Häuser, wo beim offenen Fenster die Alten hantierten und die Kinder spielten.

Clara Westhoff hat ihre Liebe zur Landschaft auf die einzelne Figur versammelt; sie ist Mackensens Rat gefolgt und Bildhauerin geworden. Paula Becker hat das bei der Freundin beobachtet und zu Rilke davon gesprochen, der es am 29. September 1900 wörtlich in sein Tagebuch eintrug:

Es ist oft rührend bei Clara Westhoff, in der so viel monumentaler und großliniger Stil liegt, zu sehen, wie sie eine Blume, eine einzelne Blume trägt oder auf ein kleines Ding alle Güte und Fülle ihres breiten Wesens anwendet, (...) Es macht mich ganz wehmütig, das zu sehen. Zu sehen, wie sie sich zusammenfaßt, sich zurückzieht aus ihren Maßen und mit all ihrer Liebe über ein Ding kommt, an dessen Kleinsein sie sich erst gewöhnen muß! Wie Kinder führt sie alle ihre Sinne aus den tiefen Hochwäldern, in denen sie sich verstreut haben, heraus und lehrt sie auf einer schattigen Wiese um eine kleine blasse Blume stehn und singen...

Clara Westhoff selbst hat Rilke erzählt, wie sie auf Wunsch ihres Vaters das Bildnis ihrer Großmutter modellieren mußte, bevor sie nach Paris reisen durfte. Die Arbeit wurde für sie zur Pflicht, die sie von den zwei Zielen ihrer Sehnsucht fernhielt, von Paris auf der einen Seite und vom Worpsweder Land auf der anderen:

Wenn sie dann saß und von einem Baum vor den großen Fenstern der verglasten Veranda sprach, der für sie nur Herbst war, so hatte Clara das Gefühl, sich nicht umschauen zu dürfen nach diesem Baum, der für sie Freiheit und ein ganzes Land und große Sonnenuntergänge und wandernde Stürme bedeutete. Denn sie sehnte sich sehr nach Worpswede und nach dem Befreundeten und Fremden und Fernen. Und bildete täglich das Gesicht der alten Frau nach, ging willig mit kleinen, zögernden Schritten auf den verwilderten Wegen eines vergangenen Lebens umher, (...) So vollendete sie die Büste. Und erst im Dezember reiste sie nach Paris.

Nach alledem wird es die Aufgabe eines tiefblickenden Interpreten sein müssen, das Naturverständnis der Bildhauerin Clara Westhoff in ihren figürlichen Arbeiten wiederzufinden. Daß sie eines Tages ihrer Mutter und Otto Modersohn gefolgt und nach Fischerhude in die Bredenau gezogen ist, darf auch als Zeichen einer sensiblen Liebe zur Natur gewertet werden.

Von Paula Becker sind umfangreiche Auszüge aus ihren Tage-büchern und Briefen zuverlässig ediert, so daß man ihre künstle-rische Entwicklung genau verfolgen kann. Es fällt dem Leser auf, daß in diesen Texten die Belege für das Wort *Natur* ziemlich dünn gesät sind und daß außerdem Paula Beckers Naturverständnis zu verschiedenen Zeiten ganz unterschiedlich, ja sogar wider-sprüchlich ist. Ganz anders als etwa Otto Modersohn dachte sie offenbar nicht daran, sich über die Natur als Vorbild ihrer Kunst Rechenschaft abzulegen; ihr ging es vielmehr von früh an um die Verwirklichung ihrer künstlerischen Existenz. Das Thema der Natur als Gegenstand der Kunst wurde im Laufe ihrer Entwick-lung von außen an sie herangetragen; im Verlauf eines dramati-schen Klärungsprozesses hat sie sich damit auseinandergesetzt und dazu wechselnde Standorte bezogen, ehe sie Klarheit über das eigene Wollen gefunden hat.

Um diesen Befund richtig zu würdigen, muß man sich verge-genwärtigen, daß Paula Becker eine der frühesten Vertreterinnen des Expressionismus in der deutschen Malerei war. Die 1876 Ge-borene war älter als die meisten Maler der 1905 hervortretenden Künstlervereinigung BRÜCKE und des 1911 gegründeten BLAUEN REITERS: Kirchner war 1880 geboren, Pechstein 1881, Heckel 1883, Beckmann und Schmidt-Rottluff 1884, Kokoschka 1886. Der 1874 geborene Otto Mueller war mit ihr etwa gleich-altrig; nur Emil Jansen-Nolde war 1867 geboren und damit neun Jahre älter. Doch Nolde gelangte nach kunsthandwerklichen An-fängen erst spät zu seiner expressionistischen Phase, ebenso der noch ältere, nämlich 1849 geborene Rohlfs, der seit 1905 in der neuen Weise malte. Von dem seit 1896 in München wirkenden Russen Kandinsky, dessen Gemälde DER BLAUE REITER von 1903 dann zum Programm einer Kunstrichtung wurde, hatte Paula Becker, soweit sich beobachten läßt, keine Kenntnis. Sie hat sich ihren Durchbruch zum Stil der jungen Generation seit 1897 in Worpswede auf eigene Faust erarbeitet, bevor sie dann 1900 in Paris Paul Cézanne als Geistesverwandten, als – wie Clara West-hoff bezeugt hat – ihren „großen Bruder", entdeckte.

Der Expressionismus war eine Gegenbewegung gegen Impres-sionismus und Naturalismus. Er setzte der äußeren Form die „in-nere" entgegen und gestand nur dieser wirkliche Offenbarungskraft zu. Die sinnlich wahrnehmbare Wirklichkeit bedeutete nur Durchgang zur seelisch erfahrbaren. Das Kunstwerk sollte nicht dem ästhetischen Genuß dienen, sondern das elementare Erlebnis in völlig neuer Weise zum Ausdruck bringen. Der Expressionismus suchte nicht die bloße Abschilderung der Wirklichkeit oder die sinnlich reizende Außenseite der Erscheinungen, sondern das Bedeutungsvolle, die Ausdruckstiefe, das Wesenhafte. Was Paula Becker in den Jahren 1895 bis 1900 geistig durchgemacht und durchgestanden hat, ist von dieser allgemeinen Kennzeichnung her genau zu verstehen. Ihr künstlerischer Werdegang ist eine persönliche Gegenbewegung gegen den Naturalismus, in dessen Vorstellungen etwa ihr liebevoller Vater zeitlebens verblieb. Diese Kunstauffassung begegnete ihr in Worpswede in der Person ihres Lehrers Fritz Mackensen; die Begegnung mit diesem Mann ist in ihren einzelnen Phasen außerordentlich aufschlußreich. Die neunzehnjährige Paula traf zum ersten Male auf Mackensens Werk, als sie 1895 die Ausstellung der Worpsweder in der Bremer Kunsthalle besuchte. Sie schrieb ihrem Bruder darüber am 27. April 1895:

Diese Woche war ich eine eifrige Besucherin der Kunsthalle. Hast Du, wie Du hier warst von den Worpsweder Malern gehört? Natürlich! Die haben jetzt ausgestellt und wirklich einige ganz famose Sachen. Du hörtest gewiß auch von der Haidepredigt, die der eine von ihnen, Mackensen, in einem eigens dafür gebauten Glaswagen, malte. Dies ist ein riesig interessantes Bild. Die Gemeinde sitzt im Freien vor ihrem Priester. Aber wie lebenswahr der Künstler die einzelnen lebensgroßen Gestalten getroffen hat. Die leben alle. Natürlich alles riesig realistisch aber ganz famos. Das einzige, was ich nicht ganz verstehen kann, ist die Perspektive. (…)

Dasselbe Bild, das im Sommer dieses Jahres in München ausgezeichnet wurde, hat die junge Betrachterin beeindruckt. Bemerkenswert ist dabei ihre Schlußbemerkung:

Natürlich alles riesig realistisch aber ganz famos.

In ihrem „aber" meldet sich ein erster Vorbehalt an. Doch im ganzen hat die Kunst Worpswedes ihr und der ganzen Familie Becker so gut gefallen, daß nach der Silberhochzeit der Eltern am 11. Juni 1897 alle einen Ausflug dorthin unternehmen. Die Mutter notierte in ihrem Tagebuch:

Paula war so enthusiasmiert, daß sie sich entschloß, vierzehn Tage mit ihrer Malfreundin draußen zu wohnen und zu arbeiten. Sie schrieb überglückliche Briefe wie unsereins aus Italien und kam mit einer Mappe Skizzen und Köpfen heim.

Aus den vierzehn Tagen wurden vier Wochen, in denen die Natur Worpswedes ihre Wirkung auf das junge Mädchen nicht verfehlte. Sie, die kurz zuvor in Berlin die Landschaftsstunden zugunsten des Porträts aufgegeben hatte, trug am 24. Juli 1897, dem ersten Tage ihres Aufenthaltes, in ihr Tagebuch ein:

Worpswede, Worpswede, Worpswede! Versunkene-Glocke-Stimmung! Birken, Birken, Kiefern und alte Weiden. Schönes braunes Moor, köstliches Braun! Die Kanäle mit den schwarzen Spiegelungen, asphaltschwarz. Die Hamme mit ihren dunkeln Segeln, es ist ein Wunderland, ein Götterland. Ich habe Mitleid mit diesem schönen Stück Erde, seine Bewohner wissen nicht, wie schön es ist. Man sagt es ihnen, sie verstehen es nicht. Und doch braucht man kein Mitleid zu haben, nein, ich habe keins. Nein, Paula Becker, hab es lieber mit Dir, daß Du nicht hier lebst. Und das auch nicht. Du lebst ja überhaupt, Du Glückliche, lebst intensiv, das heißt: Du malst. Ja, wenn das Malen nicht wäre?!

Und weshalb Mitleid haben mit diesem Land? Es sind ja Männer da, Maler, die ihm Treue geschworen haben, die an ihm hängen mit unendlicher, fester Männerliebe!

Dieser Landschaftsmalerei in Worten folgt ein Porträt Mackensens, das wieder mit ihren Vorbehalten endet:

Er ist ein famoser Mann, geklärt in jeder Beziehung, steinhart und energisch, zärtlich weich zu seiner Mutter. Doch das Große, das unsagbar große, das ist verloren gegangen. Im Leben nicht, in der Kunst. Schade, schade.

Ein Jahr darauf wurde Paula Becker Mackensens Schülerin, nachdem der Vater ihr das – offenbar auf ihren Wunsch – vermittelt hatte. Doch bevor sie am 7. September 1898 für längere Zeit nach Worpswede ging, unternahm sie im Sommer dieses Jahres mit ihrem Onkel eine Reise in die Natur Norwegens, wo Wulf von Bültzingslöwen Lachse fischen wollte. Nach der Schiffsreise schrieb sie aus Oslo, dem damaligen Christiania, (ugf.) am 10. Juni 1898 einen Brief an die Eltern, in dem sie zum ersten Male aussprach, was sie auf den Weg zum Expressionismus führen sollte.

Wenn ich überhaupt Begabung zur Malerei habe, wird im Porträt doch immer mein Schwerpunkt liegen, das habe ich wieder gefühlt. Das Schönste wäre ja, wenn ich jenes unbewußte Empfinden, was manchmal leicht und lieblich in mir summt, figürlich ausdrücken könnte. Das überlasse ich aber kommenden Jahrzehnten.

In welchem Maße die Natur Worpswedes die junge Malerin in ihren Bann schlug, zeigt ein Brief an die Tante vom 7. September 1898:

*Mein erster Abend in Worpswede. In meinem Herzen Seligkeit und Frieden. Um mich herum die köstliche Abendstille und die von Heu durchschwängerte Luft. Über mir der klare Sternenhimmel. Da zieht so süße Seelenruhe ins Gemüt und nimmt sanft Besitz von jeder Faser des ganzen Seins und Wesens. Und man giebt sich ihr hin, der großen **Natur,** voll und ganz und ohne Vorbehalt. Und sagt mit offenen Armen: „Nimm mich hin." Und sie nimmt uns und durchsonnt uns mit ihrem Übermaß voll Liebe, daß solch ein kleines Menschenkind ganz vergißt, daß es von Asche sei, daß es zu Asche werde. –*

Heute morgen bin ich hier hinaus gewandert mit Kurt durch das nebelige Land, die grünen Wiesen und leuchtenden Rapsfeldern (!). Und die Landschaft ward immer „Worpswedischer"; da kamen die blanken Kanäle, in denen der Himmel blau wiederlachte, mit den schwarzen Torfschiffen, die lautlos dahinglitten. Und schließlich kam die braune Heide, mit fröhlichen, blitzenden Birken dazwischen, ein sonderbares Gemisch von Schwermut und Leichtsinn. Unter freiem Himmel hatten wir ein lustiges Picknick. Dann nachmittags eine traumhafte Stunde beim Maler Vogeler, der Märchen malt, und Märchen lebt, und der uns in seinem Märchensaal Traumstühle anbot, auf denen Kurt und ich friedlich und freudig ein anderes Dasein führten. Dann ging es wieder hinein tief in das Moor. Wieder an blanken Kanälen entlang, an lachenden Birken vorbei. Es war holdeste, reinste Böcklinstimmung.

Dann aber begann die Arbeit unter Mackensens Aufsicht, wie sie ihrem Tagebuch am 18. Oktober 1898 anvertraute:

Mackensen kommt alle paar Tage und gibt eine famose Korrektur. Es tut mir gut, mit ihm umzugehen. Es brennt solch ein Feuer in ihm für seine Kunst. Wenn er davon spricht, hat seine Stimme einen warmen vibrierenden Klang, daß es in mir selber bebt und zittert. Wenn er Dürer zitiert, so tut er es mit einer Feierlichkeit in Ton und Gebärde, als wenn ein frommes Kind seine Bibelsprüche hersagt.

107

Am 29. Oktober 1898 ergänzte sie diese Charakteristik; das gewährt uns Einblick in dieses Lehrer-Schüler-Verhältnis, das stellvertretend für eine ganze Generation steht:

Er ist oft hart und egoistisch. Aber vor der Natur ist er so wie ein Kind, weich wie ein Kind. Dann rührt er mich. Dann kommt er mir vor, wie ein alter, stolzer Krieger, der seine Knie vor dem Höchsten beugt.

Ottilie Reyländer, die damals ebenfalls Schülerin von Mackensen war, hat eine Szene überliefert, die Paula Beckers Stellung zu ihrem Lehrer verrät.

Sie hatte gerade Modell und die große angefangene Aktstudie stand auf der Staffelei. Mackensen korrigierte sie und fragte mit durchdringendem Blick, ob sie das, was sie da gemacht habe, wirklich in der Natur so sähe. Merkwürdig war die Antwort: ein schnelles ,Ja' und dann zögernd ,Nein', indem sie in die Ferne schaute (…) Schon damals hörte ich oft Ansichten aus ihrem Munde, die durchaus nicht in Einklang mit denen unseres Meisters standen.

Eine undatierte Tagebucheintragung aus dieser Zeit faßt den naturalistischen Impetus des Lehrers in knappen Worten zusammen:

*Mir soll die **Natur** größer werden als der Mensch. Lauter aus mir sprechen. Klein soll ich mich fühlen vor ihr Großen. So will es Mackensen. Das ist das A und O seiner Korrektur. Inniges Nachbilden der **Natur**, das soll ich lernen. Ich lasse zu viel meinen eigenen kleinen Menschen in den Vordergrund treten.*

Was es mit dem „eigenen kleinen Menschen" der Schülerin auf sich hat, verrät uns Paula Becker am 19. Januar 1899:

(…) In mir fühle ich es wie ein leises Gewebe, ein Vibrieren, ein Flügelschlagen, ein zitterndes Ausruhen, ein Atemanhalten: wenn ich einst malen kann, werde ich das malen.

Dieses Innere, um dessen Ausdruck es dem Expressionismus geht, tritt der Natur trotzig entgegen. Das Tagebuch fährt fort:

*Draußen hält jetzt die **Natur** einen großen feinen Tanz. Es ist ein Windesbrausen, ein Regenpeitschen und Hagelschauern, eine Allgewalt und Urgewalt, daß der Mensch sich winzig klein fühlt und dann lacht, kampfbereit seine Kräfte zu messen an jenem unnennbaren **Naturgeist**, dessen kleinstes Atom dies trotzige Menschlein voll Unvernunft im Streben ausmacht.*

Man wird an den „Naturgeist" erinnert, den Otto Modersohn erfassen wollte. Es ist denkbar, daß Paula Beckers Wortwahl von der Prägung ihres späteren Ehemannes beeinflußt ist.

Dann aber kam der Tag, an dem Paula Becker ihrem Lehrer Mackensen rückhaltlos recht gab, nachdem sie tagaus, tagein fleißige Naturstudien an ihren Worpsweder Modellen getrieben hatte. Im Juni 1899 schrieb sie an ihren Bruder:

*Der enge Verkehr, den ich jetzt mit der **Natur** habe, hat mich aber der Meinung gemacht, daß **Naturalismus** das einzig Wahre ist. Schon deshalb, da er eine viel größere Mannigfaltigkeit der Individuen erfordert, die im Idealismus ja unmöglich ist. Er verallgemeinert. Ich tat es auch. Und daß ich es nicht mehr tue, oder wenigstens den Willen habe, es nicht mehr zu tun, das sehe ich als den wichtigsten Fortschritt dieses Winters an. In meine Sache ist mehr Klarheit gekommen. Das macht mich froh.*

In diesem Augenblicke schien sie vergessen zu haben, was sie sich am 24. Januar 1899, in ebendiesem Winter, für ihre künftige Kunst vorgenommen hatte und was den Naturalismus hinter sich ließ. Angesichts der Natur hatte sie, was ihr sonst selten widerfuhr, den göttlichen Geist darin gefühlt und von ihm das Reifen ihrer Kunst erhofft:

Da machte ich einen Spaziergang in der Dämmerung, hinaus zu den überschwemmten Wiesen. Da zog es mächtig durch meine Seele und die Macht der Dämmerstunde lag auf mir, erdrückend, atemberaubend. Ich fühlte mich so gottgesegnet. Ist es nicht ein Geschenk, diese Herrlichkeit alle so empfinden zu können? Und ich lechze nach mehr, mehr, unermüdlich will ich danach streben mit allen meinen Kräften. Auf daß ich einst etwas schaffe, in dem meine ganze Seele liegt. Es wird nichts Großes, aber etwas Anmutiges, Jungfräuliches, Herbes und doch Verlangendes. Wann? In zwei Jahren. Gott lasse es dahin kommen. Gott sage ich und meine den Geist, der die Natur durchströmt, dessen auch ich ein winzig Teilchen bin, den ich im großen Sturme fühle. Da war es wie ein gewaltig Atmen.

Das Naturverständnis Paula Beckers, das sich in diesen Worten ausspricht, steht dem Otto Modersohns ganz nahe; demgegenüber sah sie es im Juni 1899 als ihren Fortschritt an, daß sie sich den Naturalismus Mackensens zueigen gemacht habe. Es ist deutlich, wie sehr die Dreiundzwanzigjährige beim Bemühen, ihren künstlerischen Standort zu gewinnen, zwischen den entgegengesetzten Zielen und den Vorbildern, die sie vertraten, hin- und hergerissen wurde. Zum Abschluß kam ihre Suche im kommenden Jahre 1900, als sie in Paris die Entdeckung machte, die ihre innere Stimme bestätigte.

In einer undatierten Aufzeichnung hat Clara Westhoff eine Begebenheit berichtet, die sich im Anfang des Jahres 1900 ereignet hat:

Eines Tages forderte sie mich auf, sie bei einem Weg ans andere Seineufer zu begleiten, um mir dort etwas Besonderes zu zeigen. Sie führte mich zu dem Kunsthändler Vollard und begann in seinem Laden gleich – da man uns ungestört ließ – die an die Wand gestellten Bilder umzudrehen und mit großer Sicherheit einige auszuwählen, die von einer neuen, wie es schien, Paulas Art verwandten Einfachheit waren. Es waren Bilder von Cézanne, die wir beide zum ersten Male sahen. Wir kannten nicht einmal seinen Namen. Paula hatte ihn auf ihre Art entdeckt, und diese Entdeckung war für sie eine unerwartete Bestätigung ihres eigenen künstlerischen Suchens.

Später hat Clara Rilke erzählt, Paula Becker habe ihr vor den Bildern Cézannes damals gesagt, er komme ihr vor „wie ein großer Bruder". Zu dieser Zeit hat sie aber weder im Tagebuch noch in Briefen etwas von ihrer Entdeckung erwähnt; erst am 21. Oktober 1907 hat sie der Freundin gegenüber an diese Begegnung gedacht:

Ich denke und dachte diese Tage stark an Cézanne und wie das einer von den drei oder vier Malerkräften ist, der auf mich gewirkt hat wie ein Gewitter und ein großes Ereignis. Wissen Sie noch 1900 bei Vollard.

Im Jahre 1900 war Paula Becker eine der ersten, die Cézannes Größe erkannten; sie erkannte ihr eigenes Wollen in dessen Werk wieder und wurde dadurch ihres Standortes gewiß. Als dann im Jahre 1907, ein Jahr nach dem Tode des Malers, eine Gedächtnisausstellung im Salon d'Automne sein Werk weiteren Kreisen bekannt machte, entdeckte auch Rilke das Besondere an dessen Kunst und sprach es in Briefen an seine Frau Clara aus.

Die Frage des Naturalismus war damit für Paula Becker beantwortet; es bedeutete für sie eine abschließende Rechtfertigung, als sie am 26. November 1900 in das Album, in dem sie wichtige Lesefrüchte sammelte, ein längeres Dürer-Zitat einschrieb, das mit dem Satze begann, den Mackensen sich zum Wahlspruch genommen hatte, das aber in seinem weiteren Verlauf das forderte, worum es Paula Becker in ihrer Kunst ging:

*Denn wahrhaftig steckt die Kunst in der **Natur**; wer sie heraus kann reißen, der hat sie. . . . Je genauer dein Werk dem Leben gemäß ist in seiner Gestalt, je besser es erscheinet. Daraus ist beschlossen, daß kein Mensch aus eigenen Sinnen nimmermehr kein schönes Bildnis könne machen, es sei denn, daß er davon durch vieles Nachbilden sein Gemüth vollgefaßt habe; das ist dann nicht mehr Eigenes genannt, sondern überkommene und (von der **Natur**) gelernte Kunst geworden, die sich besamet, erwächst und ihres Geschlechtes Früchte bringt. Daraus wird der versammelte heimliche Schatz des Herzens offenbar durch das Werk und die neue Kreatur, die einer in seinem Herzen schafft in der Gestalt eines Dinges."*   *Albrecht Dürer*

Hier ist Mackensens Naturalismus durch die von ihm verehrte Autorität Dürers überwunden. Paula Beckers kritisches Naturverständnis sah sich von Dürer und Cézanne bestätigt.

Das war der wichtigste Gewinn, den Paris ihr einbrachte. Dafür belastete die große Stadt die Worpswederin mit einem neuen Zwiespalt: Ihr fehlte die Natur Worpswedes. Rilke hat sie am 9. September 1900 gestanden:

Und doch hab ich Heimweh gehabt in Paris. Zuerst war mir Paris viel zu fremd, aber selbst als wir uns dort eingelebt hatten, ergriff uns oft starkes Verlangen nach Moor und Heide, wenn uns einer von den Bauern mal eine Karte schrieb oder einer uns das erste Schneeglöckchen schickte.

Den Eltern schrieb sie am 11. Januar 1900:

Im ganzen stimmt Paris mich ernst. Es gibt hier so viel Trauriges (…) Ich sehne mich manchmal nach einem Moorspaziergang.

Sie hielt sich an einem Blumenstrauß aufrecht, wie sie dem Vater am 29. Januar schrieb:

*Die ganze vorige Woche habe ich mich an einem achtköpfigen Rosenbündel für fünfzig Centimes gelabt. Man muß ein wenig reine **Natur** sehen, wenn das Komplizierte und der Verfall einen schwindlich gemacht haben.*

Am 29. Februar 1900 schrieb sie dem Ehepaar Modersohn:

*Blumen sind hier eins von den wenigen Stücklein **Natur**, an welches sich die Leute klammern.*

Im übrigen machte sie an Sonntagen mit Clara Westhoff Ausflüge in die Umgebung von Paris, wovon sie am 29. Februar 1900 der Schwester Milly schrieb:

Die Gegend hat hier einen eigentümlichen Reiz, trotz der Nähe der großen Stadt hat die **Natur** *noch etwas Unberührtes. (…) Und dann ein gemütlicher Abend am Kaminfeuer, voll von heiteren* **natürlichen,** *naiven Eindrücken. Das Naive und* **Natürliche** *muß man hier in Paris des öfteren mit der Lampe suchen, das Heitere bietet sich ja alle Tage.*

Diese Sehnsucht nach dem Natürlichen ist Paula Becker in der Folgezeit geblieben, so daß sie nach dem ersten Aufenthalt in Paris von Januar bis Juni 1900 immer wieder zwischen der großen Stadt und Worpswede hin- und hergerissen war; noch dreimal ist sie nach Frankreich gefahren, im Februar und März 1903, von Februar bis April 1905, zuletzt länger als ein Jahr vom 23. Februar 1906 bis Ostern 1907. Man wird den Wechsel von Paris und Worpswede auch als Folge ihres Naturverständnisses zu begreifen haben. In den Jahren nach 1902 begann Rilke seine AUF-ZEICHNUNGEN DES MALTE LAURIDS BRIGGE, in denen er den in Paris lebenden Romanhelden immer wieder seiner Kindheit im ländlichen Dänemark gedenken läßt. Da ist dieser Gegensatz in der Dichtung Gestalt geworden.

In seinem WORPSWEDER TAGEBUCH hat Rilke am 4. Oktober 1900 ein Gespräch aufgezeichnet, das er mit Paula Becker in ihrem Lilienatelier geführt hat. Jeder ließ da den anderen in sein Innerstes hineinschauen und bekannte ihm seine Gedanken über Gott. Rilke protokolliert dabei in wörtlicher Rede, was Paula Becker gesagt hat:

Ich habe mich anfangs so oft gewundert, daß Sie den Namen Gott gebrauchen (auch Dr. Hauptmann nannte ihn oft) und daß Sie ihn so schön gebrauchen können. Mir war dieses Wort so sehr genommen. Freilich, ich habe seiner auch nie heftig bedurft. Manchmal, früher, glaubte ich: im Wind ist er, aber meistens empfand ich ihn nicht als einheitliche Persönlichkeit. Ich kannte nur Stücke von Gott. (…) Auch fehlte mir die intellektuelle Fähigkeit, alle Wunder, die so verschieden im Wirken und weit voneinander entfernt sich vollzogen, zusammenzufassen in einem Willenspunkt, und ich hätte auch keinen Namen für diese Einheit gewußt, da ‚Gott' mir nichts bedeutete. Gleichwohl würde ich gern an eine Persönlichkeit glauben, um die alle Kreise sich ründen, einen Berg von Macht, vor dem alle Menschen und alle Länder aller Menschen offen liegen ...“ Und später: *„Nein, mir ist dieses alles doch fremd, mir ist Gott überhaupt ‚sie‘, die* **Natur.** *Die Bringende, die das Leben hat und schenkt ...“*

Hier ist wohl der innerste Kern dessen berührt, was Paula Beckers Naturverständnis angeht. Die Leserin des ZARATHU-STRA wehrt sich gegen die religiöse Sicht, der sie doch auch wieder nahesteht. Das von Nietzsche nach dem Tode Gottes zum höchsten Wert erhobene Leben ist das Geschenk der Natur, die an die Stelle Gottes getreten ist. Das ist Paula Beckers Glaube.

Noch ein letztes Wort zu Rainer Maria Rilke, den die frühen Worpsweder Maler in ihrer Mitte aufgenommen haben und der von 1900 bis 1902 selbst Worpsweder war. Sein Naturverständnis ist enthalten in der Einleitung seiner Monographie WORPS-WEDE, die von Landschaft und Landschaftsmalerei handelt. Daraus waren vorhin schon einige Sätze anzuführen. Seine Auffassung ist in den Sätzen zusammengefaßt, die ich ans Ende unserer Betrachtung stellen möchte:

Was bedeutet es, daß wir die äußerste Oberfläche der Erde verändern, daß wir ihre Wälder und Wiesen ordnen und aus ihrer Rinde Kohlen und Metalle holen, daß wir die Früchte ihrer Bäume empfangen, als ob sie für uns bestimmt wären, wenn wir uns daneben einer einzigen Stunde erinnern, in welcher die **Natur** *handelte über uns, über unser Hoffen, über unser Leben hinweg, mit jener erhabenen Hoheit und Gleichgültigkeit, von der alle ihre Gebärden erfüllt sind. Sie weiß nichts von uns.*

Fritz Overbeck (1869-1909) Landschafter an der Wende zur Moderne

In Kiel, wo ich Ausstellungen zeitgenössischer Kunst organisiert habe – und diese Arbeit setze ich nun in Esslingen fort – bin ich gelegentlich in einem manchmal erstaunten, manchmal vorwurfsvollen Ton gefragt worden, warum ich mich denn ausgerechnet mit dem Worpsweder Fritz Overbeck beschäftige.

Richard Oelze, dieser finstere, rätselhafte Maler und langjährige Worpswede-Bewohner, mit dem ich mich lange auseinandergesetzt habe [1]), sei schon schlimm genug, aber immerhin, ein Surrealist und unserer Gegenwart doch irgendwie nahe. Aber Overbeck? Und die anderen Gründerväter der Worpsweder Künstlerkolonie? Deren Werk zähle nun doch weder zu den bedeutenden Ereignissen der Kunst des 19. Jahrhunderts, sie seien gar nicht oder nur als Randbemerkung in den einschlägigen Büchern und Katalogen zu finden [2]), noch hätten sie, von heute aus gesehen, entscheidend etwas zum künstlerischen Aufbruch in das 20. Jahrhundert beigetragen. In der Tat klingt in solchem Fragen ein Problem an, dem wir als Betrachter, so meine ich, uns stellen sollten.

Man muß ja nur einmal in groben Zügen das Panorama der Kunst um die Jahrhundertwende an sich vorüberziehen lassen: Gauguin malt auf Tahiti, Cézanne arbeitet an seinen Hauptwerken, in Norwegen ringt Munch mit seinen Visionen, James Ensor beginnt unter dem Strom der Maskengesichter zu ertrinken, in der Schweiz feilt Hodler an den bizarr ornamentalen Gesten seiner Symbolgestalten, 1903/04 ist mit den frühen Hauptwerken von Picasso, Nolde, Matisse die Moderne in ganzer Breite präsent.

Die Worpsweder – in bewußt gewählter räumlicher Isolierung – scheinen die umstürzlerischen Bewegungen kaum wahrzunehmen, wollen es wohl auch nicht; Paula Becker, die ihnen aus Paris manches zuträgt, achten sie, aber wirklich begreifen können sie sie nicht. Fritz Overbeck und die anderen Worpsweder Gründerväter stehen an einer Schnittstelle, an einem sehr empfindlichen Schnittpunkt von Nicht-mehr und Noch-nicht, von Traditionalismus und Moderne. Die Malerei der Illusion, der Wiederspiegelung des schönen Scheins prallt vor ihren Augen auf eine Kunstauffassung, welche energisch die Reduktion auf das Bild als rein künstlerisches Problem betreibt.

Nun muß ich sagen, daß solche Schnittstellen, diese Momente des Übergangs, das letzte Atemholen vor dem Neuen mich immer faszinieren. Im Falle Fritz Overbecks kommt für mich noch etwas Wesentliches hinzu: nachdem ich im Verlaufe meiner Recherchen über Richard Oelze hier in Worpswede und später dann in Vegesack bei Gertrud Overbeck erste Arbeiten von Fritz Overbeck gesehen hatte, besuchte ich während einer Reise in München die Neue Pinakothek und dort den Raum der Worpsweder. Overbecks 1902 gemaltes Hauptwerk „Im Moor", das 1904 in München ausgestellt war und anschließend angekauft wurde, hängt dort neben – zweifelsohne qualitätvollen – Werken der anderen Worpsweder Gründer. Im Vergleich mit diesen aber ging für mich von dem Bild Overbecks eine innere Kraft, ein großer Atem und der Eindruck einer Monumentalität ohne alle Prätention aus, welche dieses als gleichrangig neben Werken etwa

Fritz Overbeck:
Im Moor (1902),
Öl auf Leinwand
(156 x 200)

115

Böcklins oder der Münchner und Berliner Malerschulen zu stehen kommen ließ. Dazu paßt, daß der überwältigende Erfolg der Worpsweder anläßlich der Glaspalastausstellung in München 1895 ja mittlerweile fester Bestandteil der Worpswede-Legende ist. Was aber war es eigentlich, das die Zeitgenossen so begeisterte? Ich kann dieser Frage hier natürlich nicht in der nötigen Breite nachgehen, und ich muß zugeben, ich habe sie für mich auch noch nicht völlig befriedigend beantworten können.

Einen interessanten Hinweis zu diesem Problem haben Guido Boulboullé und Michael Zeiss in ihrem 1989 bei DuMont erschienenen Band über Worpswede gegeben: „In den neunziger Jahren des vorigen Jahrhunderts", heißt es da, „spaltet sich in Deutschland die Kunstszene. Neben den traditionellen Ausstellungsvereinigungen der Künstlerverbände und Akademien bilden sich unabhängige Künstlervereinigungen, die sogenannten Sezessionisten. Mit ihnen schaffen sich die oppositionellen Künstler, die den Akademiebetrieb und die staatliche Kunstpolitik ablehnen, ihre eigenen Ausstellungsforen. (. . .) 1895, als die Worpsweder in München ausstellen, gibt es gleichfalls zwei konkurrierende Ausstellungen. Aber die Worpsweder feiern ihren Triumph nicht bei den Fortschrittlichen, bei den Sezessionisten, sondern im Glaspalast, dem herkömmlichen Ausstellungsort der offiziell anerkannten Künstler. Das ist deshalb bemerkenswert, weil sich die Worpsweder aus Opposition gegen den erstarrten Akademiebetrieb ins Teufelsmoor zurückgezogen haben. Sie wollen nicht nach überholten Regeln, sondern unmittelbar vor der Natur malen. Obwohl sie in ihrer Kunstauffassung den Sezessionisten nahestehen, finden sie im anderen Lager bereitwilliges Lob. Diese merkwürdige Verkehrung ist bereits damals bemerkt worden. So schreibt der Kunstkritiker Alfred Freihofer: ‚Das Kabinett der Worpsweder ist unstreitig das modernste (d.h. für das große Publikum das unverständlichste) des Glaspalastes, und man könnte daher sagen, es gehöre eigentlich in die Secession. Wir haben es nichtsdestoweniger auch im Glaspalast mit Freuden begrüßt.' Die Worpsweder sind modern genug, um im konventionellen Kunstbetrieb Aufsehen zu erregen, und konventionell genug, um nicht im vorhinein in die Sezession abgedrängt zu werden. Als gemäßigte Radikale befriedigen sie einen bürgerlichen Kunstgeschmack, dem die akademische Malerei zunehmend hohl erscheint, der aber zugleich vor einer Modernität zurückschreckt, wie sie der französische Impressionismus und seine Nachfolger verkörpern." [3])

Lassen Sie mich drei Punkte benennen, mit denen eine eingehende Fragestellung und Erforschung dieses Themas: der Frage nach dem Grund des Erfolges der Worpsweder in München, sich zu befassen hätte.

Punkt 1 haben Zeiss/Boulboullé genannt: die vermittelnde Position der Worpsweder zwischen akademischer Tradition und Sezessionisten. Punkt 2: die Fotografie. Die rasant sich entwickelnden Möglichkeiten der Fotografie bewegten im ausgehenden 19. Jahrhundert die Gemüter – der Künstler zumal – und gaben „Anlaß zu pessimistischen Spekulationen über mögliche Auswirkungen auf die Kunstentwicklung".[4]) Viele Landschaftsmaler suchten sich die Fotografie nutzbar zu machen, indem sie nach fotografischen Vorlagen arbeiteten oder aber beim Malen vor dem Motiv in der Natur eine Kamera neben der Staffelei aufbauten, um während des Malens immer einmal wieder durch das Objektiv zu schauen und so den Naturausschnitt im Wortsinne zu ver-objektivieren, auf Distanz zu rücken und den Ausschnitt zu isolieren. Erinnert sei hier nur daran, daß Hermine Overbeck-Rothe, bevor sie nach Worpswede kam, als Fotografin begonnen hatte. Auf der Suche nach neuen kompositorischen oder motivischen Lösungen dieses Problems – der Spannung zwischen Fotografie und Malerei – mögen für die Besucher der Münchner Glaspalastausstellung die Bilder der Worpsweder, deren betont ausschnitthafte Kompositionen oft eine deutliche Nähe zum fotografischen Blick zeigen, einen Weg gewiesen haben.

Punkt 3: Der Begriff der Stimmung. Da die Stimmung als Inhalt der modernen Kunst, wie der Kunsttheoretiker Alois Riegl 1899 schreibt, das ursprüngliche Vertrauen in die Existenz einer übergeordneten göttlichen Harmonie und Einheit ersetzen müsse, sei die „Erweckung der Stimmung" das vorrangige Ziel der bildenden Kunst. [5]) Am reinsten verwirklicht sieht Riegl dieses etwa bei Max Liebermann, der einen Ausschnitt der ihn umgebenden Natur „mit allen optisch wahrnehmbaren Zufälligkeiten in Umriß und Bedeutung, Licht und Farbe" wiedergebe. „Diese Zufälligkeiten sind dem Maler aber Notwendigkeiten, denn gerade in ihnen gelangt das Walten des die Naturdinge durchdringenden und verbindenden Kausalgesetzes zum Ausdruck." [6] Letzteres eine Einschätzung, die Riegl so auch für die Worpsweder hätte treffen können, in deren Briefen und schriftlichen Notizen der Begriff der „Stimmung" ein zentrales Thema ist.

Daß auf jeden Fall Overbeck das Unbefriedigende und künstlerisch Inkonsequente ihrer Zwischenposition deutlich und selbstkritisch vor Augen steht, ist bezeugt: „Im Glaspalast behaupten wir uns, in der Secession würden wir es nicht!", schreibt er 1895 aus München an Modersohn nach Worpswede und fügt hinzu: „Gäbe es in der Secession Medaillen, Mackensen hätte dort niemals eine bekommen, im Glaspalast ist es begreiflich".[7] Von den drei Gemälden, mit denen Overbeck in München beteiligt war, ist eines verschollen, eines hat er übermalt, nachdem er es zurückerhielt, das mag vor dem Hintergrund des eben Zitierten als eine symbolische Tat zu verstehen sein, das dritte befindet sich in Privatbesitz. Einen Eindruck vom Charakter dieser Bilder kann das 1893 radierte Blatt „Haus unter Eichen" vermitteln.

Fremdheit vor der Natur

Immer wieder wird auch in den zeitgenössischen Rezensionen des Worpsweder Beitrags zur Münchner Glaspalastausstellung mit Begriffen wie „tiefe Naturliebe", „Intimität", „Vertrautheit mit der heimatlichen Scholle" das als so andersartig und neu empfundene Naturverhältnis der Worpsweder gepriesen, wobei insbesondere der letztere sich für spätere nationalsozialistische Propaganda ausnutzen ließ. Das ist als Spiegel einer ausgangs des 19. Jahrhunderts aufbrechenden, neuromantischen Sehnsucht nach einem einfachen bäuerlichen Dasein fern all der ’industriellen Revolutionen’ begreiflich, trifft jedoch nicht das Spezifische der Worpsweder Landschaftskunst. Ich habe in einem Kapitel meines Overbeck-Buches dieses Verhältnis unter dem Begriff der ’Fremdheit vor der Natur’ zu fassen versucht, auf den ich hier näher eingehen möchte. Das ist nun keineswegs ein neuer und schon gar nicht origineller Gedanke, insofern schon Rainer Maria Rilke 1903 mit seinen poetischen Mitteln in höchst differenzierter Weise sich dieser Frage nähert und seither ist diese Problemstellung in Publikationen und Ausstellungen verschiedentlich aufgegriffen worden. Was ich allerdings ansatzweise versucht habe, ist, diese 'Fremdheit vor der Natur' etwas genauer zu betrachten. Ich möchte dieses Problem der „Fremdheit" Ihnen knapp und mit einigen Bildbeispielen näherbringen, in der Hoffnung, daß Ihnen damit ein gedanklicher Leitfaden durch unseren heutigen gemeinsamen Abend gegeben ist. Daran anschließend möchte ich am Beispiel einiger Hauptwerke einen Überblick über das malerische Werk Overbecks geben, das für die Jahre von 1895 bis 1909 rund zweihundert Positionen umfaßt. Zu kurz kommen werden heute abend leider der hochinteressante Komplex der rund sechzig Radierungen[8]) und der große Bereich der Zeichnungen, Aquarelle und Ölstudien. Diese letzteren Werkgruppen einer breiteren Öffentlichkeit bekannt zu machen, ist ja die bereits erfolgreich begonnene Aufgabe der Stiftung Fritz und Hermine Overbeck in Vegesack, wo der Nachlaß verwaltet wird. Dieser Nachlaß umfaßt allein rund vierzig Gemälde, darunter jedoch nur zwei aus den Worpsweder Jahren vor 1900, Hunderte von Ölstudien und ein Konvolut von etwa hundert farbigen Blättern – Aquarellen, Gouachen und Pastellen. Ein umfassender Bestand an Zeichnungen und Skizzen sowie bislang unveröffentlichte, schriftliche Notizen und ein umfangreicher Briefwechsel kommen hinzu.

Ich komme zum Thema der Rilke'schen „Fremdheit" zurück. Nicht allein für uns heute, für das ausklingende 20. Jahrhundert, sondern bereits für das späte 19. Jahrhundert gilt, wenn auch in modifizierter Form, daß den Menschen für die lange gängige Rede von der unberührten Natur die Anschauung abhanden gekommen ist. Naturerfahrung ist immer schon entstellt vom zivilisatorischen Zugriff, von technischer Manipulation. In der Einleitung seiner Worpswede-Monographie beschreibt Rainer Maria Rilke diese Erkenntnis als „einseitigen Verkehr" des Menschen mit der Natur: „Es scheint immer wieder, daß die Natur nichts davon weiß, daß wir sie bebauen und uns eines kleinen Teiles ihrer Kräfte ängstlich bedienen. Wir spielen mit dunklen Kräften, die wir mit unseren Namen nicht erfassen können, wie Kinder mit dem Feuer spielen (. . .).“[9]) In beispielhafter Weise hat der Philosoph Joachim Ritter die Abhängigkeit der ästhetischen Erfahrung von Landschaft von der gesellschaftlichen Herrschaft über Natur dargelegt. Erst der Anblick der durch Menschenhand gebändigten Natur schaffe, so Ritter, Distanz und Freiheit, Natur als Landschaft zum Gegenstand ästhetischer Kontemplation werden zu lassen.[10])

Aber Overbeck selbst war kein spekulativer oder räsonierender Geist; in seinen Schriften wird man nach handfesten Definitionen seiner künstlerischen Position und seiner weltanschaulichen Motivation vergeblich suchen. Vielmehr steht der Maler Overbeck der Welt als genau registrierender Beobachter, gewissermaßen als „Naturforschender“, als welcher er sich immer gern gesehen hat, gegenüber, der Farben und Dinge gleichsam nachbuchstabiert, und erst die – malerisch gestaltete – Summe des so Benannten vermag über dessen reale Vorhandenheit hinaus auf etwas Übergreifendes, dieses erst Begründende zu verweisen. „Das Studieren der Brandung ist sehr interessant, aber schwer“, meldet er 1903 an seine Frau Hermine Overbeck-Rohte von der Nordseeinsel Sylt, „ich werde unruhig bei diesem beständigen Wechsel. Auch hierbei ist das Erste, in den Charakter einzudringen, die Erscheinung gleichsam wissenschaftlich zu analysieren. Ganz köstlich ist dieses Schillern, das besonders bei heiterer blauer Luft auf dem Wasser liegt.“ (13. 9. 1903) [11]) – Es ist eben dieses scheinbar objektive ’wissenschaftliche Analysieren’ der Naturdinge, dieses „sich der Natur als eines Wörterbuches zu bedienen“, das Rainer Maria Rilke als unabweisbares Signum für das Erleben der Natur als „das Fremde, das nicht einmal Feindliche, das Teilnahmslose“ bezeichnen konnte.

Läßt sich diese von Rilke diagnostizierte Kategorie der „Fremdheit“ als inhaltliches wie kompositionelles Moment in der Kunst Fritz Overbecks aufweisen? Wie hat der Maler selbst sein Verhältnis zur Worpsweder Landschaft und der Bevölkerung gesehen und artikuliert? In der brieflichen Hinterlassenschaft finden sich dazu zwei, etwa zeitgleiche Hinweise, die für sich sowohl wie in der Gegenüberstellung Aufschluß hierüber zu geben vermögen.

Zur Jahreswende 1894/95 wird an die Worpsweder als Maler-
gruppe von der Zeitschrift „Pan" der Wunsch herangetragen, Radierungen der einzelnen Künstler zusammen mit einem ein-
führenden Text zur Publikation zu liefern. Zur Frage von Inhalt
und Gewichtung des Textbeitrages schreibt Overbeck am 26. 4.
1895 an Mackensen: „In welcher Art soll der sein, das ist mir vorläufig noch schleierhaft. Es wird auch nicht leicht sein, darüber
unter uns Übereinstimmung zu erzielen, da fast ein jeder von uns
ein anderes Ziel vor Augen hat. Nach meinem Gefühl müßte die
Hauptsache eine Beschreibung der Gegend sein und zwar natürlich in ganz ausgezeichneter künstlerischer Form (. . .). Es schwe-
ben mir da Beschreibungen, das Wort ist auch nicht erschöpfend
genug, vor, wie sie Jacobsen hier und da in seinen Novellen hat,
strotzend von merkwürdiger Stimmung und Farbe. (. . .) Irgendwo müßte natürlich auch über uns gesprochen werden, damit wir nicht ganz in den Hintergrund treten. Auch könnten charakteristische Züge aus unserem Worpsweder Leben angeführt
werden. Natürlich keine Krakeel-Szenen, die ja leider oft genug
vorkamen, nun aber hoffentlich endgültig begraben sind, sondern irgendwelche idyllische Vorkommnisse, Deine Vögel und
Dein kleiner Bruder, Almas Tage, Hundegeschichten. (. . .) Vor allem auch das Leben der Woche mit ihrer Arbeit und zufälligen
Vorkommnissen. (. . .) Die Sache muß jedenfalls ein ganz merk-
würdiges Gepräge bekommen." [12])
Diesen, in ihrer Naivität fast rührenden Überlegungen Overbecks zur Frage der öffentlichen Selbstdarstellung der Worpsweder als künstlerischer Gruppierung steht ein zwei Monate früher,
im Februar 1895 an Otto Modersohn adressierter Brief gegenüber, aus welchem mit seltener Deutlichkeit die künstlerischen
Probleme herauszulesen sind, die Overbeck in dieser Zeit bewegen. Er zitiert, um Modersohn die ihn umtreibenden Fragen und
Gedanken nahezubringen, aus den „Broschüren" des englischen
Malers James Abbot McNeill Whistler – er lebte von 1834 bis 1903
—, der um die Jahrhundertwende als eine der geistreichsten Per-
sönlichkeiten und als führender Maler seiner Zeit galt. Mit dessen Überlegungen zur Malerei – den „Ten o'clock lectures", in
welchen Whistler die reine Nachahmung, die Kopie der Natur als
Aufgabe des Künstlers verwirft und an dessen Stelle das Her-

vorbringen von optischen Phänomenen und Qualitäten an Gegenständen setzt – hat Overbeck sich offenbar über Jahre intensiv befaßt.

In dem Brief an Modersohn nun heißt es zu Whistler: „Ich möchte Dir gerne etwas über Whistler erzählen, (. . .) nur herausgerissene Sätze, die eine famose Gesinnung zeigen und zu denken geben: ‚Nur der ist Maler, der aus dem Zusammenklingen farbiger Massen die Anregung für seine Harmonien schöpft'. Das haben wir auch schon einmal gesagt. ‚Die Natur'" – so Overbeck weiter aus Whistler – „birgt wohl in Farbe und Form den Inhalt aller möglichen Bilder, wie der Schlüssel der Noten alle Musik, aber des Künstlers Beruf ist es, diesen Inhalt mit Verstand aufzulesen, zu wählen, zu verbinden, damit er das Schöne schaffe.' ‚Nicht durchs Vergrößerungsglas sieht er ihre Blumen, um botanische Beobachtungen zu machen, sondern mit dem Blick des Ästheten, der aus der feinen Auswahl glänzender Farben und leuchtender Töne die Anregung künftiger Harmonien schöpft.' Diese ganze Geschichte interessiert mich z.Zt. kolossal. In meinen Arbeiten merkt man, ich möchte sagen leider, nichts davon. Ich weiß noch nicht, was ich will." (An Modersohn 2. 2. 1895) [13])

Das „Zusammenklingen farbiger Massen", Elemente der Natur „wählen" und „verbinden", der „Blick des Ästheten" – der Vergleich des Briefes an Mackensen mit den von Overbeck ausgewählten Whistler-Zitaten zeigt an, daß, wo es um Selbstdarstellung der „Worpsweder" ging, er diesen als Gruppierung und der spezifischen Landschaft sich zwar verbunden fühlte, dennoch als Künstler um ästhetische Distanz gerungen hat, ja diese der eigentliche Motor seines künstlerischen Strebens war. Seinen Bildern ist diese ästhetische Distanz zum Gegenüber der Landschaft, die von Rilke beschriebene „Fremdheit" an einzelnen Gestaltungsmitteln abzulesen, auf die hier nur kurz hingewiesen sei.

„Oben abgeschnittene Bäume" habe er als Frucht seiner Worpsweder Malstudien seinen Lehrern an der Düsseldorfer Akademie präsentiert, meldet der junge Overbeck 1893 stolz an seinen Freund Modersohn. Stolz, weil das Ausschnitthafte und Intime der Darstellung, das motivisch Lapidare und Beiläufige in einem provokativen und betont inszenierten Kontrast zur effektvoll durchkomponierten Landschaftskunst seiner Lehrer stand.

Diese „abgeschnittenen Bäume", die als ein das Bildgefüge abstrakt rhythmisierendes Element auftreten, durchziehen von der Frühzeit an das gesamte Werk Overbecks und begegnen, wenngleich seltener, auch bei den anderen Worpsweder Malern. In bildparalleler Anordnung sind sie im Bildvordergrund aufgereiht, dicht an den Betrachter herangerückt und damit dessen Blick gleichsam zurückweisend.

Wie der ferne Nachhall einer lange zuvor intensiv erforschten und reflektierten künstlerischen Problemstellung erscheinen innerhalb der Landschaftskunst der Worpsweder die zahlreichen Wolkenbilder und -studien. Sie spiegeln das Bemühen, auf der Basis naturwissenschaftlich exakter Beobachtungen Himmel und Wolken als ‚Gestalten des Flüchtigen' malerisch zu bannen, Augenblicksbilder zu schaffen, die das Veränderliche und sich einer kalkulierten Kompositionskunst Entziehende, eben Landschaft als das Fremde, menschlichem Zugriff sich Verweigernde zur Darstellung zu bringen.

Der atmosphärisch-beschreibend erfaßten Himmelsweite steht in der Worpsweder Landschaftskunst komplementär eine Vorliebe für die Ebene gegenüber. An die Stelle der (klassischen) harmonisierenden Komposition von Naturteilen zur Landschaft tritt die Ordnung der Landschaft in bildparallelen Streifen und damit der Verzicht auf geschickte Auswahl und spannungsvoll-harmonische Verteilung der Massen. Ein weiteres Gestaltungsmittel ist der Fortfall seitlicher Begrenzungen und dadurch Betonung des Ausschnitthaften, beliebig Wiederkehrenden dieses Stückes Natur, sowie das häufige Fehlen eines perspektivischen Fluchtpunktes als bildnerische Metapher des Unendlichen. Vor allem der Verzicht auf solche anthropozentrische , den Menschen der Mittelpunkt der Welt begreifende Konstitution von Natur als Landschaft bezeichnet in der Entwicklung der Landschaftskunst seit der Mitte des 18. Jahrhunderts signifikant das fortschreitend sich ausdifferenzierende Bewußtsein der Fremdheit des Menschen in der ihn umgebenden Natur.[14])

Achten Sie bei den Bildbeispielen des heutigen Abends auch einmal auf den Einsatz bzw. das Fehlen von Mensch und Tier in der

Natur, also auf die sogenannte Staffage. Das langsame Verschwinden der Staffage aus den Landschaftsbildern seit der Mitte des 19. Jahrhunderts kann als symptomatisch für diesen Prozeß der im Medium der Landschaftskunst sich spiegelnden Entfremdung von Mensch und Natur hervorgehoben werden. Die grundlegende Modifikation der traditionellen Staffage bzw. das völlige Fehlen von Figuren kann als ein Charakteristikum auch der Worpsweder Landschaftsmalerei und insonderheit der Kunst Fritz Overbecks bezeichnet werden, das übrigens bereits Rilke in seiner Worpswede-Monographie in präziser und erhellender Form analysiert hat.

Ein beliebtes kompositorisches Mittel Overbecks ist es, die Landschaftsweite am unteren, vorderen Rand durch einen schmalen Wasserlauf oder moorastigen Grund zum Betrachter hin abzuschließen. Es entsteht der Eindruck von Unbetretbarkeit und Unzugänglichkeit; dies ist keine Landschaft für Wanderer, sondern ein ganz auf sich selbst bezogenes, in sich abgeschlossenes Stück Natur.

Die Anfänge

„Das Kreuz am See" ist ein Aquarell vom Juli 1889 betitelt und wir machen damit einen Sprung zurück zu den künstlerischen Anfängen Fritz Overbecks.

Obwohl am 15. September 1869 in Bremen, somit nur wenige Kilometer von Worpswede entfernt geboren, sollte Fritz Overbeck

Fritz Overbeck: Das Kreuz am See (1889), Aquarell (15,8 x 25,4)

124

das zu jener Zeit noch gänzlich unbekannte Moordorf erst als junger Student der Düsseldorfer Kunstakademie kennenlernen. Als noch nicht achtjähriger verliert Overbeck seinen Vater, der als erster Technischer Direktor der Norddeutschen Lloyd, einer der bedeutendsten Schiffahrtslinien Deutschlands, tätig gewesen ist und das finanzielle Auskommen der Familie gesichert hat. Sieben Wochen vor seinem Vater stirbt die einzige Schwester, anderthalb Jahre später folgt, noch jung, auch der letzte seiner beiden Brüder. Fritz Overbeck, der jüngste unter den vier Geschwistern, bleibt allein mit seiner von ihm lebenslang verehrten Mutter Bertha Overbeck, die ihren Sohn noch um acht Jahre überleben sollte. Obgleich Overbeck seinen Vater jung verliert, bleibt dessen Welt und Persönlichkeit für ihn doch intensiv gegenwärtig; von ihm erbt er die Liebe zur Natur und zur Musik und – so heißt es – das Talent zum Zeichnen.

Im Widerstreit von naturwissenschaftlichen und künstlerischen Ambitionen siegt, als es für den Abiturienten Overbeck eine Studienentscheidung zu treffen gilt, die Neigung zum freien Künstlertum. Unter den namhaften Akademien des späten 19. Jahrhunderts entschied Overbeck sich für die Düsseldorfer Akademie, die zwar ihre Führungsposition an Berlin und München hatte abgeben müssen, deren jedoch immer noch hohes Ansehen namentlich mit der Ausbildung in den Fächern Genre und Landschaft verbunden war, und bei der Landschaft lag der Interessenschwerpunkt des jungen Overbeck.

Angeregt durch den für die Düsseldorfer Malerschule traditionsreichen künstlerischen Austausch mit Norwegen und durch das in diesen Jahren wachsende Interesse für nordische Literatur und Geschichte, unternimmt Overbeck im Jahre 1892 – also kurz nach seiner ersten Begegnung mit Otto Modersohn und Fritz Mackensen in Düsseldorf – eine zehntägige Reise durch die Fjordlandschaften Süd-Norwegens. In einem umfangreichen, literarisch ambitionierten Reisetagebuch hat Overbeck die Stationen und Eindrücke detailliert festgehalten.

Vornehmlich die zugleich kühlen und intensiv leuchtenden Lokalfarben der norwegischen Fjordlandschaft empfindet Overbeck als höchst inspirierend; in anderen Momenten überwältigt ihn der „dämonische" und mythengeschwängerte, dann wieder „unsäglich melancholische" Charakter der Landschaft.

Worpswede – Der geheimnisvoll-phantastische Charakter der Natur

Und es ist eben dieser mythische, „geheimnisvoll-phantastische Charakter" der Natur, wie Overbeck ihn in Norwegen zuerst erlebt, den er später, wie er in einem Brief an Modersohn von 1895 schreibt, in seinen Radierungen zum Ausdruck zu bringen sucht. Die nächste, allerdings noch vorübergehende Station des 23jährigen Overbeck heißt dann Worpswede – und „Worpswede" wird das Zauberwort der kommenden Jahre, das „Traumland" (Overbeck), Chiffre der Sehnsucht nach einer direkten und unreflektierten Naturbeziehung, die doch nur um den Preis der Unstillbarkeit einer solchen Sehnsucht und der letztlich unüberwindbaren Fremdheit vor der Verschlossenheit und Unbegreiflichkeit eben dieser Natur zu erfahren und künstlerisch zu artikulieren war.

In den Ölstudien, Zeichnungen und Radierungen, die in die Worpsweder Frühzeit 1892/93 datiert werden können, zeigt sich Overbeck noch wenig über die akademische Schulung hinausgewachsen, obgleich er diese zweifellos energisch hinter sich zu lassen bemüht ist. Die typischen Worpsweder Motive, wie er sie in den bescheidenen Ateliers von Hans am Ende, Ubbelohde und namentlich Modersohn, als dessen Schüler er sich im eigentlichen Sinne empfindet und dem er sich in enger Freundschaft anschließt, vorfinden konnte, durchziehen auch seine Annäherungen an die neue Umgebung. Im Herbst 1894 läßt Overbeck sich für Jahre in Worpswede nieder, wo er bis 1896 zunächst in wechselnden Privatquartieren wohnen wird.

Zahlreiche Radierungen, hunderte von Skizzen, Zeichnungen und Ölstudien und – nach diesen – mehr als dreißig große Gemälde entstehen in Worpswede bis zur Jahrhundertwende, aber auch eine Reihe interessanter farbiger Blätter, Aquarelle und Gouachen, die im Sommer 1989, anläßlich der Hundertjahrfeier, erstmals in Worpswede in einer Auswahl gezeigt worden sind.

Das Jahr 1897 wird für Overbeck ein besonders glückliches Jahr. Im Oktober heiratet er Hermine Rohte, die bereits 1895 nach Worpswede gekommen und Schülerin Overbecks geworden war, nachdem sie als Studentin der Münchner Kunstakademie die im Glaspalast ausgestellten Bilder der Worpsweder gesehen hatte. Sie beziehen ein eigenes Haus. Zwei Kinder werden sie haben, 1898 wird der Sohn Fritz Theodor geboren, 1903 kommt die Tochter Gerda zur Welt. Ebenfalls 1897 empfängt Overbeck die Große Goldene Medaille der „Internationalen Kunstausstellung" in München, sowie eine kleine goldene Medaille in Dresden.

Ein guter Überblick über die Motive und Kompositionen der Worpsweder Jahre läßt sich beim Durchblättern von Rilkes Overbeck-Essay in seiner Worpswede-Monographie (Neuauflage 1987) gewinnen. Die Charakteristika von Overbecks Landschaftskunst prägen sich in diesen Jahren in den wesentlichen Zügen aus. – Häufig fällt aus leicht erhöhter Perspektive der Blick auf eine flach in die Bildtiefe sich erstreckende Landschaft. Der Horizont liegt zumeist im unteren Bilddrittel und scheint in einigen Bildern zur Tiefe des Bildraumes hin abzufallen, so daß der Eindruck entsteht, man blicke auf eine weite Wölbung, gleichsam auf ein Stück der Weltkugel herab. In größtem Kontrast zur erdigen, feuchten Schwere der Landschaft stehen die schmal aufragenden Silhouetten der Bäume, die den Bildraum rhythmisieren.

Dieser Kontrast von einer fast arabeskenhaften Bewegtheit der Baumstämme – einige Beispiele dazu haben wir bereits gesehen – und der unheimlich berührenden Macht der Elemente Erde, Wasser und Luft inszeniert Overbeck mit beispielhafter Eindringlichkeit in der Radierung „Sturm im Moor", ein Motiv, das später als Ölstudie wieder aufgenommen wird.

Dem empfindsam-lyrischen Jugendstil von Heinrich Vogeler, wie dieser sich in den etwa zeitgleich entste-

Fritz Overbeck: Sturm im Moor (1894), Radierung (20,9 x 15,1)

127

henden Bildern und Radierungen ausbildet, scheint Overbeck gelegentlich, rein formal und auf die Landschaftsgestaltung bezogen gesehen, recht nahe. In dieser Perspektive stehen dann auch Overbecks zunächst überraschende, der graphischen Linearität des Jugendstils verpflichtete Bildentwürfe im Auftrag von „Stollwerck's Chocolade".

Unter den frühen Gemälden Overbecks ist „Abend im Moor" (1896) ein besonders schönes Beispiel der beschriebenen Kompositions- und Spannungsmomente und des Jugendstil-Einflusses. Wie hier hat Overbeck die Dämmerstunden des Tages, später auch nächtliche Stadtmotive, mehrfach aufgegriffen. Ein breiter Sandweg, der nahezu die gesamte Basis des Bildformats ein-

Fritz Overbeck: Abend im Moor (1896), Öl auf Leinwand (81 x 130)

nimmt, zieht sich, von schmalen Wasserläufen und vereinzelt stehenden Birken gesäumt, zum Horizont, den Blick des Betrachters mit sich in die Tiefe des Bildraumes führend. Die Verlorenheit und Weite wird nur von zwei Bauernhäusern gemildert, die dieses Stück Land als bewohnt erkennbar machen. Die Birkengruppe im rechten Vordergrund schwingt sich in einem Bogen am oberen Bildrand nach links zu einer einzeln stehenden Birke hinüber, so ein Stück ‚Intimität'- im Sinne der von den französischen Barbizon-Malern begründeten „paysage intime" – und bergende Nähe gegen die nicht meßbare Tiefenerstreckung der Landschaft stellend. Führt man sich jedoch noch einmal die fast tropisch wuchernde Dichte der Laub-Dächer und Laub-Bögen in den Bildern etwa von Théodore Rousseau und Camille Corot – den frühen Gründern von Barbizon – vor Augen, so erscheint

Overbecks Birkengruppe nurmehr als sehr ferner Nachklang der in Frankreich vorbildlich kultivierten intimen Landschaftsauffassung. Sichtlich ist Overbeck in dem Gemälde „Abend im Moor" der romantischen Landschaftsauffassung, namentlich aber der niederländischen Landschaftsmalerei des 17. Jahrhunderts mit ihren niedrigen Horizonten und den atmosphärisch erfaßten, hohen Himmeln näher als den zeitgenössischen Ausläufern von Naturalismus einerseits, den Anfängen des deutschen Impressionismus andererseits.

Selten entfalten sich in den Bildern Overbecks die Baumkronen voll innerhalb des Bildausschnittes, zumeist sind sie angeschnitten oder gänzlich vom oberen Bildrand abgeschnitten. Dann bilden sie, ähnlich wie in der bereits erwähnten frühen Birkenstudie, eine rhythmisch gegliederte Grenze zwischen Landschaft und Betrachter, teils über die ganze Breite des Formates, teils als lockere, diagonal von der Vordergrundzone in den Mittelgrund führende Linie. Allgemein ist die niedrig gelegte Bilddiagonale – motivisch als Flußlauf, Baumreihe oder Sandweg —, die in einer unteren Ecke beginnt und sich quer bis zur Mitte des gegenüberliegenden Seitenabschlusses zieht, bei Overbeck ein beliebtes und wiederkehrendes Mittel kompositioneller Gliederung. Die um 1898/1900 zu datierende Gouache „Im Moor mit blauem Kanal" mag beispielhaft für andere Arbeiten Overbecks stehen; in diesem Blatt steigert Overbeck mittels des diagonal geführten Moorkanals in der unteren Bildhälfte die fast tänzerische Leich-

Fritz Overbeck: Im Moor, mit blauem Kanal (1902), Gouache (22,5 x 32,2)

tigkeit der horizontal gereihten Birkenstämme am oberen Abschluß des Landschaftsausschnittes, die sich als weiße Lichter am Horizont verlieren.

Ein zweiter Weg der Gliederung des Bildraumes liegt für Overbeck wie für die frühen Worpsweder Maler allgemein in der Betonung der Mittelachse des Bildraumes. Dies kann im Werk Overbecks in der Weise geschehen, daß, wie beispielsweise in der Radierung „Eichstamm" von 1903, der in überraschender Nahsicht gegebene, differenziert in seinen Strukturen erfaßte Baumstamm die gesamte Bildfläche beherrscht; die Begrenzung des Landschaftsausschnittes orientiert sich am unteren Bildrand am Wurzelwerk, der Stamm ist dort, wo er sich verjüngt und sich zur Krone verzweigt, vom oberen Bildabschluß abgeschnitten. Die Aufmerksamkeit des Betrachters wird so voll auf die wuchtige Form, die fast mythisch zu nennende Mächtigkeit des Eichstammes gelenkt. Erst nach längerem Hinsehen wird auch der landschaftliche Umraum wahrgenommen in Gestalt eines schmalen, sich verzweigenden Moorkanals und einer Moorkate im linken Bildhintergrund.

Fritz Overbeck: Eichstamm (1903), Radierung (19,9 x 13,9)

Drei Themenkreise, die in Skizzen, Zeichnungen und farbigen Blättern vorbereitet, als Radierung und großformatige Leinwand ausgeführt und teilweise in unterschiedlichen Fassungen des Motivs variiert werden, lassen sich voneinander abheben. Das wie verlassen daliegende Dorf Worpswede gestaltet Overbeck mehrfach in betonter Aufsicht, die Palette reicht von tiefem Ocker zu rostroten und bräunlichen Tönen.

Noch entschiedener befreit von der Tonigkeit des Naturalismus zeigen sich Overbecks Darstellungen der blühenden Felder und Wiesen am Weyerberg. Wohl nie ist Overbeck den Ausläufern, Fortschreibungen und europäischen Neuformulierungen des französischen Impressionismus und dessen zur farbigen Auflösung des Gegenstandes tendierenden Pinselführung so nahe gewesen, wie in den Variationen des Motivs des blühenden Buchweizenfeldes.

Schließlich setzt sich in einigen Hauptwerken der Jahrhundertwende eine monumentalisierende Schilderung der vertrauten und doch wie fremd und mit neuen Augen gesehenen Landschaft des Teufelsmoores durch. Eine den Kontrast von lichtem Himmelsblau und dunkel-moorigen Erdfarben betonende Koloristik macht den überragenden Einfluß Böcklins auf die Malerei des ausgehenden 19. Jahrhunderts auch im Werk Overbecks deutlich. Mit Bildern wie „Im Moor" ist im Werk des Malers eine feierliche Idealität, eine symbolistisch inspirierte Überhöhung des Landschaftsbildes erreicht, die man vor Augen haben muß, will man das Bröckener Spätwerk im Verhältnis zum Gesamtwerk wie in seinen individuellen, thematisch bedingten Ausprägungen recht einschätzen. In diesem Kontext gehört das Bild „Im März", in welchem Overbeck die nicht mehr perspektivisch, sondern in bildparallelen Streifen angeordnete Landschaft vom Betrachter durch eine schmale Vordergrundzone abgrenzt, die mit dem Kontrast von bräunlich-schwarzer Erdigkeit und frühlingshaften Resten weißen Schnees in das Gemälde hineinführt. Die mit solcher ‚strengen' Bildbasis angelegte Suggestion von Unbegehbarkeit und Unbetretbarkeit des Landschaftsraumes wird weiter durch den parallel geführten Wasserlauf und die Gruppe

Fritz Overbeck:
Im März (1908),
Öl auf Leinwand
(129 x 190)

131

der auf den Betrachter zugeordneten Birkenstämme gesteigert. Grundsätzlich läßt sich sagen, daß Fritz Overbecks Entwicklung in den in Worpswede entstehenden Gemälden immer stärker dahin geht, die Versinnlichung von Totalität und Einheit im Medium der malerisch gestalteten Landschaft erfahrbar zu machen. Er reinigt die gestaltete Landschaft von den Spuren alltäglichen Lebens, weitet und klärt sie zur Kulisse und zum Spiegel seines Sehnens, das sich auf Transzendenz, auf einen Kraft- und Schöpfungspunkt hinter der Erscheinungswelt richtet.

Die Auseinandersetzung mit dem französischen Impressionismus spiegelt auch noch das ebenfalls um 1900 entstehende Bild „Herbstmorgen am Weyerberg", das Herbert Albrecht als „eines der wirklich meisterlichen Werke der Worpsweder" hervorgehoben hat, das „den Ereignissen der Landschaftskunst eines Camille Corot oder Pisarro kongenial" [15]) gegenüberstehe. Geht bei

Fritz Overbeck:
Herbstmorgen
am Weyerberg
(um 1900),
Öl auf Leinwand
(73,5 x 83)

den rein landschaftlichen Motiven das radierte Werk, was dramatische Spannung und Zusammenhangsdichte anbetrifft, dem malerischen gelegentlich voran oder doch zumindest parallel, so stehen im Kontext der Dorfmotive die motivisch verwandten Radierungen hinter der Dichte der malerischen Realisation dieses „Herbstmorgens" zurück. Im Gegensatz zu den großen komponierten Landschaften kultiviert Overbeck in diesem Bild wiederum das Zufällige des gewählten Bildausschnittes, die Bauernkaten sind von den seitlichen Bildrändern an offenbar beliebiger Stelle abgeschnitten. Die starke Aufsicht unterstreicht der Maler durch die hochgezogene Linie der Baumkronen, die nur einen schmalen Himmelsstreifen freilassen. Die intensiv leuchtende Farbigkeit spielt den ganzen Reichtum der herbstlichen Palette durch, vom stumpfen Sonnengelb der Hausmauern über Zinnoberrot bis zum Braungrün des herbstlich verfärbten Laubwerks. Weder im Detail noch in der Gesamtwirkung aber entgleitet Overbeck, wie bei den Herbstlandschaften Otto Modersohns häufig zu beobachten, in eine süßliche oder phantastisch übersteigerte Farbigkeit. Auch in diesem Bild bleibt Overbeck gleichsam der nüchterne ‚Naturforscher‘, der die Dinge im Medium farbiger Materialität nachbuchstabiert, ohne ihnen eine über sie hinausweisende Bedeutungsschwere zuweisen zu wollen.

Vegesack – Ein Neubeginn

Um 1903 reifte in Fritz und Hermine Overbeck der Entschluß, Worpswede zu verlassen. Der Grund war zum einen die Frage, wo die heranwachsenden Kinder des Ehepaares zur Schule gehen sollten; in Worpswede gab es nur eine Volksschule, hier zu bleiben, hätte bedeutet, daß die Kinder später zu Freunden oder Verwandten hätten in Pension gegeben werden müssen. Mindestens ebenso schwerwiegend war jedoch, daß Fritz Overbeck sich von Worpswede als Ort seiner künstlerischen Entwicklung mehr und mehr zu lösen begonnen hatte. Das Verzeichnis seiner Gemälde enthält schon für die Jahre 1903 und 1904 eine zunehmende Zahl von Titeln, die sich auf Motive an anderen Orten beziehen. Hinzu kam als schwere Belastung, daß Hermine im Frühjahr 1904 an Tuberkulose erkrankte und die überwiegende Zeit bis 1909, bis zum Tode Overbecks, in verschiedenen Sanatorien verbringen mußte.

Es sind zwei Motivbereiche, mit denen Overbeck sich in den Jahren 1903/04 neu auseinanderzusetzen begann: Zum einen die

Stadtmotive, aus Kellinghusen, Oberkaufungen und vornehmlich dann aus Aschersleben am Harzrand bei Halle.

Zum anderen, und sehr viel umfänglicher, was Zahl und Bedeutung der Bilder anbetrifft, die Landschaft der Insel Sylt, wo der Maler die Sommermonate 1903/04 verbrachte und wohin er dann 1907 noch einmal zurückkehren sollte.

„Bei dieser Hitze ist Worpswede doch kein schöner Aufenthalt. Wie köstlich werden wir da in Zukunft wohnen", so schwärmt im Juni 1905 Fritz Overbeck im Blick auf sein neues Domizil in „Bröcken bei Vegesack", wie die Anschrift des neuen Hauses damals lautete. Zukünftig könne man, so Overbeck weiter an seine Frau Hermine, „auf eigenem Boden die schönsten Waldspaziergänge machen, immer im kühlen Schatten, oder auch uns in Hängematten schaukeln und durch die grünen Zweige in den blauen Himmel hinauf- und den ziehenden Wolken nachträumen."

So unablösbar ist der Name des Malers mit der Geschichte Worpswedes verbunden, daß man in der Kunstgeschichtsschreibung den für Overbeck so bedeutsamen Ortswechsel nach Bröcken im Norden von Bremen – dem heutigen Vegesack – kaum registriert hat. Und doch verbindet sich mit den Bröckener Jahren nicht allein ein neuer Lebens-, sondern auch ein neuer Werkabschnitt, der mit den auf Sylt und später in den Schweizer Alpen entstandenen Studien und Gemälden noch einmal einen Höhepunkt seines künstlerischen Schaffens bezeichnet.

Mehr als hundert Gemälde entstehen in dieser letzten Lebensphase – das ist mehr als die Hälfte des Oeuvres –, hinzu kommen etwa vierhundert Ölstudien, die zum Teil weitgehend durchgearbeitet sind und in ihrer spontanen Frische wie in der Lebendigkeit des Farbauftrags die ausgeführten Gemälde nicht selten übertreffen. Hunderte von Skizzenblättern und Zeichnungen begleiten die Arbeit an den im Bröckener Atelier entstehenden großen Gemälden und bereiten, wie auch die Ölstudien, die oft Monate, manchmal Jahre später entstehenden Bildentwürfe vor.

Das Jahr 1907, in welchem Overbeck noch einmal zwei Augustwochen in Wenningstedt auf Sylt verbringt, sollte dann in erster Linie das Jahr der im großen Format ausgeführten Syltbilder werden, mit der weit zum Horizont sich erstreckenden Fläche des Meeres.

Es spricht sich auch in diesen Meeres- und Dünenbildern Overbecks Vorliebe für die Dämmerstunden des Tages und für eine
den Blick in große Bildtiefe ziehende Horizontlinie aus, ebenso
jener charakteristische Grundzug, der in der menschenfernen Er-
habenheit der Landschaft sich aufgehoben und gespiegelt weiß.
Und doch entgeht Overbeck in seinen Syltbildern jedem Anflug
von Pathos und angestrengt wirkender Stilisierung einerseits, ro-
mantisierendem Schmelz andererseits, wie diese sich in einigen
Worpsweder Landschaftsbildern ausprägen. Die neue Unmittelbarkeit und Frische ist vor allem dem malerischen Vortrag ablesbar und materialisiert sich in diesem. Overbeck fängt die elementare Bewegtheit der Natur in einer flüssigen und leichten
Handschrift ein, die den Bildgrund gelegentlich freigibt und – im
Weiß der schäumenden Gischt oder im hellen Ocker der Dünen
– prägnante Akzente setzt.
Wie schwer ihm gleichwohl bei allem Enthusiasmus für das
Neue seiner Umgebung in Bröcken der Übergang von der ge-
meinschaftlichen Eingebundenheit Worpswedes zu dem einsamen Leben in Bröcken gefallen ist, bekennt er in einem Brief an
Otto Modersohn vom 21. Dezember 1905: „Ich habe Zeiten, in
denen ich ganz kleinmütig bin, in denen auch die Kunst mich
kein bißchen interessiert und wo ich den ganzen Kunstbetrieb in
die Ecke schmeißen möchte wie irgendeine Nichtigkeit, wenn er
mir nicht auch melkende Kuh zum Teil sein müßte. (. . .) Gott sei
Dank habe ich auch andere Zeiten – und hoffentlich kehren sie
häufiger wieder! – wo ich anders, nicht so ungesund und feige,
empfinde, und in diesen habe ich auch, wie ich glaube, einige
gute Arbeiten gemacht. Nur bin ich jetzt auf mein eigenes Urteil
angewiesen, und der Austausch der Gedanken und anderer Kritik fehlt, was man doch sonst haben konnte, wenn man wollte."
Diese Hoffnung scheint sich für ihn in den folgenden Jahren
1906/07 zu verwirklichen, in welchen die ersten großen Bilder
mit Vegesacker Motiven entstehen.
Ausgerüstet mit Skizzenblock, Pappen und Ölfarben durchstreift
er die umgebende Landschaft, hält die noch heute bestehende,
weitgehend ausgebeutete Kiesgrube bei Eggestedt fest, Frickens
Ziegelei in Schönebeck begegnet ihm – und immer wieder der
Blick über die Auewiese auf den gegenüberliegenden Krümpel.

Unter den badenden Knaben an der Aue in dem sonnenhaft leuchtenden und malerisch besonders gelungenen Bild „Sommerzeit" von 1908 darf man den Sohn Fritz Theodor vermuten. Auch andere Bilder dieses Jahres widmen sich dem Thema der blühenden, sonnendurchfluteten Landschaft. Es ist ein Jahr intensiver Arbeit, dem sicherlich weitere Vegesacker Bilder zuzuordnen sind, deren Entstehungszeit nicht überliefert ist. Deutlich kann Overbeck das, was er seiner Palette an Möglich-

Fritz Overbeck:
Sommerzeit –
badende Kinder
(1908),
Öl auf Leinwand
(95 x 155)

keiten im Zusammenhang der Syltreisen hinzugewonnen hat, auf seinen Reisen in die Rhön 1908 und die Davoser Bergwelt im Winter 1908/09 weiter vertiefen. In der Rhön sind es vor allem die bizarren Ansammlungen mächtiger Steinblöcke, deren Oberflächenbeschaffenheit Overbecks Interesse an einer plastisch-malerischen Strukturierung stofflicher Gegebenheiten entgegenkommt. Die Overbecksche Palette bereichert sich im Studium der Steinblöcke in der Rhön um feine Grau- und Braunabstufungen, die er in anderen Bildern mit ocker- und rostfarbenen Tönen benachbart. Ein interessantes Beispiel ist das im Todesjahr 1909 vollendete Gemälde „Im Engadin".
Angeregt durch das winterlich verschneite Davos schließlich, wo er im Winter 1908 seine Frau im Sanatorium besucht, spielt er das Weiß in seinen farbigen Abtönungen nach Blau, Violett und Rosa hin durch.

136

Fritz Overbeck:
Im Engadin
(1909),
Öl auf Leinwand
(84 x 130)

Seltsam anrührend wirkt dabei in einem kurz vor seinem Tode gemalten Bild wie „Verschneite Tannen" eine noch einmal an Caspar David Friedrich erinnernde romantische Überhöhung des Motivs; sie läßt ahnen, daß Fritz Overbeck auf dem Wege war, seine verfeinerte Malkultur mit jener einst von ihm gepriesenen, nun vom Kanon der Worpsweder Motive befreiten „Stimmung" in neuer Qualität zu vereinen. Sein plötzlicher Tod jedoch, wenige Tage nachdem seine endlich genesene Frau Hermine zurückgekehrt war, ließ das neu sich Entwickelnde mit einem Schlage abbrechen.

Fritz Overbeck:
Verschneite Tannen (1909),
Öl auf Leinwand
(71,5 x 76,5)

137

Ich habe von den drei eingangs genannten Aspekten, unter denen die Werke der Worpsweder vor dem Horizont Kunstbewegungen der Jahrhundertwende zu betrachten und einzuschätzen wären, den der „Stimmung" verfolgt. Dabei habe ich insbesondere die „Fremdheit vor der Natur", die in meiner Sicht wichtigste Erfahrung Fritz Overbecks, in seinen bildlichen Gestaltungen und auf seinen unterschiedlichen Entwicklungsstufen aufzuzeigen versucht.

Ich hoffe, Ihnen damit Anregungen für Ihre künftigen Bildbetrachtungen – auch in der Vegesacker Sammlung Overbeck – gegeben zu haben.

Bildlich gestaltete „Fremdheit vor der Natur" könnte über ein vertieftes Bildverständnis hinaus für uns Heutige hilfreich sein beim Nachdenken über unser Leben mit und in Landschaft und Natur, das unter dem Stichwort „Ökologie" höchst aktuell und zu einem unserer zentralen Lebensprobleme geworden ist.

Schon in den Bildern Overbecks sind Landschaft und Natur eben nicht mehr allein verfüg- oder nutzbare, ästhetisch beliebig verwendbare Gegebenheiten, sondern – im günstigsten Falle – in ihrer Eigenständigkeit zu erkennende und zu respektierende Lebenspartner.

„An der Wende zur Moderne" zu lokalisieren ist Overbeck insofern, als die Reflexion solcher Problem- und Fragestellungen zwar seinen Bildern vorausliegt bzw. in sie eingegangen ist, er jedoch nicht zu weiterführenden bildnerischen Lösungen den Durchbruch gefunden hat.

Anmerkungen:

1) Vgl. Renate Damsch-Wiehager, Richard Oelze. Ein alter Meister der Moderne, Verlag C.J. Bucher, München 1989. Dies., Richard Oelze in Worpswede, in: Worpswede 1889-1989. Hundert Jahre Künstlerkolonie, Worpsweder Verlag 1989, S. 102-120 und dies., Richard Oelze. Erwartung. Die ungewisse Gegenwart des Kommenden, Fischer Taschenbuch (Kunststück), Frankfurt 1993. Zu Overbeck vgl. Renate Damsch-Wiehager, Fritz Overbeck. Eine Monographie, Worpsweder Verlag, Worpswede 1991 und die dort angegebene Literatur S. 156 ff.

2) Vgl. etwa Anke Repp-Eggert, Europäische Künstlerkolonien des 19. Jahrhunderts, in: Landschaft im Licht. Impressionistische Malerei in Europa und Nordamerika 1860-1910, Katalog Köln/Zürich 1990, S. 56.

3) Boulboullé/Zeiss, Worpswede. Kulturgeschichte eines Künstlerdorfes, Verlag DuMont, Köln 1989, S. 49.

4) Kunsturteile des 19. Jahrhunderts. Zeugnisse – Manifeste. Kritiken zur Münchner Malerei, hrsg. von Heide C. Ebertshäuser, Verlag Bruckmann, München 1983, S. 155.

5) Alois Riegl, Die Stimmung als Inhalt der modernen Kunst, in: ebd., S. 165.

6) Ebd., S. 166.

7) Zit. nach: Katalog Worpswede. Eine deutsche Künstlerkolonie um 1900, Katalog Kunsthalle Bremen 1980, S. 68.

8) Vgl. hierzu etwa Herbert Albrecht, Worpswede – Kunst in der Landschaft, Fischerhude 1981, S. 81 f.

9) Rainer Maria Rilke, Worpswede, in: Sämtliche Werke Bd. 5, Frankfurt/M. 1965; Neuauflage Frankfurt/M. 1987, S. 12.

10) Joachim Ritter, Artikel „Ästhetik, ästhetisch", in: ders. (Hg.) Historisches Wörterbuch der Philosophie Bd. 1, Darmstadt 1971, Sp. 555-580 und ders., Landschaft, in: Subjektivität. Sechs Aufsätze, Frankfurt/M. 1974, S. 141-163, 172-191.

11) Fritz Overbeck, Briefe an Hermine Overbeck-Rohte 1898-1909, unpubl. Typoskript, Brief vom 13. 09. 03.

12) Brief im Nachlaß der „Stiftung Fritz und Hermine Overbeck", Vegesack.

13) Aus dem Briefwechsel Overbeck – Modersohn wird nach dem unpublizierten Typoskript zitiert.

14) Vgl. hierzu und zum Folgenden: Oskar Bätschmann, Entfernung der Natur. Landschaftsmalerei 1750-1920, DuMont Verlag, Köln 1989 und allgemein: Martin Seel, Eine Ästhetik der Natur, Suhrkamp Verlag, Frankfurt/M. 1991.

15) Herbert Albrecht, wie Anm. 8, S. 81.

Paula Modersohn-Becker: Bildnis Rainer Maria Rilke, 1906, Öltempera auf Pappe
(32,3 x 25,4)

Rainer Maria Rilkes Monographie
WORPSWEDE

Als die Münchner Kunstausstellung des Jahres 1895 fünf junge
Maler aus Worpswede bei Bremen mit einem Schlage berühmt
machte, erwachte das Interesse der Öffentlichkeit an diesem abgelegenen Moordorfe und den merkwürdigen Menschen, die es
zu ihrer Heimat gewählt hatten und – sozusagen – freiwillig in
die Verbannung gegangen waren. Man wollte etwas über sie wissen, etwas über ihre Kunst lesen und Abbildungen in der Hand
haben.

Der Buchhandel bemühte sich, diesen Bedarf zu decken; dazu
waren Leute nötig, die etwas Derartiges schreiben konnten. Es
dauerte ein paar Jahre, ehe man sie gefunden hatte. Der Leiter der
Bremer Kunsthalle, Gustav Pauli, wollte sich 1900 für den Verlag
Velhagen und Klasing dieser Aufgabe annehmen; doch einige
der Maler – so Otto Modersohn – waren damit nicht einverstan-
den. Ein anderer, Carl Vinnen, lehnte es grundsätzlich ab, noch
als Mitglied der „Worpsweder Gemeinschaft" betrachtet zu werden. So kam das Unternehmen zunächst nicht zustande.

Zwei Jahre später gelang es, zwei junge Schriftsteller zu finden,
die – jeder für sich – die Aufgabe übernahmen. Der Breslauer
Kunsthistoriker Richard Muther gab eine Reihe von Monographien DIE KUNST heraus und beauftragte den achtundzwanzig-
jährigen Lyriker Hans Bethge damit, eine Schrift über Worpswede zu verfassen[1]). Für den Verlag Velhagen und Klasing wurde
ein gleichaltriger Dichter gewonnen, der in Worpswedes Nähe
wohnte und den dortigen Künstlern nahestand. Weil er in wirtschaftlicher Notlage war, bemühte er sich von sich aus um diese
Aufgabe, indem er am 8. Januar 1902 an Gustav Pauli schrieb und
ihn um seine Vermittlung bat [2]). Das war Rainer Maria Rilke, der
am 28. April 1901 die Bildhauerin Clara Westhoff geheiratet und
am 6. Januar 1902 von seinen Prager Kusinen die Nachricht erhalten hatte, daß sie mit seiner Heirat sein Studium für beendet

ansähen und darum das von seinem verstorbenen Onkel Jaroslav ausgesetzte Stipendium einstellen würden [3]).
Nach den Verhandlungen mit dem Verlag und den Vorgesprächen mit den Worpsweder Malern schrieb Rilke im Mai 1902 seine Monographie, die er am 29. Mai 1902 druckfertig abschickte; sie erschien im März 1903 und erlebte 1905 eine zweite und 1910 eine dritte Auflage[4]). Von Bethges Recherchen in Worpswede ist nichts zu erfahren, sein Büchlein wurde 1904 in erster und 1907 in zweiter Auflage veröffentlicht.
Rilkes Schrift war umfangreicher, etwa doppelt so lang wie die Bethges; sie war auch in anderer Hinsicht gehaltvoller [5]). Nach seinen Studien in Prag, München und Berlin und nach Aufenthalten in Florenz und Rußland hatte der Dichter ein ausgeprägtes geistiges Profil gewonnen. Er brachte viel Eigenes mit, als er an die ihm gestellte Aufgabe heranging. Das führte dazu, daß seine Deutung des Phänomens Worpswede einerseits eigenwillig ausfiel, andererseits eine beachtliche Tiefe erreichte, wohingegen Bethges Einführung eher konventionell erscheint. Ein Vergleich der beiden Monographien ist noch heute aufschlußreich.
Die Monographie WORPSWEDE ist eine wichtige Station in Rilkes geistigem Werdegang; sie teilt mit der folgenden Rodin-Monographie das Schicksal, daß sie im Bewußtsein der Leserschaft vor den Lyrikbänden DAS STUNDEN-BUCH, DAS BUCH DER BILDER, DIE NEUEN GEDICHTE, DIE DUINESER ELEGIEN und DIE SONETTE AN ORPHEUS in den Hintergrund tritt und nahezu vergessen worden ist [6]).
Petzet konnte das Buch 1957 als „vergangen" bezeichnen[7]). Wenn man das Augenmerk vor allem auf die ersten Maler in Worpswede richtet, so liegen inzwischen neuere Untersuchungen vor, die das von den frühen Monographien gezeichnete Bild ergänzen und wohl auch korrigieren [8]). Wenn es aber darum geht, Rilkes Werk zu erfassen und das zu begreifen, was das Phänomen Worpswede ihm zu sagen hatte, dann liegt hier beinahe Neuland vor uns.
Die Monographie zu schreiben, war für Rilke eine Auftragsarbeit, die er in seiner wirtschaftlichen Notlage übernahm. Am 1. Mai 1902, etwa zu der Zeit, da er daran ging, die Schrift zu verfassen, schrieb er an Gerhart Hauptmann, sie sei für ihn „halb nur Freude und halb Fron'"[9]). Es ist also kein Werk, das ausschließlich

aus dem inneren Diktat heraus geschrieben wurde; immerhin war es doch halb Freude. Als Rilke am 1. August 1903 das Worpswede-Buch zusammen mit der Rodin-Monographie an Lou Andreas-Salomé schickte, hat er rückblickend sein Werk selbstkritisch gekennzeichnet[10]):

Ich sende Dir auch das worpsweder Buch, das im Frühling 1902 in Westerwede geschrieben worden ist. Du mußt nachsichtig sein dagegen; es ist, mehr als das Rodin-Buch, „Auftrag" für mich geblieben, auch während ich es schrieb. Im Stoffe selbst lagen zu viel Widerwärtigkeiten und Beschränkungen; die Maler, von denen es handeln mußte, sind als Künstler einseitig und als Menschen klein und Nebensächlichem geneigt. Über sie zu richten war mir unwürdig erschienen und da ich sie zu lieben versuchte, zerrannen sie mir unter den Händen; blieb nur das Land und was an Größe von ihm ausgeht. Ich wußte damals es groß zu sehen und das half mir; (heute, bei dieser Wiederkehr, fand ich es klein, deutsch und voll von Ansiedelungen). Und dann half mir auch noch, daß der gegebene Vorwand mich zwang, vieler Dinge Klang zu sein und es kam vieles herbei und ging in den Zeilen mit, was von verwirrten Tagen zurückgedrängt war in das Nichtsein des Ungeformten.

Ich bin so froh, daß ich Dir jetzt, da mein Schreiben so unstät und so stückhaft ist, wenigstens diese beiden Bücher geben darf, an denen Du erkennen wirst was an mir gewachsen ist.

Damit hat der Dichter unserer Fragestellung den Weg gewiesen: Entscheidend an dieser Monographie ist für uns, daß sie Zeugnis seines Wachsens ist; die Richtigkeit der Künstlerporträts steht erst in zweiter Linie zur Diskussion. Seiner eigenen Charakteristik ist zu entnehmen, welche Bedeutung für ihn das Land um Worpswede damals hatte, das er „groß zu sehen" und zu rühmen wußte. Es ist nicht zufällig, daß die Einleitung der Monographie von dem Land, der Landschaft und der Landschaftsmalerei ausgeht. Die Maler sind dann dasjenige, „was an Größe von ihm ausgeht"; sie sind es deshalb, weil sie dieses Land zu schauen vermögen. Daß Rilke das Land und die Menschen damals größer gesehen hat als ein Jahr später, als er durch manche Enttäuschung ernüchtert war, vermag den Wert der Schrift als Dichtung nicht zu schmälern. Denn Dichtung ist es auch, und Rilke wußte das, als er am 20. Februar 1903 das soeben erschienene Buch nicht nur an Richard Muther, sondern auch an Gerhart und Carl Hauptmann schickte [11]). Die Erwartung, mit der der junge Dichter an Landschaft und Menschen herantrat, war offenbar nicht ganz realistisch, sondern recht hochgespannt. Das hielt dann dem ernüchternden Wiedersehen im Herbst 1903 nicht stand. Für den heutigen Leser kennzeichnen all diese Umstände den Charakter der Monographie als eines Werkes zwischen Wissenschaft und Dichtung, das die innere Verfassung seines Autors sehr genau erkennen läßt.

Man muß die Entstehung der Monographie WORPSWEDE im Zusammenhang der kunstgeschichtlichen Studien sehen, die Rilke in diesen Jahren getrieben hat. Er hat damals die Absicht gehabt, in diesem Fach zu promovieren, und hat sich als Doktorvater den in dieser Zeit auf der Höhe seines Ruhmes stehenden Breslauer Professor Richard Muther ausersehen[12]). Nach seiner ersten russischen Reise im Jahre 1899 hat Rilke am 28. Dezember 1899 von Berlin aus Muther in Breslau aufgesucht und dabei mit ihm den Aufsatz RUSSISCHE KUNST verabredet [13]). Den hat er Anfang Januar 1900 für die Wiener Zeitschrift DIE ZEIT geschrieben, in der Muther Redakteur für Kunst war; dort ist der Beitrag dann nach langer Verzögerung am 19. Oktober 1901 erschienen. Anschließend daran, sozusagen als Fortsetzung, hat Rilke am Jahresende 1901 den Aufsatz MODERNE RUSSISCHE KUNSTBESTREBUNGEN verfaßt, der in demselben Organ am 15. November 1902 erschien [14]). In diesen Jahren hat Rilke oft mit Muther korrespondiert; es hatte sich eine gewisse freundschaftliche Beziehung herausgebildet. Von Rilkes Absicht, bei Muther zu promovieren, ist zum ersten Male am 14. September 1901 die Rede; noch am 5. August 1902 schreibt Rilke in einem Brief an Benois davon [15]). In der Zeit, da er die Monographie WORPSWEDE schrieb, nämlich im Mai 1902, hat Rilke also diesen Plan verfolgt. So ist etwa in einem Schreiben Muthers an Rilke vom 8. Juni 1902 davon die Rede. Das hat mit Sicherheit Folgen für die Art seiner Arbeit gehabt: Schließlich muß sich ein Doktorand auch durch seine sonstigen Veröffentlichungen als wissenschaftlicher Kopf ausweisen.

Professor Muther war Herausgeber der Schriftenreihe DIE KUNST, in der dann eine Monographie WORPSWEDE erschien, allerdings nicht von Rilke. Man muß sich fragen, warum Muther ihn nicht mit dieser Aufgabe betraute. Gelegenheit dazu hätte sich ergeben, als Muther im November 1901 für ein paar Tage nach Worpswede kam und Gast Rilkes war. Stahl hat vermutet, daß Muther Rilke damals zur Mitarbeit eingeladen hat, daß es aber noch nicht zu einer definitiven Zusage gekommen ist [16]).

Wahrscheinlich hat Rilke diese Arbeit damals noch nicht auf sich nehmen mögen; aber sehr bald ist er es, der sich in dieser Sache bewirbt, nur nicht bei Muther, sondern bei Gustav Pauli und dem Verlag Velhagen und Klasing [17]). Der Brief Rilkes an Pauli, in dem er ihn darum bittet, ihm den Auftrag des Verlages zu vermitteln, stammt vom 8. Januar 1902. Das Datum ist für seinen Entschluß aufschlußreich. Denn – wie schon gesagt – am 6. Januar, zwei Tage zuvor, hatte Rilke die Nachricht erhalten, daß seine beiden Prager Kusinen das ihm bisher gezahlte Stipendium einzustellen gedachten. Das veränderte die finanzielle Situation des jungen Dichters von Grund auf, und er begann von diesem Augenblick an, sich um Verdienstmöglichkeiten zu bemühen.

Verwunderlich blieb es trotzdem, daß Rilke sich damals an Pauli und nicht an Muther wandte, mit dem er doch seit längerem in Verbindung stand. Im Nachhinein erwies sich diese Wahl als richtig; denn aus dem Briefe Rilkes an Ellen Key vom 3. April 1903 wissen wir, daß der Verlag Velhagen und Klasing ein besseres Honorar zahlte als Muther [18]). Für die WORPSWEDE-Monographie fühlte Rilke sich gut entschädigt, während ihm die 150 Mark für die RODIN-Monographie als zu wenig erschienen. Es ist freilich nicht bezeugt, ob er diesen Unterschied der Herausgeber schon am 8. Januar 1902 gekannt hat, so daß er sich aus wirtschaftlichen Gründen für Pauli entschieden hätte [19]).

Wir wissen auch nichts darüber, auf welchem Wege Muther Hans Bethge gewonnen hat, ebenfalls eine WORPSWEDE-Monographie zu verfassen. Hier könnte Heinrich Vogeler vermittelt haben, der um 1900 mit Bethge in freundschaftlicher Verbindung stand [20]). Bethge scheint etwas später an die Arbeit gegangen zu sein; daß er mit den Malern in Worpswede gesprochen hätte, ist nicht bekannt.

Für den Inhalt des Rilkeschen Buches hat es Folgen gehabt, daß Professor Muther am 17. und 18. November 1901 nach Worpswede kam. Damals hat es sich allem Anschein nach endgültig entschieden, daß Carl Vinnen seine Aufnahme in die Monographie verweigerte [21]). Muther hatte am Sonnabend, dem 16. November 1901, in Bremen zwei Vorträge zu halten; Rilke scheint das schon früh gewußt und den Professor im Anschluß daran nach Westerwede eingeladen zu haben. Muthers Postkarte vom 13. September 1901 erwähnt bereits diese Einladung [22]). Auf einer Postkarte vom 13. November entwirft Muther dann einen Zeitplan für den bevorstehenden Besuch [23]):

Wann ich ankomme, weiß ich noch nicht, werde aber jedenfalls Hôtel du Nord wohnen. Montag Abend längstens 11 Uhr muß ich von Bremen wieder abreisen. Nun handelt es sich um folgendes. Ich möchte gerne Sie und einen anderen lieben Bekannten – Carl Vinnen in Osterndorf besuchen. Ich denke mir es so, daß ich von Sonntag auf Montag bei Ihnen wäre und daß wir im Laufe des Montags zusammen zu Vinnen führen. Freilich sind das Combinationen, die ich mache ohne in den Entfernungen Bescheid zu wissen. Vielleicht entwerfen Sie den Plan. Ich richte mich ganz nach Ihnen.

Ob Muther die beiden Vorträge am Sonnabend, dem 16. November 1901, gehalten hat oder, wie Stahl annimmt, einen am Sonnabend und einen am Sonntag, ist mit Gewißheit nicht zu entscheiden. Am Sonntag, dem 17. November, hat er jedenfalls Otto Modersohns Atelier besucht [24]); nach Rilkes Brief vom 26. November 1901 an Pawel D. Ettinger geschah das im Zusammenhang eines Rundgangs durch Worpswede, der mindestens einen halben Tag beansprucht haben dürfte [25]). An Alexander N. Benois hatte Rilke am 21. November berichtet [26]):

Vergangene Woche sprach Muther zweimal vor dem besten Publikum Bremens, und mit lebhaftem Erfolg. Dann war er einen Tag und eine Nacht bei mir zu Besuch und empfing sehr große Eindrücke von den Ateliers in Worpswede.

Demnach ist Muther am Sonnabend, dem 16. November, in Bremen gewesen und hat dort zwei Vorträge gehalten. Die Nacht hat er im Hôtel du Nord gewohnt und ist am Sonntagmorgen mit der Pferdepost – etwas anderes gab es nicht – nach Worpswede gefahren. Dem schloß sich der Rundgang durch fünf Ateliers an; danach war er in Westerwede Gast des jungen Hausstandes Rilke. Am Montag, dem 18. November, sollte die Fahrt nach dem Gut Osterndorf zu Carl Vinnen stattfinden. Offenbar hatte sich

Muther auch dort angemeldet; denn Vinnen hatte zu einem würdigen Empfang einige Freunde eingeladen. Doch zu dieser Fahrt kam es nicht, des regnerischen und stürmischen Wetters wegen und, weil Muther schon vor Mittag den Zug aus Bremen nahm. In einem Briefe vom 19. November an Carl Vinnen mußte Rilke die peinliche Programmänderung entschuldigen [27]); es ist zu verstehen, wenn Vinnen überaus verstimmt war; er mußte sich von den Worpswedern geradezu ausgeschlossen fühlen, falls er sich nicht schon vorher innerlich von ihnen getrennt hatte.

Die Verärgerung vom 18. November 1901 dürfte dazu beigetragen haben, daß, als Rilke ihm am 13. und am 15. Januar 1902 schrieb, Carl Vinnen entschieden ablehnte, in der Monographie charakterisiert zu werden [28]). Wenn Rilke anfangs „sechs selbständige Monographien über die mit Worpswede verwachsenen Künstler zu schreiben" dachte (so im Brief an Otto Modersohn vom 13. Januar 1902), so teilte er am 3. Februar 1902 dem Verlag Velhagen und Klasing mit [29]):

Es kommen dafür nur die fünf Künstler in Betracht, die wirklich in Worpswede wohnen; Herr Carl Vinnen, der in Osterndorf, in ganz anderer Gegend, seinen Wohnsitz hat (und einer monographischen Besprechung seiner künstlerischen Persönlichkeit abgeneigt ist), kann mit Fug ausgelassen werden, besonders, wenn die Einzelmonographien unter dem Titel „Worpswede" zusammengefaßt werden.

In der zweiten Januarhälfte 1902 hat es sich also entschieden, daß die entstehende Monographie mit den Namen WORPSWEDE nur fünf und nicht sechs Einzeldarstellungen umfassen würde [30]). Das war eine Straffung, die sich begründen ließ; es war aber auch ein Verlust; denn Carl Vinnen war eigentlich der erste, der auf eine besonders geartete Malerei in diesem Umkreis den Blick gelenkt hatte. Das 1893 gemalte Bild RUHE des Dreißigjährigen war im selben Jahre in der „Permanenten Ausstellung" der Bremer Kunsthalle gezeigt worden, wo es freundlich beachtet wurde und den Bremern eine Vorstellung von den neuen künstlerischen Bestrebungen vermittelte [31]). Zwei Jahre später wäre die Ausstellung der fünf Worpsweder am selben Ort erfolglos geblieben, wenn nicht der Vorsitzende der Münchner Künstlergesellschaft, Herr von Stieler, sie gesehen und daraufhin die Künstler nach

München eingeladen hätte, wo dann der sensationelle Durchbruch gelang.

Übrigens haben weder Rilke noch Bethge daran gedacht, Paula Modersohn-Becker in ihre Monographien aufzunehmen, wobei der Hauptgrund der gewesen sein dürfte, daß sie im Münchner Glaspalast nicht dabei gewesen war. Von seiten der Auftraggeber, einerseits des Verlages Velhagen und Klasing, andererseits des Herausgebers Muther, bestand kein Interesse an ihrer so völlig von den „Worpswedern" unterschiedenen Kunst. Daraus mit Petzet zu schließen, daß sie „vor den Augen des Dichters noch nicht würdig genug erschien, um mit den kaum ein Jahrzehnt Älteren zusammen genannt zu werden", und das Übergehen im Worpswede-Buch „verwunderlich" zu finden, überschätzt den Einfluß des Auftrags-Arbeiters Rilke auf die Gestaltung des Buches [32]). Er war auch so schon der Meinung, daß der Verleger sich über das gewundert haben müsse, was er auf seine Bestellung geliefert habe; man habe „gute Miene zu seinem bösen Spiel gemacht".

Gemeinsamkeiten und Verschiedenheiten der Monographien Rilkes und Bethges sind noch in anderer Hinsicht aufschlußreich, so etwa, was die Anordnung ihrer Charakteristiken betrifft. Nach einer Einleitung folgen bei beiden Autoren die Kennzeichnungen der einzelnen Maler. Rilke hatte von eigenständigen Monographien gesprochen, während man sie bei Bethge – schon des geringeren Umfangs wegen – besser als Kapitel eines Gesamttextes auffaßt. An erster Stelle nennen beide Fritz Mackensen, und Bethge verbindet damit eine Rangfolge [33]):

Fritz Mackensen gebührt der Vortritt nicht nur deshalb, weil wir ihm im Grunde das Entstehen einer Worpsweder Kunst zu verdanken haben, sondern auch, weil er die genialsten Anlagen unter den Sechsen besitzt.

Bei Rilke findet sich nichts dergleichen, doch auch er beginnt die Reihe mit Mackensen – einfach deshalb, weil er derjenige war, der „im Jahre 1884 zuerst Worpswede sah" [34]). Bald darauf nennt Rilke den zweiten in Mackensens Gefolge [35]): „Mit einem lieben Genossen, dem Maler Otto Modersohn, kam er im Juni 1889 wieder nach Worpswede." Rilkes Reihenfolge spiegelt die Chronologie, nicht den künstlerischen Rang; er hält sich an das eigene Vorwort, in dem er geschrieben hatte: „Dieses Buch vermeidet es zu richten."

Die zweite Charakteristik gilt bei Rilke und bei Bethge Otto Modersohn. Hier ist es Rilke, der eine verhaltene Wertung ausspricht, indem er an die Münchener Sensation von 1895 erinnert und einen damaligen Kritiker zitiert: „Niemals ist eine Wahrheit so unwahrscheinlich gewesen." An dieses Urteil eines Fremden knüpft er dann seine Feststellung an: „Diese unwahrscheinliche Wahrheit war vor allem Otto Modersohn" [36]). Rilke hat es so gemeint (und Modersohn hat es so verstanden), daß dieses Kapitel dem ersten zwar in der Reihenfolge nachstand, es aber an Gewicht übertraf.

Bei den folgenden Kapiteln nennt Bethge zuerst Hans am Ende und danach Fritz Overbeck und Carl Vinnen; Rilke stellt Fritz Overbeck vor Hans am Ende, was dem chronologischen Prinzip widersprach: Hans am Ende gehörte zu den ersten, die sich entschlossen, in Worpswede zu bleiben. Es muß ein anderer Grund mitgewirkt haben, diesen Maler an die vorletzte Stelle zu rücken. Beide Autoren schließen die Reihe mit Heinrich Vogeler; Bethge hat dabei den Gesichtspunkt des Alters vor Augen gehabt [37]): „Heinrich Vogeler ist der Jüngste und Vielseitigste in dem Moordorf." Auch Rilke dürfte daran gedacht haben; doch bei ihm kommt auch das Gestaltungsprinzip der Steigerung in Betracht, wonach das letzte Glied einer Reihe einen Höhepunkt darstellt.

Schon bei den Einleitungen war es greifbar, wie verschieden die beiden Autoren ihren Gegenstand angehen. Bethge baut sein erstes Kapitel konventionell auf: Er beginnt es, indem er die Ausstellung von 1895 im Münchner Glaspalast erwähnt, die den Ruhm der Worpsweder begründet hat [38]). Dem folgt eine Beschreibung des entlegenen Dorfes mit dem seltsam klingenden Namen, das zur Heimat jener Maler und damit zum Kunstzentrum geworden ist. Bethge erzählt von der Entdeckung des Dorfes für die Malerei im Jahre 1884, als Mackensen zum ersten Male nach Worpswede kam, und nennt dann in zeitlicher Folge die anderen, die dorthin zogen. Von der wenig beachteten Bremer Ausstellung zu Anfang 1895 erfährt der Leser und von der unerwarteten Einladung nach München.

Dieser Erwähnung des Wichtigsten, was der Kunstliebhaber wissen sollte, läßt Bethge eine Einführung in die besonderen Stimmungen folgen, die dieses Land bietet. Er erzählt, wie er an einem wunderschönen Sommermorgen im August 1898 zum ersten Male mit dem Postwagen nach Worpswede hinausfuhr, was da auf dem Wege zu sehen war und wie sich schließlich Worpswede seinen Blicken darbot. Eine eingehende Beschreibung des Dorfes und der Landschaft mit ihren Kanälen, Häusern und Mühlen betont die malerische Schönheit [39]):

Die Stimmungen in diesem Lande sind reich und groß und oft erhaben. Idylle und Romantik finden sich dicht beieinander. Das Zarte und Gewaltige, das Heitere und Düstere sind nirgends enger gepaart. Blumige Wiesen, schwarze Kanäle, goldene Ährenfelder, Birken, Heide, Gärten, Flußläufe und ein spukhaftes Moor. Das ist Worpswede.

Zum Schluß leitet Bethge zu den folgenden Kapiteln über, indem er eine Kritik an den Worpsweder Malern zurückweist: sie malten alle über einen Leisten auf Kosten ihrer künstlerischen Individualität. Seine folgenden Betrachtungen wollen sich über die Einzeleigentümlichkeiten dieser Männer klar werden; damit ist Bethge bei seinem Gegenstand.

Ganz anders setzt Rilke ein, um sich schließlich demselben Thema zu nähern. Wie er es dann an Lou Andreas-Salomé schrieb: Weil er über die Künstler als Menschen nicht richten wollte,

blieb nur das Land und was an Größe von ihm ausgeht. Ich wußte damals es groß zu sehen, und das half mir.

Diese Notwendigkeit brachte es mit sich, daß Rilke das groß gesehene Land an den Anfang stellte und von ihm herleitete, was er an Größe zu finden glaubte.

So begann er mit einer weit ausholenden Betrachtung der Landschaftsmalerei und ihrer Geschichte. Bevor er im Mai 1902 die Monographie verfaßte, hatte er erst im März/April eine Vorstudie geschrieben, die in seinem Nachlaß erhalten geblieben ist: VON DER LANDSCHAFT [40]). Von den darin gewonnenen Einsichten ging seine Darstellung aus: Er hatte als das Wesentliche an der Malerei der Worpsweder das Erfassen der Landschaft erkannt und betrachtete daher als Grundlegung seiner Monographie zunächst das geistesgeschichtlich Bedeutsame der Landschaftsmalerei. An der Entwicklung der Kunst von der Antike bis zur Gegenwart las er ab, wie der Mensch ein neues Bild von sich selbst gewann, indem er – in der Form der Landschaft – die Natur als ein Fremdes, ihm Gegenüberstehendes entdeckte. Das war der Grundgedanke der Vorstudie, den Rilke in die Einleitung der Monographie übernahm [41]):

Und in diesem Sinn ging die Gestaltung jener Landschaftskunst vor sich, die Lionardo da Vinci vorahnend schon besaß. Langsam bildete sie sich aus, in den Händen von Einsamen, durch die Jahrhunderte hin. Sehr weit war der Weg, der gegangen sein mußte, denn es war schwer, sich der Welt so weit zu entwöhnen, um sie nicht länger mit den voreingenommenen Augen des Einheimischen zu sehen, der alles auf sich selbst und seine Bedürfnisse anwendet, wenn er es schaut.

In diesem historischen Prozeß, der auch die zukünftige Entwicklung noch bestimmen werde, sah Rilke die Worpsweder Landschaftsmaler als die gegenwärtig lebenden und bisher letzten Glieder. Daß er sie „Werdende" nannte, bedeutete in seinen Augen nicht das Unfertige ihrer Kunst, sondern das Offensein ins Zukünftige [42]). Daß er die befreundeten Maler als Glieder einer jahrhundertealten Kette auffaßte, der in früherer Zeit Meister wie Leonardo da Vinci, Ruysdael, Rembrandt, Böcklin, Feuerbach, Puvis de Chavannes, Rousseau und Millet zugehört haben, daß er sie in einem Atemzug mit Segantini und Runge nannte, das machte es aus, daß er sie „groß zu sehen" wußte. Rilke erblickte in Mackensen und Modersohn die Bewahrer einer Überlieferung und die Hüter eines Menschenbildes, von dem er hoffte, daß es sich in Zukunft durchsetzen möge. Darin bestand ihre Größe als Maler der Landschaft. Das meinte Rilke, wenn er schrieb, daß von dem Lande alle Größe herkomme.

Das Besondere an Rilkes Auffassung war, daß er von einer neuen Sehweise sprach, die Leonardo vorweggeahnt habe und die Landschaft überhaupt erst als sie selbst entdeckte:

Noch hat niemand eine Landschaft gemalt, die so ganz Landschaft ist und doch so sehr Geständnis und eigene Stimme wie jene Tiefe hinter der Madonna Lisa. Als ob alles Menschliche in ihrem unendlich stillen Bildnis enthalten sei, alles andere aber, alles was vor dem Menschen liegt und über ihn hinaus, in diesen geheimnisvollen Zusammenhängen von Bergen, Bäumen, Brücken, Himmeln und Wassern. Diese Land-

schaft ist nicht eines Eindrucks Bild, nicht eines Menschen Meinung
über die ruhenden Dinge; sie ist Natur die entstand, Welt die wurde
und dem Menschen so fremd wie der niebetretene Wald einer unent-
deckten Insel.

Solches Entdecken der Natur als einer fremden, nicht auf den
Menschen bezogenen Gesetzmäßigkeit ist in Rilkes Augen die
Voraussetzung dafür, daß der Mensch eine neue, und zwar die al-
lein richtige Sicht von sich selbst gewinnen kann:

Und Landschaft so zu schauen als ein Fernes und Fremdes, als ein Ent-
legenes und Liebloses, das sich ganz in sich vollzieht, war notwendig,
wenn sie je einer selbständigen Kunst Mittel und Anlaß sein sollte;
denn sie mußte fern sein und sehr anders als wir, um ein erlösendes
Gleichnis werden zu können unserem Schicksal. Fast feindlich mußte
sie sein in erhabener Gleichgültigkeit, um unserem Dasein eine neue
Deutung zu geben mit ihren Dingen.

Von hier aus wächst dem neuen Erfassen der Landschaft eine Be-
deutung zu, die über das rein Malerische hinausgeht und die
Menschen schlechthin betrifft. Rilkes Vorstudie endet mit dieser
Sinngebung, die bereits hier an die (noch nicht genannten)
Worpsweder Meister denkt und ihnen damit eine weitreichende
Bedeutsamkeit zuspricht:

In diesem Aufwachsen der Landschafts-Kunst zu einem langsamen
Landschaft-Werden der Welt liegt eine weite menschliche Entwicklung.
Der Inhalt dieser Bilder, der so absichtslos aus Schauen und Arbeit ent-
sprang, spricht uns davon, daß eine Zukunft begonnen hat mitten in
unserer Zeit: daß der Mensch nichtmehr der Gesellige ist, der unter sei-
nesgleichen im Gleichgewicht geht, und auch derjenige nichtmehr, um
dessentwillen Abend und Morgen wird und Nähe und Ferne. Daß er
unter die Dinge gestellt ist wie ein Ding, unendlich allein und daß alle
Gemeinsamkeit aus Dingen und Menschen sich zurückgezogen hat in
die gemeinsame Tiefe, aus der die Wurzeln alles Wachsenden trinken.

Diesen Gedanken, dem man, auch wenn man ihn nicht für richtig halten sollte, doch die Großartigkeit nicht absprechen kann,
hat Rilke aus der Vorstudie in die Einleitung seiner Monographie
übernommen; er hat ihn dort erweitert und schließlich ausdrücklich auf die Maler von Worpswede bezogen. Eine Deutung
von dieser Tiefe ist bei Bethge nicht zu finden, und zwar schon
deshalb nicht, weil Rilke hier das Eigenste eingebracht hat, was

er in der voraufgehenden Zeit an Einsicht gewonnen hat und was folgerichtig aus seiner eigenwilligen Haltung heraus erwachsen war. Mochte die Monographie auch eine Auftragsarbeit und um des Broterwerbs willen geschrieben sein: Hier ist der ganze Rilke zu finden, diese Gedanken sind eine Station auf seinem dichterischen Weg; man darf sie nicht übersehen und übergehen, wenn man das spätere Werk verstehen will.

Die frühe Zeit in Worpswede vom Herbst 1900 an war für Rilke eine Schule des Schauens gewesen; insbesondere von Paula Becker hat er in dieser Hinsicht gelernt, wie er es in seinen Tagebüchern ausdrücklich festgehalten hat. Das Besondere an Rilkes Schauen, das ihn in die Nachbarschaft der Phänomenologie Edmund Husserls brachte, besteht in dem, was Husserl Reduktion oder Epoché nannte: dem Überwinden der mitgebrachten Voreingenommenheit, dem Vergessen des Zuvor-Gewußten, dem Nicht-Urteilen. Diese Haltung kostet Mühe, doch nur so kommt es zum „reinen Schauen", das zugleich Arbeit ist. Nur so gerät das Phänomen als solches in den unverstellten Blick, nur so kann sein Wesen erfaßt werden.

Diese Haltung meint Rilke, wenn er in der Vorstudie schreibt:

Es war schwer, sich der Welt so weit zu entwöhnen, um sie nicht länger mit dem voreingenommenen Auge des Einheimischen zu sehen, der alles auf sich selbst und auf seine Bedürfnisse anwendet, wenn er es schaut. Man weiß, wie schlecht man die Dinge sieht, unter denen man lebt, und daß oft erst einer kommen muß von fern, um uns zu sagen was uns umgiebt.

Rilke fordert – ganz ähnlich wie Husserl – ein neues Schauen; er findet es zu seiner Zeit vorbildlich gelebt bei den Malern von Worpswede, und er will es selbst befolgen, was er für notwendig hält. Wenn das Vorwort seiner Monographie mit dem Satze beginnt: „Dieses Buch vermeidet es zu richten", dann ist das ein Programm, das ihn etwa von Bethge unterscheidet, der zu Beginn des Mackensen-Kapitels eine Wertung vornimmt und das Prädikat der Genialität verteilt.

Nicht alle Leser haben die Vorurteilslosigkeit der Monographie Rilkes als ihre besondere Qualität zu würdigen gewußt; Rilke selbst hat gewußt, daß er sie nicht rein durchgehalten hat. Daher entschuldigt er sich mit einem Satz des dänischen Dichters Jens Peter Jacobsen, in dem er sein Vorbild erblickte:

„Du sollst nicht gerecht sein gegen ihn; denn wohin kämen die Besten von uns mit der Gerechtigkeit; nein; aber denke an ihn, wie er die Stunde war, da du ihn am tiefsten liebtest . . ."

Im ersten Teil der Einleitung zu seiner Monographie [43]) hat Rilke den Grundgedanken der Vorstudie neu gefaßt, er hat ihn teils gekürzt, teils erweitert. An den Anfang rückte er jetzt die Feststellung, daß die Landschaft dem Menschen im Grunde genommen etwas Fremdes sei:

Wer aber die Geschichte der Landschaft zu schreiben hätte, befände sich zunächst hilflos preisgegeben dem Fremden, dem Unverwandten, dem Unfaßbaren. (. . .)

Denn gestehen wir es nur: die Landschaft ist ein Fremdes für uns und man ist furchtbar allein unter Bäumen, die blühen, und unter Bächen, die vorübergehen.

Diesem Charakter der Fremdheit widerspricht es nur scheinbar, wenn man auf den alten Umgang des Menschen mit der Natur hinweist:

Daran ändert der Umstand, daß die Menschen seit Jahrtausenden mit der Natur verkehren, nur sehr wenig; denn dieser Verkehr ist sehr einseitig. Es scheint immer wieder, daß die Natur nichts davon weiß, daß wir sie bebauen und uns eines kleinen Teils ihrer Kräfte ängstlich bedienen.

Seiner Zeit, in der Naturwissenschaft und Technik sich in optimistischer Unbekümmertheit dieser Erde und ihrer Ressourcen bemächtigen, als ob sie für uns allein geschaffen seien, stellt Rilke die unzeitgemäße Frage:

Was bedeutet es, daß wir die äußerste Oberfläche der Erde verändern, daß wir ihre Wälder und Wiesen ordnen und aus ihrer Rinde Kohlen und Metalle holen, daß wir die Früchte der Bäume empfangen, als ob sie für uns bestimmt wären, wenn wir uns daneben einer einzigen Stunde erinnern, in welcher die Natur handelte über uns, über unser Hoffen, über unser Leben hinweg, mit jener erhabenen Hoheit und Gleichgültigkeit, von der alle ihre Gebärden erfüllt sind. Sie weiß nichts von uns.

Dann stellt der Dichter fest, daß es der Natur gegenüber zwei verschiedene Haltungen unter den Menschen gibt:

Der gewöhnliche Mensch, der mit den Menschen lebt und die Natur nur so weit sieht, als sie sich auf ihn bezieht, wird dieses rätselhaften und unheimlichen Verhältnisses selten gewahr. Er sieht die Oberfläche der Dinge, die er und seinesgleichen seit Jahrhunderten geschaffen haben, und glaubt gerne, die ganze Erde nehme an ihm teil, weil man ein Feld bebauen, einen Wald lichten und einen Fluß schiffbar machen kann. Sein Auge, welches fast nur auf Menschen eingestellt ist, sieht die Natur nebenbei mit, als ein Selbstverständliches und Vorhandenes, das soviel als möglich ausgenutzt werden muß.

Diesem Naturverständnis des „gewöhnlichen Menschen" stellt Rilke ein anderes gegenüber; an dieser Stelle geht er über die Vorstudie hinaus und greift Gedanken auf, die ihm schon seit langem eigen sind und die ein Leitmotiv seiner Dichtung bilden: Er spricht von der Kindheit als einer besonderen Phase menschlicher Existenz, die unter anderem durch ihre Naturnähe ausgezeichnet ist:

Anders schon sehen Kinder die Natur; einsame Kinder besonders, welche unter Erwachsenen aufwachsen, schließen sich ihr mit einer Art von Gleichgesinntheit an und leben in ihr, ähnlich den kleinen Tieren, ganz hingegeben an die Ereignisse des Waldes und des Himmels und in einem unschuldigen, scheinbaren Einklang mit ihnen.

In Rilkes Denken, so etwa in den NEUEN GEDICHTEN, spielt der Augenblick eine hervorgehobene Rolle, da die Kindheit endet: das Erwachsen-Werden erscheint als Bedrohung. Dieser Gedanke begegnet uns auch hier:

Aber darum kommt später für Jünglinge und junge Mädchen jene einsame, von vielen tiefen Melancholieen zitternde Zeit, da sie, gerade in den Tagen des körperlichen Reifwerdens, unsäglich verlassen, fühlen, daß die Dinge und Ereignisse in der Natur nicht mehr und die Menschen noch nicht an ihnen teilnehmen.

An dieser Stelle scheiden sich die Geister:

Und schließlich bescheiden sich die Einen und gehen zu den Menschen, um ihre Arbeit und ihr Los zu teilen, um zu nützen, zu helfen und der Erweiterung dieses Lebens irgendwie zu dienen, während die Anderen, die die verlorene Natur nicht lassen wollen, ihr nachgehen und nun versuchen, bewußt und mit Aufwendung eines gesammelten Willens, ihr wieder so nahe zu kommen, wie sie ihr, ohne es recht zu wissen, in der Kindheit waren. Man begreift, daß diese Letzteren Künstler sind: Dich-

ter oder Maler, Tondichter oder Baumeister, Einsame im Grunde, die,
indem sie sich der Natur zuwenden, das Ewige dem Vergänglichen, das
im Tiefsten Gesetzmäßige dem vorübergehend Begründeten vorziehen
(...)

Man muß sich verdeutlichen, daß Rilke an dieser Stelle die beiden Existenzweisen des Menschen, die für sein Denken entscheidende Bedeutung haben, Kindheit und Künstlerschaft, auf eine
Weise miteinander verknüpft, wie er das sonst nirgends express-
sis verbis getan hat. Wer diesen Zusammenhang in seinem Werke
begreifen und ausgesprochen finden will, muß auf die Monographie WORPSWEDE zurückgreifen, die dadurch für die Rilke-
Forschung an Bedeutung gewinnt.

Kinder und Künstler sind durch ihr Verhältnis zur Natur charakterisiert. Durch diesen Bezug erhalten die Künstler ihre Bedeutung für die Menschheit: Sie sehen, „da sie die Natur nicht überreden können, an ihnen teilzunehmen, ihre Aufgabe darin (...),
die Natur zu erfassen, um sich selbst irgendwo in ihre großen Zusammenhänge einzufügen. Und mit diesen einzelnen Einsamen
nähert sich die ganze Menschheit der Natur". Hier ist in Rilkes
Augen der Ort der Landschaftsmalerei:

Es müssen andere Menschen gewesen sein, welche, an ihresgleichen
vorbei, die Landschaft schauten, die große, teilnahmslose, gewaltige
Natur.

Es ist ein anderes Schauen, das diese Menschen charakterisiert.
Damit kehrt Rilke zum Leitgedanken seiner Vorstudie zurück; an
ihm entwickelt er auf den folgenden Seiten [44]) einen Abriß der
Landschaftsmalerei von Jacob Ruysdael bis hin zu Philipp Otto
Runge. Von ihm aus leitet er zu den Worpsweder Malern über,
die ihrerseits aus der Landschaft heraus zu verstehen sind:

Nicht weit aber von jener Gegend, in welcher Philipp Otto Runge sei-
nen Morgen gemalt hat, unter demselben Himmel sozusagen, liegt eine
merkwürdige Landschaft, in der damals einige junge Leute sich zusam-
mengefunden hatten, unzufrieden mit der Schule, sehnsüchtig nach
sich selbst und willens, ihr Leben irgendwie in die Hand zu nehmen.

Hinter diesen Sätzen steht eine bei Rilke auch andernorts zu fin-
dende Auffassung, nämlich die vom „verlorenen Sohn", der fort-
geht, um sich selbst zu finden. Rilkes Protest gegen die zeitgenössischen Erziehungsanstalten richtet sich hier gegen die

Kunstakademien; seine Sympathie gehört den jungen Leuten, die von der Schulbank in die Natur gezogen sind, z.B. in die Ebene des Teufelsmoores:

In einer solchen Ebene leben jene Maler, von denen zu reden sein wird. Ihr danken sie, was sie geworden sind und noch viel mehr: ihrer Unerschöpflichkeit und Größe danken sie, daß sie immer noch werden.

An dieser Stelle bringt Rilkes Einleitung das, was Bethge auch vorgetragen hat: eine anschauliche Schilderung des Landes um Worpswede [45]). Doch während Bethge von den Stimmungen der Landschaft schreibt, geht Rilke auf die Armut der Menschen dort ein und charakterisiert sie von der Härte ihrer Arbeit her:

Manche wissen von Amerika zu erzählen, andere sind nie über Bremen hinausgekommen. Die einen leben in einer gewissen Zufriedenheit und Stille, lesen die Bibel und halten auf Ordnung, viele sind unglücklich, haben Kinder verloren, und ihre Weiber, aufgebraucht von Not und Anstrengung, sterben langsam hin, vielleicht, daß da und dort einer aufwächst, den eine unbestimmte, tiefe, rufende Sehnsucht erfüllt – vielleicht, – aber die Arbeit ist stärker als sie Alle.

Es ist keine Gesellschaftskritik, was Rilke hier vorbringt, aber sein Blick für das, was das Torfmachen im Moor für die Menschen im Gefolge hat, ist unbestechlich. (Von hier aus wird er Mackensens Bilder verstehen.) Wenn er auf die Maler zu sprechen kommt, so sieht er, daß sie eigentlich Fremdlinge in dieser bäuerlichen Welt sind, nur eben, daß diese Fremdlinge notwendig sind, damit das Wesentliche dieses Landes ausgesagt werden kann:

Und was wollen die Maler unter diesen Menschen? Darauf ist zu sagen, daß sie nicht unter ihnen leben, sondern ihnen gleichsam gegenüberstehen, wie sie den Bäumen gegenüberstehen und allen den Dingen, die umflutet von der feuchten, tonigen Luft, wachsen und sich bewegen. Sie kommen von fernher. Sie drücken diese Menschen, die nicht ihresgleichen sind, in die Landschaft hinein; und das ist keine Gewaltsamkeit. Die Kraft eines Kindes reicht dafür aus, – und Runge schrieb: „Kinder müssen wir werden, wenn wir das Beste erreichen wollen." Sie wollen das Beste erreichen und sie sind Kinder geworden.

Man muß Rilke kennen, um zu verstehen, daß darin die letzte Rühmung enthalten ist, die er den Künstlern Worpswedes zuerkennen konnte. Uns modernen Erwachsenen sind freilich seine

Vorstellungen so ferngerückt, daß uns ein solches Lob verborgen bleiben muß. Das ist der Grund dafür, daß die Monographie WORPSWEDE vielen Lesern unserer Tage wenig zu sagen hat, während sie doch in Wahrheit eine Fülle richtiger Beobachtungen und tiefer Erkenntnisse enthält.

Künstler zu sein hatte nach Rilkes Auffassung etwas mit der Kindheit zu tun. Daher interessierte ihn an den fünf Künstlern, die er charakterisieren sollte, vor allem ihre Kindheit, von der aus ihr Werdegang zu verstehen war. Als er im Januar 1902 die Worpsweder Maler darum bat, ihm für die Monographie die erforderlichen Auskünfte zu geben, fragte er sie insbesondere danach. Im Briefe an Fritz Overbeck vom 18. März 1902 schreibt Rilke, daß er seinen Text „auf einige wichtige Tatsachen" zu stellen beabsichtige [46]):

Auf der Suche nach solchen, scheint mir im Leben eines jeden Künstlers e i n e Tatsache ganz besonders wirklich und wichtig zu sein: die Kindheit. Sie ist das, wonach ich einen jeden Schaffenden, von dem ich viel wissen will, zuerst fragen möchte.

So ist es nur folgerichtig, wenn in jedem der fünf Künstlerporträts die Anfänge den gebührenden Raum einnehmen. Gleich bei der Charakteristik Fritz Mackensens beginnt Rilke mit dieser Sehweise, die bereits einen Teil seiner Deutung enthält. Er benutzt ein Bild, um die Ursprünglichkeit der Begabung Mackensens anschaulich zu machen:

Das Kind wächst heran, sich selber fremd, allen fremd, etwas Unbestimmtes, Tiefes, Dunkles. Es geht von Hand zu Hand, aus der Hand der Mutter in die des Vaters, der giebt es dem ersten Lehrer, dieser dem zweiten – bis es auf einmal in einer Hand sich verändert. Auf der dunklen, unscheinbaren Oberfläche zeigt sich ein kleiner, heller, leuchtender Punkt, der wächst, deutlicher, glänzender wird … Und um diesen Punkt handelt es sich nun.

Später heißt es dann:

Der leuchtende Punkt vergrößerte sich.

Der leuchtende Punkt hatte sich zur spiegelnden Fläche erweitert, in welcher sich schon ein Stück Welt eigenartig wiederholte.

Jedesmal, wenn er vor der Natur steht, merkt man, wie hell es schon in ihm geworden ist, wie gut und richtig er schon zu sehen versteht, wie genau er schon weiß, was er will.

Schließlich stellt Rilke die Frage: „Wo ist Mackensen hergekommen?" Und er gibt die Antwort:
Aus sich. Aus den rätselhaften Tiefen der Persönlichkeit. Aus Vätern und Müttern, aus vergessenen Schmerzen und Schönheiten, aus vergangenen Zufällen und vergänglichen Gesetzen.
Alle Lehrer, die Mackensen hatte, in Holzminden Büttger, in Düsseldorf Janssen und in München Kaulbach, konnten nur das Wachsen des leuchtenden Punktes beobachten und geschehen lassen; sehr früh hatte der junge Künstler einen Blick in die Welt Worpswedes getan und war seitdem
ganz erfüllt von der Idee eines großen Bildes, das gemalt werden mußte und das niemand malen konnte, als er. (…) Es ist, als hätte er schon damals gesucht, sich den Menschen und besonders jene ernsten und gramvollen Bauerngesichter, die er in Worpswede gesehen hatte, zu erklären.
Aus dem Ungenügen an der blasierten Bohème der Dietz-Schule in München erwuchs ihm der Glaube an die Allmacht der Kunst; er nützte die Zeit, um innerlich klar zu werden. Ihm, der zugleich ein Freund des Jagens ist, half dabei ein Gefühl,
das, klar wie ein Quell, aus seinem Herzen bricht und sein ganzes Wesen mit der Frische eines Frühlingsmorgens durchtränkt: seine große, kindliche Liebe zur Natur.
Damit kommt Rilke zum Kern des Menschen Mackensen, den er rühmt. In sein Lob ist, nur für den Kenner hörbar, die Spur einer Kritik eingefügt, die ebenfalls dem Wesen dieses Mannes gilt:
Er liebt sie mit einer schwärmerischen Ausschließlichkeit, die man fast Fanatismus nennen könnte, wenn in diesem Begriff nicht etwas von Blindheit läge. Und blind ist diese Liebe nicht, so wenig wie jemals echte Liebe blind war. Sie ist sehend, scharfäugig, tiefschauend.
Es fällt auf, daß Bethge zum selben Begriff greift, um Mackensen zu charakterisieren, und zwar zweimal und ohne ihn durch „fast" zu mildern [47]):
Er ist ein peinlicher Beobachter, Charakterist, fanatisch in all seinem Wollen. Fanatisch ist auch seine Liebe zur Natur.
Wenn man sich vergegenwärtigt, daß der Begriff *fanatisch* nicht zum Wortschatz Rilkes gehört – er ist mir in seinem Werk sonst nirgends begegnet – und seinem Wesen diametral entgegengesetzt ist, dann kann der Gebrauch an dieser Stelle nur vom Gegenstand, also Mackensen, gefordert sein. Rilke deutet behutsam

an, daß zum Wesen des Malers eine Neigung zum Fanatismus gehörte, die bekanntlich den Umgang mit ihm erschwerte und in seinen späten Jahren zu seiner Vereinsamung beitrug.

Auf die gleiche behutsame Weise hat Rilke erzählt, wie es zur Trennung von Modersohn kam, mit dem, als einem „Gleichgesinnten" und „lieben Genossen" er 1889 nach Worpswede zurückgekehrt war:

Nun kam ein Jahr gemeinsamer Arbeit. Unzählige Studien wurden gemalt. Modersohn, dessen Art es entsprach, alle starken Eindrücke in raschen Daten festzustellen, brachte manchen Tag bis zu sechs Blätter mit nach Hause. Eine Weile lang wurde Mackensen mitgerissen; ein Wettlauf entstand, bei dem er unterlag. Er blieb zurück, holte Atem und besann sich auf sich selbst. Hier begann jeder der beiden Freunde seinen eigenen Weg zu gehen. Hatten sie bisher wie aus einer Kraft gelebt, so hielten sich ihre gesonderten Kräfte nunmehr das Gleichgewicht. Sie hörten auf, eine und dieselbe Straße zu teilen, aber sie bekamen immer mehr das Gefühl, dasselbe Land nach zwei verschiedenen Seiten hin zu erforschen. Das war eine neue, reiche Gemeinsamkeit: denn, daß es ein weites Land sei, wollten sie.

Freundlicher kann man das Ende einer Freundschaft nicht darstellen, als Rilke es hier tut. Otto Modersohn urteilt in seinem Tagebuch härter, z.B. in der Eintragung vom 29. März 1892 [48]).

Diesem Bericht geht vorauf, wie Mackensen mit Modersohn und Hans am Ende 1889 die neue Künstler-„Kolonie" gründete: Es war ein Akt der Befreiung:

Und sie fühlten alle, daß dies der Anfang eines neuen Lebens war, und daß sie ganz ebenso wie jene Kolonisten, die aus dem Knechtdienste um der Freiheit willen herübergekommen waren, sich ein neues Land voll Heimat und Zukunft urbar machten. Der Sommer verging mit Schauen und Staunen.

Dieses Schauen ist für Rilke das, was den Künstler ausmacht. Er rühmt Mackensen als echten Künstler, wenn er von ihm schreibt:

In seinen Landschaften ist manchmal dieses Sehen ausgeprägt. (…) Lieben heißt für ihn schauen, in ein Land, in ein Herz, in ein Auge schauen. Er ist einer von den Menschen, die die Augen schließen, wo sie nicht lieben können. (…) Sein Urteil ist: schauen oder abwenden. (…)

Dieses ‚bewundernde Anschauen' ist der Grundzug seines Lebens. Dieses ‚bewundernde Anschauen' wandte er schon 1884 auf das Land an, das er nicht vergessen konnte und zu dem er immer wieder zurückkam.

Hat Rilke auf diese Weise im ersten Teil seines Porträts Mackensen als Menschen und Künstler gekennzeichnet, so gilt der zweite Teil seinem Werk. Sieben berühmt gewordene Bilder des Malers werden eingehend betrachtet – bis hin zum letzten, der erst im Entstehen begriffenen BERGPREDIGT. Vom ersten, das DER SÄUGLING heißt und das Mackensen selbst auch die „Frau auf dem Torfkarren" genannt hat, urteilt Rilke:

Mackensen hat es bis jetzt noch nicht übertroffen. Hier hat er mit einem Wort gesagt, was er später in längeren Sätzen wiederholt hat. (...)

Es ist ein Devotionsbild des Protestantismus. Keine Madonna, eine Mutter; die Mutter eines Menschen, der lächeln wird; die Mutter eines Menschen, der leiden wird; die Mutter eines Menschen, der sterben wird: die Mutter eines Menschen.

Man sollte nicht vergessen, daß dies ein Katholik gesagt hat, der zeit seines Lebens ein besonders inniges Verhältnis zur Muttergottes gehabt hat, von der viele seiner Gedichte sprechen. Die oft zu hörende Bezeichnung „Worpsweder Madonna" weist Rilke, ohne sie zu nennen, deutlich zurück; er sieht in diesem Bilde das Andere und das ist in diesem Falle das ganz und gar Menschliche. Er hat recht.

Mackensens berühmtestes Bild, der GOTTESDIENST IM FREIEN, das ihm in München die Goldmedaille einbrachte, steht für Rilke erst an zweiter Stelle. Er erzählt die bekannte Entstehungsgeschichte dieses Werkes und seinen Erfolg. Er beantwortet damit aber auch eine Frage, die man ihm, Rilke, stellen muß. Er war in der Einleitung seiner Monographie von der Landschaft ausgegangen, aus der er die Größe der Worpsweder herleitete. Die Landschaften, die Mackensen auch gemalt hat, beachtet Rilke kaum; sie treten für ihn in den Hintergrund, so sehr beherrschen die figürlichen Darstellungen seine Aufmerksamkeit:

Wo er nur Landschaften giebt, hat man das Gefühl von etwas Verdünntem, Abgeschwächtem, Leerem.

Wie vereinbart Rilke seine einleitende Behauptung mit Mackensens Menschenbildern? Seine Antwort lautet: Die Figur ist für Mackensen „der Extrakt der Landschaft".

Mackensens Weg geht geradeaus auf den Menschen zu, auf den Menschen dieser einsamen schwarzen Erde, auf der er lebte.

Wo das einmal nicht geleistet ist, setzt Rilkes Kritik an. So ist ihm der Pfarrer auf dem Gottesdienst-Bild zu schön; er gehöre nicht dorthin [49]):

Der Maler Mackensen hätte diesen Kopf nicht gebraucht; er hatte schon auf seinem Mutter-Bild eine Schönheit des menschlichen Gesichtes entdeckt, die neuer, wahrer und tiefer war.

Die TRAUERNDE FAMILIE aber hält seiner Kritik stand:

Hier aber in der ‚Trauernden Familie' ist das Allgemeine gesagt worden, das Landschaftliche gleichsam.

Rilke erwähnt noch das DODENBEER, DIE SCHOLLE und den SÄEMANN vor der BERGPREDIGT und findet darin Mackensens altes Thema:

Es ist im Grunde, was er schon immer gemalt hat. Die große Natur, gesehen und erlebt durch das Medium des Menschen. Der Schritt zur Bibel lag da sehr nahe; denn von ihr gilt was Dürer von dem guten Maler gesagt hat: Sie ist innerlich voller Figur.

* * *

Daß Rilkes Teil-Monographie über Otto Modersohn ein Text von kunstvoller Rhetorik ist, habe ich an anderer Stelle zu zeigen versucht [50]). Das will ich nicht wiederholen. Es soll nur nochmals hervorgehoben werden, was das Besondere und Eigene an Rilkes Sicht des Phänomens Modersohn ausmacht und was ihn als Dichter darin kennzeichnet.

Wenn er schon im Kapitel über Fritz Mackensen auf den Erfolg von München hingewiesen hat, so wiederholt Rilke das einleitend bei Otto Modersohn, und zwar ausdrücklich deshalb, weil er das unglaubliche Ereignis vor allem dessen Wirkung zuschreibt: „Diese unwahrscheinliche Wahrheit war vor allem Otto Modersohn." Der Anspruch dieses anfänglichen Satzes bleibt für das Folgende bestimmend: Rilke erzählt den Werdegang Otto Modersohns als die Geschichte eines Wunders. Der Kern des Wunders ist die Begegnung des Menschen Modersohn mit der

Landschaft Worpswedes; daraufhin ist die Erzählung des Dichters Rilke angelegt.

Daß Modersohn die Voraussetzung mitbrachte, die zum Künstler gehört, nämlich das Schauen, erwähnt Rilke beinahe beiläufig, wenn er von der Spannweite der Thematik in den Bildern spricht:

Aber man sah auf den ersten Blick, daß sie ein Mensch in sich trug, ein schauender Mensch mit einer weiten Seele, in der alles Farbe und Landschaft wurde.

In seinem Lebensabriß legte Rilke besonderen Wert auf die Kindheit in Soest und die Jugend in Münster; das entspricht seiner Grundauffassung. Die Zeit auf den Akademien in Düsseldorf, München und Karlsruhe erscheint als das Zwischenspiel der Unfreiheit, die überwunden werden mußte. Dann folgt Modersohns Eintritt in die Landschaft des Teufelsmoors, den Rilke mit dem Satz nennt: „Worpswede begann." Es ist das ein Satz von derselben Monumentalität wie der, mit dem Thomas Mann seine Novelle GLADIUS DEI beginnen läßt: „München leuchtete." Wenn man ihn beim Wort nimmt, dann ist das Subjekt dieses Ereignisses nicht der ankommende Maler, sondern das Land bei dem Ort; und das kühne Prädikat behauptet nichts weniger, als daß hier die Anfänge dessen liegen, was Worpswede heißt. Der Zweite in der Reihenfolge der Monographie wird damit zum eigentlichen Beginner. Das ist Rilkes Chronologie.

Um das Wunder Modersohn verständlich machen zu können, muß Rilke eine Einführung vorausschicken, die etwas Grundsätzliches feststellt. Er will am Ende den Maler als Dichter charakterisieren, der in Farben statt in Worten dichtet. Deshalb führt er die ihm aus der dichterischen Arbeit vertrauten Begriffe ein, also *sagen, Sprache, Wortschatz, Wörterbuch:*

Einer sein, als Künstler, heißt: sich sagen können. Das wäre nicht so schwer, wenn die Sprache von dem Einzelnen ausginge, in ihm entstünde und sich, von da aus, allmählich Ohr und Verständnis der anderen erzwänge.

Der besondere Wert dieser Überlegungen besteht darin, daß Rilke hier offensichtlich aus seiner eigenen Erfahrung als Dichter heraus denkt und dabei Reflexionen ausspricht, die er an keiner anderen Stelle in solcher Deutlichkeit vorgetragen hat. Wenn hier vom Verhältnis des Künstlers zur Sprache die Rede ist, dann wird das über Otto Modersohn Gesagte zur Selbstcharakteristik Rilkes. Er fährt fort:

Das ist aber nicht der Fall, im Gegenteil, sie ist das Gemeinsame, das keiner gemacht hat, weil alle es fortwährend machen, die große, summende und schwingende Konvention, in die jeder hineinspricht was er auf dem Herzen hat. Und da kommt es vor, daß Einer, der innerlich anders ist, als seine Nachbaren, sich verliert indem er sich ausspricht, wie der Regen im Meer verloren geht. Alles Eigene erfordert also, wenn es nicht schweigen will, eine eigene Sprache. Es ist nicht ohne sie. Das haben alle gewußt, die große Verschiedenheiten in sich fühlten.

Darin liegt für Rilke der Anfang der Kunst, sei es der Malerei, sei es der Dichtung:

Sie beginnt in dem Augenblick, da ein Mensch an ein Stück Welt herantrat, um aus ihm Worte für etwas Ungemeinsames, Ungemeines, Persönliches zu holen.

Rilke ist hier wie auch sonst ein entschiedener Vertreter des Individualismus, und er erkennt in Otto Modersohn den Gleichgesinnten, dessen Entwicklung einem alten Gesetz unterliegt:

Immer ist der Künstler derjenige, der etwas Tiefeigenes, Einsames, etwas, was er mit niemandem teilt, sagen will, sagen muß und immer versucht er das mit dem Fremdesten, Fernsten, das er noch überschauen kann, auszusprechen. (…)

Der Künstler von heute empfängt von der Landschaft die Sprache für seine Geständnisse und nicht der Maler allein.

Wenn Rilke die Elemente der Kunst Modersohns angeben soll, kann er sie „nicht anders als Persönlichkeit und Landschaft nennen". Das eine ist von der Kindheit herzuleiten, dem anderen begegnete er, als er nach Worpswede kam:

Wohl war ein Wunder geschehen. Eines von jenen Wundern, die geschehen müssen in jedem Künstlerleben, damit es sich ganz entfalten könne. Eine Sprache war ihm gegeben worden, eine eigene Sprache, (…) Hier war ein Land, mit dessen Dingen er sich sagen konnte.

Dieser Gedanke ist Rilke so wichtig, daß er ihn wiederholt:

Dieses Wunder war geschehen. Der Seele eines jungen Malers war dieser Wortschatz gegeben worden, damit sie sich sage.

Damit begann die Arbeit, die darin bestand, in dem Wörterbuch Worpswedes zu lernen:

Jahre vergingen so, ganz mit Lernstunden angefüllt, und wenn etwas diese Jahre verdüsterte, so war es die Ungeduld dessen, der sich danach sehnte, in der Sprache zu dichten, die er eben richtig zu schreiben begann.

Von den acht Bildern, die in München Aufsehen erregten, urteilt Rilke:

Sie zeigen nicht nur eine gewisse sichere Beherrschung der Sprache, es hat auch schon der Prozeß einer bestimmten Stilbildung seinen Anfang genommen, die nun von Bild zu Bild fortschreitet, zugleich mit einer fast täglichen Erweiterung des Wortschatzes und der Fähigkeit, ihn immer unbewußter zu gebrauchen.

Von Modersohns Zeichnungen, die er früh zu sehen bekam, heißt es:

Diese Blätter sind, gleichsam über alle Worte weg, aus dem Geiste jener Sprache gemacht, nach deren Besitz er rang und ringt.

In diesen Blättern erkennt Rilke die Verheißung einer Verbindung, die den Künstler Otto Modersohn zum Dichter-Maler machen wird, und zwar „vielleicht sehr bald":

So gehen auch hier zwei Wege einer seltsamen und, man kann sagen, selten schönen künstlerischen Entwickelung aufeinander zu, um, vielleicht sehr bald, ineinander zu fließen. Erst wenn eine solche Vereinigung erfolgt sein wird, wird man diesen Dichtermaler kennen, wie er jetzt schon im Dunkel jener kleinen Blätter, die sich nicht vervielfältigen lassen, lebt und wie seine besten Bilder ihn versprechen.

Eins wird an solchen Sätzen ganz deutlich, daß nämlich Rilke in Modersohn einen Künstler sieht, dessen höchste Entfaltung noch vor ihm liegt; es kann – nach Rilke – keine Rede davon sein, daß der Maler sich 1895 schon überlebt habe und nur noch wiederhole.

Rilke steigert seine Rühmung des Landes und des Malers, wenn er von der Ebene Worpswedes in Modersohns Bildern sagt:

Zeit und Zufall scheint von ihr abgetan und man glaubt die Länder der Erde zu sehen und den Schatten Gottvaters über stillen, weithin weidenden Herden. (…)

So Mächtiges – Worte für fast Unsagbares – enthält dieses Land, die Sprache Otto Modersohns. Und es ist zu sehen, daß er sie immer mehr als Dichter gebraucht.

Hier stellt ein Dichter den Freund dar und stellt den Maler als Künstler gleicher Art an seine Seite. Damit wird Rilkes Monographie zum Dokument einer Haltung, der man auch nach neunzig Jahren nur Beifall zollen kann.

* * *

Eine verbreitete Kritik an den Worpsweder Landschaftsmalern warf ihnen vor, sie malten alle „über einen Leisten" und gäben damit das Individuelle auf. Bethge beabsichtigte ausdrücklich, das Gegenteil aufzuzeigen; Rilke hat das nicht gesagt, aber er hat es getan. Wenn er als nächsten Fritz Overbeck charakterisiert, den Otto Moderohn nach Worpswede geholt hatte und der ihm in Freundschaft verbunden blieb, dann dadurch, daß er ihn von dem Freunde unterscheidet:

Worpswede war auch für ihn das Ereignis. Anders als für Modersohn. Er hatte hier nicht die Sprache gefunden, in der er seine Seele sagen wollte. Er dachte gar nicht daran, sie zu sagen: er war kein Dichter.

Dieser Maler brauchte ein Gegengewicht zu sich selbst in den Dingen der Welt; wenn er sie malte, dann gab ihm das alles

das Gefühl von einer Wirklichkeit, die um ihn war, und eben das brauchte er: Wirklichkeit.

Auch Overbeck kannte das Schauen des Künstlers, doch es war eine andere Art:

Deshalb malte er, malte die Dinge nach seinem Ebenbilde, stark, breitschultrig und voll von einer schweren Schweigsamkeit. Und hier waren sie nun so oder vielleicht sah er sie so, jedenfalls kamen sie seinem Schauen entgegen, (…)

Es war wie im Leben unter den Landsleuten Björnsons, den er gern las, einfach und vernünftig:

Man konnte sich niedersetzen unter diesen Leuten, eine Pfeife rauchen und durch eines der hellen Fenster hinaus in die Landschaft schauen.

Was sich diesem Blicke zeigt, ist eben wirklich:

Auf seinen Bildern aber setzt sich alles zur Wirklichkeit um, füllt sich, verdichtet sich. (…) Es ist eine große, rührende, kindliche Bejahung der

Welt in dieser herzlichen, handfesten Malerei. Nirgends kann ein Zwei-
fel aufkommen, es giebt nichts was ungewiß wäre, überall steht es in
breiten Lettern: Est, est, est.

Das Ziel dieses Künstlers, das er selbst gelegentlich genannt hat,
ist es, „Einzelheiten in ihrer ganzen Pracht hinzustellen, ohne dadurch den Gesamtwert aufzuheben". Das geht durch alle seine
Bilder und Radierungen und gibt den gerechtesten Maßstab für
sie ab; Rilke urteilt, daß in vielen davon die Absicht des Malers
erreicht sei. Er nennt auch Wolken und Birken als immer wieder-
kehrende Motive Overbecks und betont die eigentümliche
Schweigsamkeit seiner Bilder, auf denen fast nie eine Figur erscheint. Dieser Maler liebe eine nordische Schwermut:

Es ist jene Schwermut, die manchmal in der Nähe des Meeres herrscht,
an sturmstillen Tagen, wenn die Möwen nach Regen schreien.

Rilke führt diesen Zug auf die Kindheit Overbecks zurück, der in
Bremen aufwuchs und früh den Vater verlor. Der Wunsch des
Jungen, Maler zu werden, hat ihn dann auf die Akademie nach
Düsseldorf geführt, die aber jetzt hinter ihm liegt.

Dieses Charakterbild abschließend, zitiert Rilke aus einem Aufsatz Overbecks, den er „im Jahre 1895, als alle Welt von Worpswede wissen wollte und kein Mensch imstande war, etwas davon
zu erzählen," geschrieben hat [51]. Diesem Auszug, in dem Worpswede von einem „Hauch leiser Schwermut" überschattet erscheint, stellt er dann freilich ein zweites Zitat gegenüber, das in
impressionistischer Technik die Farbigkeit Worpswedes beschreibt. Es stammt aus dem Aufsatz, den Richard Muther nach
seinem Besuch in Worpswede im November 1901 veröffentlicht
hat [52]. Mit der Erinnerung an diesen Tag grüßt Rilke, ohne ihn zu
nennen, Carl Vinnen, dessen Charakteristik in seiner Monographie fehlt:

So war das Land, als Muther es zuerst sah. Und am nächsten Tage gin-
gen wir zu den Malern.

* * *

Eine andere Weise der Individualität zeigt Rilke an Hans am
Ende und seinen Landschaften auf. Seine Charakteristik zielt
darauf hin, daß dessen „Kunst eigentlich Musik" sei:

167

Musik, ja, das ist es, womit man sie am besten vergleichen kann. Musik von Hörnern und Harfen, Steigendes, Schwellendes, Verschwendung. (. . .) Hans am Ende malt Musik, und die Landschaft, in der er lebt, wirkt musikalisch auf ihn.

Weil dieser Künstler die Landschaft mehr hört als sieht, ist auch von seinem Schauen nicht die Rede; Rilke weist darauf hin, daß es sich bei ihm um eine wachsende Persönlichkeit, um „eine reifende Individualität" handelte, als er nach Worpswede kam:

Der Münchener Aufenthalt hatte ihn auf alles eher vorbereitet, als darauf, in ein kleines entlegenes Dorf zu gehen, das irgendwo auf einer alten Düne lag und der Welt den Rücken kehrte. Aber wenn ein Leben einmal eine bestimmte Form gefunden hat, scheint es oft mit einer gewissen Zähigkeit daran festhalten zu wollen; mag die Persönlichkeit auch wachsen, die dieses Leben trägt, seine Entwickelungen vollziehen sich immer wieder nach der einmal erprobten Gesetzmäßigkeit, die durch eine reifende Individualität zwar nicht durchbrochen, aber für sich ausgenützt werden kann.

Seine Kennzeichnung der Kunst Hans am Endes schränkt Rilke auf die Radierungen ein, weil er von den Bildern dieses Malers nur vier oder fünf kenne. Er nennt die drei Blätter, mit denen er 1895 in München beteiligt war, außerdem das Blatt TRÄUMEREI. Von den Bildern erwähnt Rilke die „Blütenbäume" und meint damit den FRÜHLINGSTAG von 1897/98; es erinnert ihn an Millet und eine Schilderung Jacobsens und läßt ihn das Musikalische dieser Kunst empfinden.

Schließlich hat Hans am Ende noch Köpfe gezeichnet, von denen vor allem das KINDERKÖPFCHEN herausragt. Auch in diesen Köpfen liegt etwas von der Landschaft; mit diesem Gedanken, der zu seiner Einleitung zurückführt, schließt Rilke seine Charakteristik:

Es ist vielleicht etwas vom Großstädter in ihm; vielleicht giebt es Momente, wo er sich inmitten der weiten, wogenden Natur, ungeduldig und nervös, nach einem Gesichte sehnt, in dem sie sich zusammenfaßt.

Der Kennzeichnung dieser „sich strahlenförmig nach allen Seiten hin" entwickelnden Kunst stellt Rilke den Lebensweg Hans am Endes voran, bevor er durch Mackensen nach Worpswede kam. Die Stationen seines Werdegangs folgten alle recht unvermittelt aufeinander: Der Geburt in Trier, das eine „alte, dunkle, von Ver-

gangenheit beladene Stadt" ist, folgt die Kindheit in einem kleinen thüringischen Dorfe, dessen Pfarrhaus mit großem Garten
„nichts als Gegenwart" ist. Die klosterähnliche Askese in Schulpforta läßt in dem Jungen die Sehnsucht nach Bildern erwachen;
nur das Altarbild, Schadows CHRISTUS MIT DEN APOSTELN,
stillt diesen unbeschreiblichen Durst ein wenig.
Im Leipziger Haus des „liebevollen Gelehrten" Georg Ebers
„fand er alles, was er vermißt hatte, Bücher, Bilder, Teilnahme
und Hülfe". „Und in diesen Tagen reifte sein Entschluß, Maler zu
werden." Dem folgte die Zeit in München, wo der Besuch der Alten Pinakothek und der Schack-Galerie wichtiger werden sollte
als die Akademie, der er immerhin die Bekanntschaft mit
Mackensen verdankte. In einem Streitgespräch über die alten
Meister stand er unversehens auf Mackensens Seite und merkte
daran, wie gut sie einander verstanden. Das war der Beginn ihrer Freundschaft; dem folgte die Einladung nach Worpswede.
„Hier beginnt Am Endes Kunst."
Dieser kurze Bildungsgang ist ganz nach Rilkes Auffassungen er-
zählt: Der Kindheit entstammen die wichtigsten Anregungen.
Das klosterähnliche Internat in Schulpforta hat Züge der Militär-
Unterrealschule, die Rilke selbst durchlitten hat; die Ausbildung
an der Akademie ist für den wahren Künstler von nur geringem
Wert. So spiegelt auch diese Teil-Monographie die Denkweise
des Verfassers und bezeugt damit den Stand seines gedanklichen
Wachsens.

* * *

Der abschließende Teil der Monographie WORPSWEDE, die
Darstellung Heinrich Vogelers, ist ein Meisterstück Rilkescher
Prosa. Rilke, der in seinen Gedichten das Aufbauprinzip der Steigerung immer wieder anwandte, hat das letzte Kapitel zu einem
Höhepunkt seiner Kunst werden lassen. Das Porträt des Freundes versucht das Wesen des Menschen und des Künstlers Vogeler zu erfassen und wird zur Rühmung selbst da, wo der Dichter
die Grenzen des anderen sieht und auch ausspricht.
Der Teil-Monographie geht ein Aufsatz Rilkes über Vogeler vorauf, der jedoch nicht als Vorstudie anzusehen ist [53]). Nach Zinn ist

das letzte Kapitel der Monographie „unabhängig von dem Aufsatz entstanden, so daß beide Beiträge selbständig neben einander stehen und sich ergänzen". Sie sind auch verschiedener Art. Während der Aufsatz einem falschen Verständnis entgegentritt und dabei einleitend ausführlich über die Möglichkeit der Beurteilung von Kunst überhaupt reflektiert, ist das Kapitel der Monographie reine Darstellung. Daß einzelne Gedanken in beiden Beiträgen vorgetragen werden, versteht sich von selbst, vor allem, wenn man bedenkt, daß der Aufsatz im Januar und die Monographie im Mai desselben Jahres niedergeschrieben worden sind.

Rilke beginnt seine phänomenologische Deskription, indem er mit Vogelers Weltläufigkeit einsetzt. Von den Orten, die der junge Vogeler schon bereist hat, nennt er Amsterdam, London, Florenz, Brügge und Venedig. (Er selbst hat ihn in Florenz kennengelernt.) *Er gehört zu denjenigen, die alles kennen gelernt haben. (…) Er hat alle Galerien besucht, und auf vornehmen Landsitzen hat er Sammlungen und Bilder gesehen, die selten gezeigt werden.*

Dem Blick eines solchen Reisenden ordnet die Welt sich neu: „sie wird kleiner, übersehbarer, persönlicher". Aus den Erinnerungen steigt „ein neues Leben, die eigene Welt eines jungen Menschen, der das alles gesehen hat". Und dann folgt der für Rilke, der in seinem späteren Leben selbst weite Reisen unternommen hat, schwer verständliche Schritt, daß Vogeler sich selbst begrenzt, indem er nach Worpswede geht:

Die Welt, von der in diesem Falle zu reden ist, hat sich frühzeitig gerundet und abgeschlossen; denn, wenn Heinrich Vogeler reiste, geschah es weniger, um Fremdes aufzunehmen, als vielmehr, um sich gegen das Andersartige zu halten und die Grenzlinie der eigenen Persönlichkeit zu ziehen, festzustellen, wo das Eigene aufhörte und wo das Fremde begann. (…) Wenn etwas an dieser Entwickelung überrascht, so ist es der Umstand, daß er so früh schon sich zu verschließen begann, zu einer Zeit, wo andere junge Leute erst recht aufgehen (…) Es liegt eine gewisse Reife, aber auch eine gewisse Beschränkung in diesem frühzeitigen Torschluß (…)

In seinen Briefen und Tagebuch-Eintragungen aus dieser Zeit hat Rilke die Begrenztheit der Welt Vogelers beklagt; hier nimmt er dieses Phänomen hin, allerdings ohne es zu verschweigen, und leitet von ihm aus das Besondere des Lebens und der Kunst des Freundes her:

Diese Entwickelung ging darauf aus, sich sobald als möglich mit Mauern und Gräben zu umgeben; was hier beabsichtigt war, war kein Sichausbreiten von einem festen Punkte aus, sondern es sollte die Peripherie eines Kreises gefunden werden, den immer dichter auszufüllen die eigentümliche Aufgabe dieses Menschen zu werden schien.

Darin ist Rilkes Deutung des Barkenhoffs enthalten, dessen Haussegen er gedichtet hat und in dem er wiederholt zu Gaste war. Mit scharfem Blick sieht Rilke noch eine weitere Eigenheit Vogelers, das ist „ein persönlicher Widerspruch gegen alles Andere", ein „Protest", vergleichbar dem mönchischen Dasein des Franziskus,

der, ohne an die Wirklichkeit der Anderen zu rühren, im Begründen einer zweiten Wirklichkeit beruht. (…)

Heinrich Vogeler fand in Worpswede den Boden für seine Wirklichkeit.

Mit anderen Worten: Der Barkenhoff und die Kunst Vogelers sind von Anfang an ein Protest:

Gleich der Kunst jener mittelalterlichen Mönche steigt sie aus einer engen und umhegten Welt auf, um an der Weite und Ewigkeit des Himmels leise preisend teilzunehmen.

Seine frühen Skizzen sind „zuerst ein seliges und entzücktes Voraussagen" dieses Himmels; die eigenartige Formensprache der frühen radierten Blätter, „gerade das Lückenhafte und stellenweise Ungeschickte", erinnert an allererste Frühlingstage. „Und dann kann man sehen, wie der Frühling wächst." Das ist das Thema der Radierungen LIEBESFRÜHLING, MINNETRAUM und der Mappe AN DEN FRÜHLING:

Die Kunst, in einer Blume, in einem Baumzweig, einer Birke oder einem Mädchen, das sich sehnt, den ganzen Frühling zu geben, alle Fülle und den Überfluß der Tage und Nächte, – diese Kunst hat keiner so wie Heinrich Vogeler gekonnt. (…)

Und hier zeigt es sich auch, weshalb seine Frühlingserfahrung so intim und tief, so wenig allgemein ist. Es ist nicht das weite Land, darin er wohnt, bei dem er den Lenz gelernt hat; es ist ein enger Garten, von dem er alles weiß, sein Garten, seine stille, blühende und wachsende Wirklichkeit, in der alles von seiner Hand gesetzt und gelenkt ist und nichts geschieht, was seiner entbehren könnte.

In diesen Sätzen hat Rilke zunächst die Besonderheit Vogelers gegenüber den anderen Worpswedern genannt: Die Landschaft, von der er einleitend ausgegangen ist, wird hier vom weiten Land zum engen Garten. Zugleich aber wird der Kern von Vogelers Charakter erfaßt: Er ist ein strenger Gärtner, der nicht zuläßt, daß in dieser Wirklichkeit etwas ohne sein Zutun wächst. Dieser Künstler hat etwas von Pygmalion an sich: Er will, daß sein Kunstwerk durch ihn zum Leben erwache; das gilt für seinen Garten ebenso wie für seine Ehe [54]). Auch das hat Rilke gesehen und mit Zurückhaltung angedeutet:

Er ist der Gärtner dieses Gartens, wie man der Freund einer Frau ist: leise geht er auf seine Wünsche ein, die er selbst erweckt hat, und sie tragen ihn weiter, indem er sie erfüllt.

Dem Künstler Vogeler erwächst sein Fortschritt aus seinem Garten:

An diesem Garten, an den sich immer steigernden Anforderungen seiner verzweigteren Bäume, ist Heinrich Vogelers Kunst gewachsen. (...) An Stelle des Lockeren und Lichten, das seinen Blättern und Bildern im Anfang eigentümlich schien, tritt immer mehr das Bestreben, einen gegebenen Raum organisch auszufüllen.

Die phantastischen Gestalten seiner Zeichnungen scheinen „aus Sommer-Märchen zu stammen. Etwas von des Sommers Fülle, Bürde und Überfluß ist in ihnen."

Diese Entwicklung Vogelers befähigt ihn, Bücher zu schmücken und sich „allem was Kunstgewerbe heißt", zuzuwenden. Vogeler wünscht, „Dinge zu machen" – ein Verlangen, das Rilke aus dem eigenen Inneren kennt. Er behandelt dabei alle Stoffe, Seide, Holz, Glas und vor allem Silber, „das er jetzt, wie ein Dichter seine Sprache, beherrscht":

Es ist versucht worden, diesen „Stil" als eine Nachempfindung des späteren Empire zu deuten, aber es liegt näher, seine Dürftigkeit und Naivität auf das Wesen junger Gärten zurückzuführen und ihn als eine Frucht jener Frühlingskunst zu betrachten, die einen großen Raum in Heinrich Vogelers Schaffen einnimmt.

Was Rilke an dieser Stelle leistet, ist nicht mehr und nicht weniger, als daß er auf eine wesentliche Komponente des Jugendstils hinweist, an dem sowohl Vogelers Ornamentik als auch seine eigene lyrische Bildersprache teilhat: Die Pflanze und ihr Wachsen von Frühling und Sommer zur Reife des Herbstes werden zum bevorzugten Gleichnis für das Leben schlechthin, wie schon Rilkes Sprache verrät, die von „jungen Gärten", einer „Frühlingskunst" und ihrer „Frucht" spricht. Ein Jahr später, am 16. April 1903, schreibt Rilke in Viareggio diese Verse [55]):

> Denn wir sind nur die Schale und das Blatt.
> Der große Tod, den jeder in sich hat,
> das ist die Frucht, um die sich alles dreht.
> Um ihretwillen heben Mädchen an
> und kommen wie ein Baum aus einer Laute, (…)

Die Charakteristik des Freundes ist also aus geistiger Verwandtschaft heraus erwachsen; ähnlich wie Otto Modersohn erscheint auch Heinrich Vogeler beinah als Dichter, so wenn er das Silber beherrscht „wie ein Dichter seine Sprache". Rilke kommt abschließend auf die farbigen Bilder zu sprechen:

Und auch für die Farbe und die Farbendichtung: das Bild – wußte der wachsende Garten vieles zu lehren.

Er wählt aus den damals vorliegenden Werken die HEIMKEHR von 1898, den Ritter auf der Heide (gemeint ist das um 1900 entstandene Bild AM HEIDERAND), und den FRÜHLINGSABEND von 1901 aus:

Aber alles das bereitet nur auf das Bild ‚Maimorgen' vor, welches das erste vollständige Gelingen auf diesem Wege bedeutet.

Das Ölbild MAI-MORGEN von 1900 zeigt die Front des Barkenhoffs unter einem letzten untergehenden Stern am Ende der Nacht. In diesem Bilde ist für Rilke symbolisch enthalten, was Vogelers Wesen ausmacht:

Es ist nicht ein Stück in dem ganzen Bilde, das nicht teilnimmt am Tagwerden, (…) Hier ist, was die Farbe betrifft, eine ähnliche Steigerung erreicht wie in den Federzeichnungen in Bezug auf die Linie und ihre Lebendigkeit. Beide Entwickelungen sind nebeneinander hergegangen, zu beiden hat der wachsende Garten den Anstoß gegeben.

Damit ist Rilkes Rühmung des Freundes auf der höchsten Stufe der Steigerung angelangt. Hier könnte die Darstellung abgeschlossen werden; doch der Dichter fügt noch zwei weitere Gemälde an, deren Thematik ihn selber besonders angeht und deren Wahrheit ihn überzeugt: das MELUSINEN-MÄRCHEN und (MARIÄ) VERKÜNDIGUNG, beide aus dem Jahre 1901. Seit der Zeit in Florenz hat die Entwicklungsphase des Mädchens im Leben der Frau Rilke immer wieder beschäftigt, so in der ersten Zeit in Worpswede und später noch in den NEUEN GEDICHTEN. Hier fand er bei Vogeler das ausgesagt, was er meinte:

Ist nicht jedes Mädchens Einsamkeit ein solcher verworrener Wald, ein Wald aus tausend Dingen, Träumen und Heimlichkeiten, in den der Mann als der Fremde kommt, schwerfällig, übergroß und mit einer Rüstung angetan, die er nicht brauchen kann? Es ist vielleicht das Unvergeßlichste in dem Bilde, wie das Melusinenmädchen mit dieser Wirrnis übervielen Dingen verflochten ist, so daß man nicht sagen kann, wo es beginnt, und ob es nicht die bangen Augen des Waldes selber sind, die sich, neugierig und beunruhigt zugleich, auftun vor dem Unbekannten.

Und dieses Mädchen, das Melusine ist, wenn ein Mann in Waffen ihre Einsamkeit stört, ist Madonna, wenn der Engel kommt mit der Verkündigung. Der Engel, der die Botschaft bringt, erschreckt sie nicht. Er ist der Gast, den sie erwartet hat, und sie ist seinen Worten eine weitoffene Flügeltür und ein schöner Empfang.

Rilke stellt Vogelers Verkündigungsbild neben die Verkündigungen der alten Meister:

Und man denkt auch deshalb an die alten Meister bei Heinrich Vogeler, weil sein Leben so anders ist, so schlicht und so feierlich, so klein und so groß. Man weiß nicht, wie man ihn nennen soll. Er ist der Meister eines stillen, deutschen Marienlebens, das in einem kleinen Garten vergeht.

Als Rilke das im Mai 1902 schrieb, konnte er nicht ahnen, welche Wege Vogeler noch einschlagen würde. Er ist am Ende der Darstellung dieses Werdenden und kehrt mit wenigen Sätzen zur Landschaft Worpswedes zurück, von der er die Größe dieser Maler herzuleiten bestrebt war.

Und die Landschaft liegt unverbraucht da wie am ersten Tag. Liegt da, als wartete sie auf einen, der größer ist, mächtiger, einsamer. Auf einen, dessen Zeit noch nicht gekommen ist.

* * *

Es bleibt noch ein Wort dazu zu sagen, wie die Worpsweder Maler die Monographie aufgenommen haben und ob sie sich durch

Rilkes Charakteristik richtig gezeichnet sahen. Nicht von allen sind Äußerungen dazu bekannt; das heute Zugängliche sei hier zusammengestellt.

Heinrich Vogeler hat sich in seinen Erinnerungen [56]) rückblickend dazu geäußert, wie es im Jahre 1914 in München beinahe zu einem Wiedersehen mit Rilke gekommen wäre:

Offenbar wirkte ich in meinem Feldgrau wie ein Gespenst auf ihn. Hatte er doch meinem Leben und meiner Arbeit Grenzen gesetzt, in denen er der Romantik seiner eigenen Träume nachgehen konnte, so wie er auch über mich und meine künstlerische Arbeit geschrieben hatte. Jetzt mag er gefühlt haben, daß die Grenzen gesprengt waren. Bittere Enttäuschung!

Vogelers Ausdruck ist hier nicht ganz klar: Rilke hat ihm keine „Grenzen gesetzt", wenn er die Begrenztheit seines Lebens und seiner Arbeit feststellte. Genau dies hat er aber offenbar aus der Monographie herausgehört; er hat das als undankbar empfunden, da Rilke in diesen Grenzen, d.h. im Garten des Barkenhoffs, „der Romantik seiner eigenen Träume nachgehen konnte". Der Kriegsfreiwillige Vogeler glaubt, die Grenzen gesprengt zu haben und meint, Rilke müsse darüber enttäuscht sein. Er hat also, wie es scheint, nicht verstanden, daß Rilke seine frühere Selbstbeschränkung bedauert hat, also über das Sprengen der Grenzen allenfalls erfreut sein mußte. Ob er annahm, daß Rilke darüber enttäuscht sei, daß er das Falsche gesagt habe? Der Dichter hatte die Worpsweder Künstler als Werdende bezeichnet und ihnen jede Entwicklung offen gelassen, allerdings in Vogelers Falle bei dem „Meister eines stillen, deutschen Marienlebens" eine solche Öffnung nicht erwartet.

Als im Jahre 1924 eine russische Monographie erscheinen sollte, „die den alten und den neueren H.V. oder vielmehr seine Arbeit beschreibt", ließ sich Vogeler für den Beauftragten aus Deutschland Material kommen. Am 1. Januar 1924 schrieb er an Walter Hundt, der noch auf dem Barkenhoff wohnte, er solle ihm verschiedene Bücher schicken [57]). Darunter ist auch der Titel: „Monographie Velhagen & Klasing von Rilke". Das ist wohl so zu verstehen, daß Rilkes Darstellung zur Charakteristik des alten H.V. als verwendbar erschien, wobei es dem nach Rußland ausgebrochenen Vogeler vielleicht sogar erwünscht war, wenn „der alte

H.V." in der Zeit vor seiner Bekehrung als weltfremder und begrenzter Mann erschien.

Von Otto Modersohn kennen wir einen Brief vom 20. Februar 1903 an Rilke; am Tage vorher hatte er dessen Buch erhalten und sofort durchgelesen [58]):

Gestern kam die Monographie hier an, und das Lesen des Buches hat mir eine wahre und tiefe Freude gebracht, das muß ich Ihnen gleich sagen und Ihnen voll Dank die Hand reichen. Ich kann wohl sagen, daß ich mich noch nicht so liebevoll verstanden gefühlt habe wie in Ihren Worten. Ihre Worte berühren mich wirklich wie Klänge aus meiner Welt, wie ich sie meine und träume und die ich mich so glühend sehne vor mir erstehen zu lassen. Sie haben ahnend hineingeschaut, und Ihre feinsinnigen Worte werden mir selbst wiederum wertvoll sein, weil durch sie mir diese Welt um ein Stück näher gerückt erscheint. – Aber ich finde das ganze Buch vorzüglich, voll trefflicher Erfassung der einzelnen Gestalten und Dinge und durch Ihre tiefe Sprache allen zwingend vermittelt. Auch der Bilderschmuck ist größtenteils sehr gut, so daß ich über das ganze Buch voller Freude und Dank bin.

Eine Tagebuch-Eintragung vom selben Tage bestätigt Modersohns Zustimmung [59]):

20. II. Rilkes Monographie. (…) Ich fühle mich verstanden(,) seit Muther wieder mal einer. Zunächst werden mal d(ie) Thatsachen richtig gestellt, daß ich damals 95 den Hauptantheil hatte, wie ich es immer wußte u(nd) wie es Leute wie Schäfer [60]) so gern verdunkeln. Für diese bin ich der schwächste u(nd) letzte, während ich in Wahrheit der erste bin. Sch(äfer) nennt Vinnen den Führer von Worpswede, den Gründer d(er) Colonie u(nd) derartigen Unsinn mehr, (…)

R(ilke) weist stark auf m(eine) Bedeutung hin(,) bes(onders) für d(ie) Zukunft.

F(ritz) M(ackensen), der neulich bei mir war, kocht innerlich(,) hält R(ilkes) Buch für Unsinn, liest es nicht etc. Natürlich, wenn er nicht der offen erklärte Alleinherrscher ist, paßt es ihm nicht. Gewiß hat das Buch viel seltsames u(nd) fremdes und dennoch ist es das beste, was bisher geschrieben wurde über uns (das sagt F(ritz) O(verbeck) auch). M(eine) Zeit wird kommen, (…)

Zwei Seiten weiter folgt dann noch diese Bemerkung:

2. März Rilkes Buch ist sehr fein ohne Frage – es hat natürlich allerlei schiefes. Bei mir betont er eigentlich nur den Märchenmaler – ich bin aber mehr. Die einfache, stimmungsvolle Moorlandschaft bildet immer einen Theil meiner Kunst. Ich will eben beides.

Neben seiner grundsätzlichen Zustimmung hat Modersohn also auch Einwände. Es ist nicht verwunderlich, daß vieles an diesem Buch dem, der Rilkes Gedankenwelt nicht näher kennt, seltsam und fremd vorkommt. Als „schief" empfindet Otto Modersohn, daß Rilke an ihm den Märchenmaler betont habe; dabei stimmt das gar nicht. (Das ist in Bethges Monographie viel mehr der Fall.) Hier ist dem Maler wohl der letzte ihm gewidmete Satz im Ohre geblieben:

Es ist ein stiller, tiefer Mensch, der seine eigenen Märchen hat, seine eigene, deutsche, nordische Welt.

Darüber hinaus scheint er einem Mißverständnis zu unterliegen, das Rilkes Rede vom *Dichtermaler* und vom *Dichter* verursacht hat. In Modersohns Sprachgebrauch meint „Dichter" einen Mann, der phantasievoll etwas erdichtet; dabei denkt er vor allem an Märchenhaftes (das es in seinem Werke ja gibt und das Rilke auch erwähnt). Für Rilke bedeutet Dichter-Sein aber viel mehr, und zwar genau das „mehr", das Otto Modersohn zu sein beansprucht. Von der Sache her ist sein Einwand also unbegründet.

Ähnliche, aus der Verschiedenheit der Sprache herzuleitende Mißverständnisse finden sich übrigens auch bei dem Mann, der Modersohns Beziehung zu Rilke untersucht hat und dem wir die erste kurze Darstellung der Monographie WORPSWEDE verdanken, Ernst-Gerhard Güse [61]). Güse vermag verschiedentlich nicht aus Rilkes Begriffen zu denken, wodurch er einzelnes verzeichnet. Die Kindheit etwa ist für Rilke von früh an von solcher Bedeutung, daß ihre Hervorhebung auf keine Einflüsse zurückzuführen ist, weder auf Modersohns Kinderbilder noch auf Langbehns „Kindernatur". Rilkes „Metaphern aus dem sprachlichen Bereich" werden in ihrem Gewicht verkannt, weil das Reden über Modersohns „Sprache" nicht bloß Metapher, also rhetorischer Kunstgriff, ist. Die Gleichsetzung des Malerhandwerks Modersohns mit der Sprache des Dichters, ihrem Wortschatz und ihrer Grammatik, ist hier für den Dichter Rilke die zentrale Aussage; wer von Metaphern spricht, verfehlt das.

177

So ist in diesen beiden Fällen die Sprache Rilkes das Fremde und Seltsame, das dem Außenstehenden als „schief" erscheinen kann. Seine Vokabeln wie „Dichter", „Kind" oder „Sprache" bezeichnen nicht die Sinnstelle, an der die Wörter in der konventionellen Sprache stehen, und die Konnotationen, die der durchschnittliche Sprachgenosse damit verbindet. Was dem Interpreten von Rilkes Gedichten her vertraut ist, gilt auch für die Monographie WORPSWEDE: Einige Partien daraus bedürfen geradezu der Übersetzung. Doch das ist nicht der einzige Grund zur Kritik, die von den Zeitgenossen vorgebracht worden ist.

Am schärfsten ist Paula Modersohn-Becker mit Rilkes Buch ins Gericht gegangen. Am 23. Februar 1903 schrieb sie an Otto Modersohn aus Paris [62]):

Also die Monographie ist heraus. Rilke brachte sie mir gestern, obgleich er vergessen hatte, daß Dein Geburtstag war. Ich habe nur darin geschnüffelt und kann bis jetzt noch nicht urteilen. Nur das scheint mir: Wenn Ihr bis jetzt noch nicht klar seid, dann werdet Ihr aus diesem Buche auch nicht klar. Sonst scheint mir viel Gutes und Liebes und viel künstlerisch Schiefes Hand in Hand zu gehen.

Läßt sie hier noch „viel Gutes und Liebes" gelten, so hat sie sich in den nächsten Wochen ein anderes Urteil gebildet, wie ihr Brief vom 3. März 1903 an ihren Mann zeigt [63]):

Herma schrieb, Du möchstest noch mehr über die Monographie hören. Es wird mir mit den Tagen immer klarer, daß dies die rechte Art und Weise nicht ist über Kunst zu schreiben. Eure Rede sei: „Ja, ja, nein, nein", das kennt er nicht. Diese Vorsichtigkeiten und diese Angst es mit irgendeinem zu verderben, der Einem im späteren Leben einmal nützlich sein könnte. Man merkt zum Beispiel dem Aufsatz am Endes an, daß er dessen Kunst nicht hoch schätzt. Da sind viele Frasen und schöne Sätze; aber die eigentliche Nuß ist hohl. Undeutsch. Da lobe ich mir den Muther, der ruhig sagte, daß er Dich gern hätte und Vogeler nicht so gern, und alles mit mehr oder minder schlichten Worten. Ich sehe allmählich hinter diesem Schwung der Rede eine große Hohlheit. Ich werde Dir das alles mündlich noch besser auseinandersetzen können. In meiner Wertschätzung sinkt Rilke doch allmählich zu einem ziemlich kleinen Lichtlein herab, das seinen Glanz erhellen will durch Verbindung mit den Strahlen der großen Geister Europas: Tolstoi, Muther, Worpsweder, Rodin, Zuloaga, sein neuester Freund, den er vielleicht besuchen wird, Ellen Key, seine innige Freundin usw. Das alles imponiert einem zuerst. Aber je mehr man in das Leben blickt und in die Tiefen des menschlichen Gemüts und in das rauschende Wasser der Kunst, desto schaler scheint mir dieses Leben.

Es ist eine ganze Reihe von Vorwürfen, die Paula Modersohn hier gegen Rilke erhebt. Der härteste ist der, daß sie hinter schwungvoller Rede nur Hohlheit erkennt; und für hohl hält sie die Monographie, weil Rilke nicht urteilt wie Muther. Daß er sich des Urteils enthält, erklärt sie aus der Angst, die es mit keinem verderben will, „der Einem im späteren Leben einmal nützlich sein könnte".

Dazu ist zu sagen, daß Motive solcher Art beim jungen Rilke durchaus mitgespielt haben können. Als wichtiger muß man aber das gelten lassen, was er zu dieser Frage damals ausdrücklich vorgebracht hat und was Paula Modersohn in dem Ende März 1902 erschienenen Aufsatz Rilkes über HEINRICH VOGELER nachlesen konnte: Er wollte aus einer grundsätzlichen Haltung, die der phänomenologischen Epoché ähnlich ist, sich des Urteils enthalten. Das gehörte für ihn zum „reinen Schauen", zu dem er in den ersten Worpsweder Wochen im Herbst 1900 von Paula Becker entscheidende Anregungen erfahren hatte. Daß die Lehrerin die Folgerichtigkeit des Schülers nicht mitvollziehen konnte, ist bedauerlich. Was übrigens die frisch-fröhlichen Urteile des Professors Muther angeht, so hat dieser in verschiedenen Aufsehen erregenden Fällen daneben gegriffen und auf diese Weise seinen Ruhm als Kunstkenner verspielt. Das war 1903 noch nicht zu sehen; doch schon damals war Rilkes Verhalten nicht unbegründet.

Was das Kapitel über Hans am Ende betrifft, so hat Paula Modersohn tatsächlich den schwächsten Teil der Monographie herausgefunden. Nur ist zu fragen, ob Rilkes geringe Wertschätzung der Grund für eine gewisse Leere ist. Der späte Leser gewinnt eher den Eindruck, als ob der Autor über Hans am Ende nicht viel zu sagen wußte. Das Bemühen, die Individualität dieses Künstlers durch die Musikalität seiner Bilder zu begründen, wirkt gesucht; es ist auch kein Späterer Rilke darin gefolgt [64]). Im übrigen ist es nur natürlich, wenn die verschiedenen Teile einer Sammel-Monographie nicht von gleicher Qualität sind; leer oder

„hohl" und phrasenhaft ist das Ganze deshalb nicht, wie zu zeigen war. Paula Modersohns Mißfallen an der Neigung des jungen Rilke, die Nähe berühmter Leute zu suchen und sich darin zu sonnen, ist begründet. Rilke selbst hat gesagt, er habe an deren Größe wachsen wollen; trotzdem bleibt ein unangenehmer Beigeschmack bestehen. Nur hat das mit der Monographie WORPSWEDE nichts zu tun; denn die Maler Worpswedes mit Tolstoi und Rodin in einem Atemzuge zu den großen Geistern Europas zu zählen, dürfte sie etwas überschätzen. Paula Modersohn bringt in diesem Briefe ihre gesammelten Vorwürfe gegen Rilke aus einem ganz anderen Grunde vor, an den sich Heinrich Vogeler genau erinnert [65]:

Als Clara Westhoff und Rainer Maria Rilke sich zusammenfanden, wuchs in Paula ein mächtiger Widerwille gegen den Dichter. Das waren keine Gefühle, die man leichthin mit Eifersucht bezeichnete. Die Veränderungen in dem lebensfrohen, freien, offenen Charakter der Freundin, ihr neues Leben, das von Rilke zur Feier gemacht wurde und die natürlichen, einfachen Gefühle dieser stark veranlagten Frau verschüttete, waren für Paula eine bittere Erkenntnis.

Wir kennen Paula Beckers Brief an Clara Westhoff vom 10. Februar 1902 [66] und die Erwiderung Rilkes vom 12. Februar 1902 [67]; sie zeigen, daß dieser Widerwille seit einem Jahre die Gefühle der Malerin beherrschte. Auch Mackensens Einwände, die wir nur aus Otto Modersohns Tagebuchnotiz kennen, waren nicht sachlich begründet, hat er es doch abgelehnt, Rilkes Buch zu lesen. Hier haben die Rivalitäten unter den Worpswedern einen Grad erreicht, der ihrer Kunst gefährlich werden mußte. Wenn man sieht, wie ihre Gemeinsamkeit in diesen Jahren auseinanderbricht, muß man eigentlich zu dem Schluß kommen, daß ein Buch, das sie zusammen nennt, die Individualität eines jeden anerkennt, ja aufzuzeigen bemüht ist und zugleich von einer offen ausgesprochenen Wertung absieht, das geeignetste Mittel sein konnte, die Konstellation der ersten Jahre Worpswedes zu retten. Dieser Erfolg ist Rilkes Monographie nicht beschert gewesen. Nur in der Erinnerung der Nachwelt hat seine Arbeit das Bild des alten Worpswede bewahrt, allerdings, indem es von der Rivalität der Künstler untereinander schwieg, ein bißchen verklärt.

Anmerkungen:

1) Der Neuromantiker Hans Bethge (1876 – 1946) war damals schon durch zwei Gedicht-
bände (DIE STILLEN INSELN. 1898; DIE FESTE DER JUGEND. 1901), ein Drama (SON-
NENUNTERGANG. 1900), ein Tagebuch (MEIN SYLT. 1900) und einen Novellenband
(DER GELBE KATER. 1902) hervorgetreten. Sein Essay WORPSWEDE erschien 1904 (2.
Auflage 1907) in der von Richard Muther herausgegebenen Sammlung illustrierter
Monographien DIE KUNST als 32. Band. – Über ihn: Georg A. Mathéy, In memoriam
Hans Bethge, AUSSAAT. Zeitschrift für Kunst und Wissenschaft (Lorch) 2/3, 1947/48
Heft 6 und 7; Eberhard Bethge, HANS BETHGE. Leben und Werk (1980); Bern Löffler,
DER DICHTER HANS BETHGE IN SEINER KIRCHHEIMER ZEIT, Kirchheim unter Teck
1988
2) Ingeborg Schnack, RAINER MARIA RILKE. Chronik seines Lebens und seines Werkes,
Frankfurt: Insel 1975, Band I, S. 133 f.
3) Schnack a.a.O. I, 132. – Das Stipendium war ihm von seinem 1892 verstorbenen Onkel Jaroslav von Rilke ausgesetzt worden, und dessen Töchter hatten es nach Jaroslavs Tode
weitergezahlt. Es sind dieselben Kusinen, die Rilke in seiner im März 1898 erschienenen
Erzählung DAS FAMILIENFEST karikiert hatte. Sollten sie etwa den Sammelband AM
LEBEN HIN ihrs Vetters René gelesen und sich wiedererkannt haben? Dann dürfte man
ihnen ihre Verärgerung nicht übelnehmen und den Entschluß, derartige Verunglimpfun-
gen der eigenen Familie nicht länger zu subventionieren. Rainer Maria Rilke, SÄMTLI-
CHE WERKE (herausgegeben vom Rilke-Archiv, besorgt durch Ernst Zinn; zit.: SW) Band
IV (Frankfurt: Insel 1961) S. 9 – 19; dazu: August Stahl, RILKE-KOMMENTAR zu den
Aufzeichnungen des Malte Laurids Brigge, (. . .), München: Winkler 1979, S. 67 – 70 nr. 42)
4) SW Band V (Frankfurt:Insel 1965) S. 7 – 134; Stahl, KOMMENTAR S. 142 f. nr. 134. Im Jahre
1987 hat der Insel-Verlag Frankfurt eine Neuausgabe der Auflage von 1903 herausgegeben, in der die Gestaltung des Textteils und die Reihenfolge der Bilder der Originalaus-
gabe folgen. (Eine Erweiterung bedeuten sechzehn farbige Reproduktionen der ursprünglich schwarz-weiß wiedergegebenen Bilder.) Merkwürdigerweise verzichtet die
Neuausgabe auf ein Nachwort und jede Erläuterung; es ist auch nirgends angegeben, wer
für die Ausgabe verantwortlich zeichnet: RAINER MARIA RILKE. WORPSWEDE (Insel-
Taschenbuch 1011), Frankfurt:Insel 1987
5) Rilkes Monographie in der Reihe KÜNSTLER-MONOGRAPHIEN enthielt 122 Abbildungen, die Bethges vierzehn Tafeln und zehn Vignetten.
6) Als Ganzes ist sie erst wieder 1965 im fünften Band der SÄMTLICHEN WERKE abge-
druckt worden (SW VI, 1270). – Vgl. Anm. 4!
7) Heinrich Wigand Petzet, DAS BILDNIS DES DICHTERS. Frankfurt:Sozietät 1957, S. 14
8) Hans Wohltmann, WORPSWEDE. Die ersten Maler und ihre Bedeutung für die deutsche
Kunst, Stade: Stader Geschichts- und Heimatverein 5. Aufl. 1960; Sigrid Weltge-Wortmann, DIE ERSTEN MALER IN WORPSWEDE, Worpswede:Worpsweder Verlag 1979.
9) Schnack a.a.O. I, 141
10) Rainer Maria Rilke/Lou Andreas-Salomé, BRIEFWECHSEL, hg. von Ernst Pfeiffer, neue
Ausgabe Frankfurt:Insel 1975, 2. Auflage 1979, S. 82 – 86: Rilkes Brief an Lou vom 1. August 1903, dort S. 85 f.
11) Schnack a.a.O. I, 158
12) August Stahl, Rilke und Richard Muther. Ein Beitrag zur Bildungsgeschichte des Dichters, in: IDEENGESCHICHTE UND KUNSTWISSENSCHAFT. Philosophie und bildende
Kunst im Kaiserreich, Berlin:Mann 1983, S. 223 – 251, dort S. 232
13) SW V, 493 – 505, dazu VI, 1382 – 1385; Stahl, KOMMENTAR S. 123 – 126 nr. 107; Stahl, Rilke
und Muther S. 229
14) SW V, 613 – 622, dazu VI, 1426; Stahl, KOMMENTAR S. 133 – 136 nr. 122; Stahl, Rilke und
Muther S. 234 f.
15) Konstantin Asadowski (Hg.), RILKE UND RUSSLAND. Briefe, Erinnerungen, Gedichte,
Berlin und Weimar:Aufbau 1986, S. 342

16) Stahl, Rilke und Muther S. 237

17) Mit Muther hat er dann unmittelbar nach dem Abschluß der Arbeit über Worpswede, um den 8. Juni 1902 herum, die nächste Monographie, die über Rodin, vereinbart, die ihn im Herbst 1902 nach Paris führen sollte (Stahl, Rilke und Muther S. 238).

18) Rainer Maria Rilke, BRIEFE AUS DEN JAHREN 1892 – 1904, Leipzig:Insel 1939, S. 328 – 342 Nr. 118: Brief an Ellen Key vom 3. April 1903 (dort S. 337)

19) Daß Pauli an einem solchen Werk interessiert war, hat Rilke von Otto Modersohn erfahren können, den Pauli schon im Dezember 1900 – vergeblich – um seine Zustimmung gebeten hatte.

20) Heinrich Wiegand Petzet, VON WORPSWEDE NACH MOSKAU. HEINRICH VOGELER, Köln: Du Mont 1972, 3. Auflage 1973 S. 89. – Hans Bethge kam am 23. August 1898 zum ersten Male nach Worpswede; nach seiner Tagebucheintragung war es für ihn ein Tag „voll von Anregungen". Nachdem er abends mit den Künstlern im Wirtshaus gesessen und Hans am Ende, Fritz Mackensen, Fritz Overbeck, Otto Modersohn und Heinrich Vogeler kennengelernt hatte, beschloß er schon am nächsten Tage, „im September den Worpswede-Essai" zu schreiben. Von dieser frühen Arbeit ist nichts bekannt. Seit dem Spätjahr 1899 korrespondierte Bethge mit Heinrich Vogeler; im Briefe Vogelers vom 12. Februar 1900 ist davon die Rede, daß Bethge im Herbst nach Worpswede kommen wolle. Sein zweiter Besuch hat vom 10. bis zum 21. November 1900 gedauert; er hat damals auf dem Barkenhoff die beiden Zimmer bewohnt, in denen vom 27. August bis zum 5. Oktober Rilke gelebt hatte. Am 11. oder am 18. November hat Bethge an einem Konzertabend im Weißen Saal mit Clara Westhoff, Paula und Milly Becker und Otto Modersohn teilgenommen; am 21. November hat er vor seiner Abreise noch Clara Westhoffs Geburtstag mitgefeiert. Sein Tagebuch erwähnt „Abende bei Modersohn" und Kaminabende bei winterlichem Wetter in Vogelers Atelier. Solcher Art war seine unmittelbare Kenntnis der Worpsweder Künstler; von weiteren Recherchen für seine 1904 erschienene Monographie ist nichts bekannt.
Hans Bethge hat – vergeblich – versucht, mit Rilke Verbindung aufzunehmen, wie aus dessen Brief vom 19. November 1900 an Otto Modersohn hervorgeht (OTTO MODERSOHN – wie Anm. 50 – S. 76). Die beiden Dichter haben sich zum ersten Male am 14. Oktober 1907 in Paris getroffen, wie ein Brief Hans Bethges an Prinzessin Liselotte von Schönaich-Carolath von diesem Tage bezeugt. (Dieser Brief, die Briefe Vogelers und das Tagebuch Bethges im Schiller-Nationalmuseum/Deutschen Literaturarchiv Marbach am Neckar. Dazu Eberhard Bethge – wie Anm. 1 – S. 15 f. – Herrn Dr. Werner Volke vom Deutschen Literaturarchiv und Herrn Eberhard Bethge danke ich für freundlich gewährte Auskünfte.)

21) Bethge hat ein kurzes Kapitel über ihn aufgenommen, allerdings nur wenig über ihn erfahren. Auch sein Werkverzeichnis im Anhang enthält nichts über Vinnen.

22) Stahl, Rilke und Muther S. 233

23) ebd. S. 233

24) Tagebuch-Eintragung Otto Modersohns vom 17. November 1901: „Soeben Prof. Muther da, ich glaube er hat einen guten Eindruck empfangen."

25) Asadowski a.a.O. S. 307 f. nr. 118: „Vergangene Woche war Professor Muther, mit dem ich freundliche Beziehungen habe, bei uns zu Gast, und ich hatte die große Freude, ihn durch die fünf Meisterateliers in Worpswede führen zu können, wo er viele gute Eindrücke empfing." – Die erst in den letzten Jahren veröffentlichten Quellen, die Stahl 1983 noch nicht kennen konnte, erlauben es, den Ablauf des Besuches deutlicher zu sehen.

26) Asadowski a.a.O. S. 305 – 307 nr. 117

27) Stahl, Rilke und Muther S. 250 Anm. 52. Woher Stahl den von ihm herangezogenen unveröffentlichten Brief Rilkes an Carl Vinnen kennt, ist unklar, der von ihm genannte Hans-Jürgen Werner aus Hamburg, der ihm diesen Brief 1980 zugänglich gemacht haben soll, kann sich auf Befragen nicht daran erinnern.

28) Ernst Zinn in: SW VI, 1273 – 1275

29) ebd. S. 1274

30) Bethge hat versucht, an der Zahl von sechs Kapiteln festzuhalten; auch er stieß auf Vinnens Ablehnung, die offenbar nicht nur Rilke persönlich galt.

31) WORPSWEDE. Katalog der Kunsthalle Bremen 1980 nr. 103

32) Petzet, BILDNIS DES DICHTERS S. 15 und 16

33) Bethge a.a.O. S. 14

34) SW V, 36

35) ebd. S. 42

36) In diesem Satz sah Modersohn dann „die Tatsachen richtig gestellt" und fühlte sich verstanden – wie im letzten November von Professor Muther.

37) Bethge a.a.O. S. 45

38) Das nennt Rilke erst am Anfang des dritten „Kapitels" über Modersohn.

39) Bethge a.a.O. S. 12

40) SW V, 516 – 522, dazu VI, 1393 f.; Stahl, KOMMENTARS. 142 nr. 133

41) SW V, 520 f.

42) Rilke war also anderer Ansicht als später Petzet, der meinte, die Worpsweder hätten sich nach 1895 bald in Wiederholung überlebt.

43) SW V, 9 – 16

44) SW V, 17 – 24

45) SW V, 27 – 30

46) SW VI, 1274

47) Bethge a.a.O. S. 16

48) Katalog WORPSWEDE 1889 – 1907, S. 47 f.

49) Ebenso urteilt Bethge a.a.O. S. 20: „Eine Figur ist da, die wir diesem Maler schwerlich zuschreiben würden, wenn sie uns nicht aus seinem Bilde entgegensähe: der Prediger. Dieser gütige Greis mit den gefalteten Händen und dem silbernen Träumerhaar ist allzu milde und kein Typus, wie er Mackensens malerischem Gefühl entspricht. Es will nicht einleuchten, wie er zu diesem sanften Greis gekommen ist. Auf diese Kanzel hätte ein Pfarrer gehört, der selbst ein Bauer ist, ein eckiger Mann aus dem Volke mit scharfem Profil und einer Stimme wie Metall."

50) Helmut Naumann, Nachwort zu: OTTO MODERSOHN von Rainer Maria Rilke, Fischerhude:Galerie 1989, S. 55 – 65

51) F.O., Ein Brief aus Worpswede, DIE KUNST FÜR ALLE 11, 1895/96 (München 1896) S. 20 – 24

52) Richard Muther, „Worpswede", DER TAG (Berlin) Nr. 527 und 529 vom 27. und 28. November 1901; auch in: Richard Muther, STUDIEN UND KRITIKEN Bd. II, 1901, 3. Auflage Wien o.J., S. 280 – 290. Dazu SW VI, 1285.

53) SW V, 553 – 577, dazu Zinn ebd. VI, 1311 – 1413, dort S. 1412.

54) Vermutlich ist das der innerste Grund dafür, daß Martha Vogeler, das geliebte Modell vieler Bilder, später aus diesem Garten ausgebrochen ist und damit Heinrich Vogelers Glück zerstört hat.

55) SW I, 347

56) Heinrich Vogeler, WERDEN. Erinnerungen (hrsg. von Joachim Priewe und Paul-Gerhard Wenzlaff), Fischerhude:Atelier im Bauernhaus 1989, S. 166

57) ebd. S. 394 – 397

58) OTTO MODERSOHN von Rainer Maria Rilke (wie Anm. 50) S. 96

59) Wiedergabe mit freundlicher Genehmigung des Modersohn-Archivs, Fischerhude. Die Eintragung ist auszugsweise schon veröffentlicht in OTTO MODERSOHN. Monographie einer Landschaft, Hamburg:Hoffmann und Campe 1978, S. 348; OTTO MODERSOHN. Zeichnungen (hrsg. von Ernst-Gerhard Güse), München:Bruckmann 1988, S. 309; OTTO MODERSOHN. WORPSWEDE 1889 – 1907, Fischerhude 1989 S. 178

60) Karl Schäfer, Kunstkritiker der BREMER NACHRICHTEN

61) Ernst-Gerhard Güse, Otto Modersohn und Rainer Maria Rilke, in: ders. (Hrsg.), OTTO MODERSOHN. Zeichnungen, München 1988 S. 37 – 53, dort S. 43 – 47

62) PAULA MODERSOHN-BECKER IN BRIEFEN UND TAGEBÜCHERN, hrsg. von Günter Busch und Liselotte von Reinken (zit.: PMB), Frankfurt:Fischer 1979, S. 343

63) ebd. S. 350

64) Weder Bethge (a.a.O. S. 33 – 37) noch Wohltmann (a.a.O. S. 26 f.) und Weltge-Wortmann (a.a.O. S. 70 – 81) wissen etwas davon; Fritz Westphal und Peter Rabenstein (HANS AM ENDE. Ein Lebensbild, Fischerhude:Galerie 1988 S. 74) zitieren zwar Rilkes Sätze, ohne jedoch seine Auffassung zu übernehmen.

65) Vogeler, WERDEN S. 81

66) PMB S. 308 – 309

67) ebd. S. 310 f. Busch gibt an, die Stelle im Brief an ihre Schwester Herma vom 21. April 1905, an der Paula Becker ihren „Woprsweder Knackfuß" nennt, beziehe sich auf Rilkes Monographie (ebd. S. 562 zu S. 418). Das wirft die Frage auf, was mit dieser in deutschen Wörterbüchern nicht nachgewiesenen ad-hoc-Prägung eigentlich gemeint sei. Wahrscheinlich denkt die Malerin allerdings an etwas anderes. Am 30. März 1902 erwähnt sie in ihrem Tagebuch ein „Tizianheft" (ebd. S. 317); es handelt sich, wie Busch nachweist, um das Heft TIZIAN des Kunsthistorikers H. Knackfuß (ebd. S. 546). Dieses Heft aus ihrer Worpsweder Bibliothek hatte Paula Becker offenbar in Paris an die Bekannten Du Bojers ausgeliehen.

Bernhard Hoetger, Foto um 1936

Bernhard Hoetger Symbolsprache in Architektur und Plastik

Was macht Hoetger und seine Arbeiten für Worpswede wichtig? Und warum ist ausgerechnet das Thema „Symbolik" ausgewählt? Die Antwort: Hoetger ist ein Künstler, der mit zu den ersten zählt, die mit dem Jugendstil brechen und nach neuen Ausdrucksformen suchen und die ab den 10er Jahren unseres Jahrhunderts expressionistisch genannt werden. Hoetger ist einer der Künstler, die an diesem Umbruch, diesem Aufbruch zu neuen Formen beteiligt sind. Da nun aber neue Formen auch neue Inhalte bedeuten können, stellt sich die Frage nach möglichen neuen Inhalten, in unserem Fall nach der „Symbolsprache" Hoetgers. Welche Absicht, welcher Sinn steht hinter Hoetgers Plastiken als auch seinen ausgefallenen Bauwerken?

Immer wieder wurde ihm vorgeworfen, er kopiere in seinen Arbeiten nur andere Vorbilder oder Kulturen, er sei also ein Eklektizist. Darüberhinaus wurde auch wiederholt behauptet, seine Arbeiten zeigten äußerlich und inhaltlich keine Kontinuität.[1]) Vor diesem Hintergrund dürfen Sie mit Recht vermuten, daß die Frage nach den Inhalten von Hoetgers Arbeiten nicht nur spannend zu werden verspricht, sondern Ihnen hier auch neue Ergebnisse vorgestellt werden. Doch ich will nichts vorwegnehmen, sondern beginne in aller Knappheit mit den wichtigsten Daten zu Hoetger.

Bernhard Hoetger arbeitete als Bildhauer, Maler, Graphiker, Designer und als Architekt. Der „Allroundkünstler", wie man ihn salopp nennen könnte, wird 1874 in Dortmund-Hörde geboren. Nach einer Ausbildung zum Steinmetzmeister studiert er Bildhauerei an der Düsseldorfer Akademie. Ab 1900 lebt und arbeitet Hoetger in Paris, gelegentlich arbeitet er im Atelier von Auguste Rodin. Hier in dieser Weltmetropole kommt er zu großer Anerkennung, die ihn über die Grenzen Frankreichs hinaus bekannt macht.

In Paris macht er die Bekanntschaft mit Mäzenen und Künstlerpersönlichkeiten, die ihn zunächst nach Deutschland zurückholen und später nach Worpswede führen. Karl Ernst Osthaus aus Hagen und August von der Heydt aus Wuppertal-Elberfeld werden hier auf ihn aufmerksam, beide fördern ihn. Neben anderen lernt er hier Rainer Maria Rilke wie auch Paula Modersohn-Becker kennen. Seiner Berufung zum Professor für Bildhauerei an die Künstlerkolonie Darmstadt im Jahr 1911 folgt er nur bis 1912. Ab 1913 hält er sich in Fischerhude bei Worpswede auf, von 1914 bis 1931 lebt und arbeitet Hoetger in Worpswede, das damit sein hauptsächlicher Schaffensort wird. Die Wahl des Ortes begründet Hoetger folgendermaßen: „... Es wurde mir mit den Jahren immer klarer, daß in einer Landschaft, in deren Luft eine Kunst wie die der Paula Modersohn groß werden konnte, auch für mein Schaffen die rechte Atmosphäre sein müsse ..." [2]). Nach einer unruhigen Zeit und vielen Mißverständnissen der Kultur und Kunst des Nationalsozialismus stirbt Hoetger 1949 in Beatenberg bei Basel.

Doch nun zur Plastik Hoetgers. Seine ersten eigenständigen Arbeiten entstehen ab 1900 in Paris.

Hier läßt sich beispielsweise an dem „Schiffszieher" (Bronze, 1902) die Nähe zu Rodin als auch Hoetgers anfängliche Thematik ablesen: die Welt der Arbeit und des Alltags. Beides steht in der Tradition des Jugendstils, wie etwa auch die Frauenbüste „Fecondité" (Bronze, 1903).

Bis 1906 löst sich Hoetger von seinem anfänglichen Vorbild Rodin und auch vom Jugendstil. Seine Vorstudie zu „Eva auf dem Schwan" (1906), zeigt bereits eine glatte Oberfläche und die Geschlossenheit der Komposition; Vergleiche mit den Ar-

Bernhard Hoetger: Schiffszieher (1902), Bronze (42 cm)

187

Bernhard Hoetger: Fecondité (1904), Bronze (43 cm)

beiten von Maillol bieten sich an. Die nach dieser Vorstudie angefertigte Bronze wird von Hoetger auch „Betende Frau auf einem Vogel" genannt, ein erster Hinweis auf die Inhalte, die Hoetger seinen Werken gibt. Ganz offensichtlich sind religiöse Komponenten angesprochen, doch welche?

Lassen Sie uns von diesen frühen Anfängen zu dem sechs Jahre später entstandenen, ersten Schlüsselwerk Hoetgers springen, dem aus 15 einzelnen Majolikafiguren bestehenden Zyklus „Licht- und Schattenseiten". Die asiatisch anmutenden Plastiken sind von Hoetger nicht nur signiert, sondern auch bezeichnet worden. Überdies hat er auch einen Plan für die Aufstellung der Figuren aufgestellt. Die personifizierten „Mächte der Finsternis" heißen von links nach rechts „Habgier", „Wut", „Hass", „Schatten", „Geiz", „Rache" und „Hinterlist". Ihnen steht die Reihe der „Mächte des Lichts" gegenüber, wieder von links nach rechts ge-

Bernhard Hoetger: Eva auf dem Schwan (1907), Bronze (115 cm)

Bernhard Hoetger: Eva auf dem Schwan (1906) im Pariser Atelier

Bernhard Hoetger: Majolikenzyklus der „Licht- und Schattenseiten" (1912)

lesen, tragen sie die Namen „Liebe",
„Wahrheit", „Milde", „Licht",
„Güte", „Glaube" und „Hoffnung".
Zwischen beiden Reihen steht mit
wie zum Gebet erhobenen Händen
der „Sieg" und verkörpert so den
idealen Ausgleich zwischen den entgegengesetzten Kräften. Sie können
die Figurengruppe als Illustration
des Dualismus, der polaren Gegensätze der menschlichen Psyche
lesen.

Diese Majolikagruppe entstand übrigens zeitgleich mit Hoetgers Gestaltung des „Platanenhains" auf der Mathildenhöhe in Darmstadt, der bis
1914 zur dortigen Künstlerkolonie-Ausstellung fertiggestellt
wird. Ich zeige Ihnen, nur zur Erinnerung, Hoetgers Modell der
Gesamtanlage, das 1913 in Fischerhude entstanden ist. Zwei der
insgesamt vier Relieftafeln, die neben dem bekannten „Löwentor" und anderen Plastiken Hoetgers
dort aufgestellt sind, tragen die Bezeichnung „Schlaf" und „Auferstehung" und lassen ebenfalls wieder
an den Gedanken der Polarität denken. Der zentrale Brunnen trägt eine
Aufschrift aus Goethes Gesang der
Geister über den Wassern: „Des
Menschen Seele gleicht dem Wasser:
vom Himmel kommt es, zum Himmel steigt es, und wieder nieder zur
Erde muß es, ewig wechselnd"[3]. Die
außerdem in die Eingangspfeiler ein-
gemeißelten Verse aus dem Sonnen-
gesang des Pharao Amenophis IV
und aus der Bhagavad'gita weisen
endgültig darauf, den „Platanenhain" als „sakralen Hain" zu verstehen.

Bernhard Hoetger: Majolika die
„Wut" (1912)

Die hier sichtbare Spannbreite Hoetgers, die inhaltlich und stilistisch an ägyptischen, indischen und teils auch an romanischen und gotischen Vorbildern orientiert ist, führt zu konträren Reaktionen. Hans Hildebrandt spricht bereits 1915 von einem „Gesamtkunstwerk" und meint das Übergreifen von bildender Kunst und ihren Inhalten in den Raum, in die Landschaft [4]. Andere Kritiker verwerfen diese Arbeit Hoetgers als „geschickten Eklektizismus". Die in dem Platanenhain ohne Frage erzielte Verbindung ägyptischer und asiatischer Kultur mit europäischer Kultur hat Hoetger beispielsweise mit der 1912 von Rudolf Steiner begründeten anthroposophischen Bewegung gemeinsam, mit der er aber nachweislich erst 1933 in Kontakt kommt.

Ab etwa 1915 setzt sich Hoetger intensiv mit ägyptischer Kultur und deren Raumauffassung auseinander. Die Portraitbüste der Frau Dülberg (Marmor, 1915) ist ein anschauliches Beispiel hierzu. Noch deutlicher wird diese Aneignung und Umsetzung ägyptischer Stilmittel an dem ganz eindeutig auf die Nofretete anspielenden Portraitkopf der Tänzerin Sent M'ahesa (Bronze, 1917). Die Beispiele ließen sich vermehren. Es handelt sich hier nicht um Nacharbeiten im Stile einer bestimmten Kultur, wie immer wieder voreilig behauptet wird, sondern um eine Umsetzung traditioneller Formen und

Bernhard Hoetger: Bildnis Dülberg (1915), Marmor (50 cm)

Inhalte mit dem Ziel, zu elementaren Ausdrucksformen zu gelangen. Hoetgers Aufsätze zur Thematik Bildhauer und Plastiker belegen dies aufs Deutlichste [5]. Und damit ist auch der anfangs genannte Vorwurf des Eklektizismus hinfällig [6].

Freilich ändert sich bei Hoetger in den kommenden Jahren die Darstellungsweise, der Stil: die glatte Oberfläche wird wieder aufgegeben. Doch bedeutet dies keinesfalls eine Diskontinuität in der Arbeit Hoetgers, schon allein deshalb nicht, weil die Absicht, der Inhalt der Arbeiten Hoetgers konstant bleibt: eine

Bernhard Hoetger: „Niedersachsenstein" (nicht erhaltener zweiter Entwurf aus d.J. 1916)

Annäherung an elementare, primitive und archaische Inhalte, die sich am besten mit „Suche nach dem Ursprung" umreißen läßt. Für Hoetger zählt die ägyptische und indische Kultur wie auch die germanische Kultur als jeweils eine Facette ein und derselben Weltsicht oder Weltidee, die er auszudrücken versucht. Da Hoetger so gut wie nichts über die Inhalte oder gar Bedeutungen seiner bildhauerischen Arbeiten geschrieben hat, sich aber recht konkret über seine Bauwerke äußert, liegt es nahe, auf diese zurückzugreifen.

Bernhard Hoetger: Revolutionsdenkmal (1922), Porphyr (nicht erhalten)

Sein erstes Bindeglied zwischen Plastik und Architektur ist der „Niedersachsenstein" auf dem Weyerberg/Worpswede (1915-21). Es ist ein Denkmal für die im Ersten Weltkrieg ums Leben gekommenen Menschen aus der Umgebung Worpswedes. Die ersten beiden Entwürfe von 1915 und 1916 rechnen noch mit einem siegreichen Ausgang des Krieges und sind folglich als Siegesmal konzipiert und zeigen einen Jüngling vor einem sich in den Himmel erhebenden Adler. Sie sehen ein Foto des nicht erhaltenen, zweiten Modells von 1916, das irrtümlich bis in die neueste Literatur als Modell von 1915 angeführt wird. In diesem zweiten Entwurf löst sich Hoetger aus seiner bisherigen Anlehnung an historisierende Formen und findet zu dem typischen expressionistischen Formenrepertoire, indem er die Vogelgestalt des Monuments, die den Hintergrund für eine Jünglingsgestalt bildet, aus Prismen, Kuben und Pyramidenstümpfen zusammensetzt. Zugleich aber wird auch Hoetgers Beharren in einer gegenständlich-organischen Darstellungweise deutlich, denn die Gestalt des Vogels bleibt erkennbar. Bezeichnend, daß dieser Wandel zuerst an einer Plastik erfolgt, da dies deutlich Hoetgers Zugang zur architektonischen Formfindung zeigt, die stets von einer plastischen Modellausformung ausgeht.

Der genannte Entwurf zählt zu den frühesten in der Geschichte der kubo-futuristischen Monumente, zu denen sich die etwas späteren Arbeiten von Gropius (Märzmonument 1922, Weimar), Rudolf Belling, Wassili Luckhardt und Hans Poelzig reihen.

Hoetgers Entwurf wird jedoch nicht realisiert. Die Gründe sind der Kriegsausgang, nachfolgende Geld- und Materialknappheit. Hoetger ändert den Entwurf noch mehrmals um und führt ihn schließlich auf eigene Kosten aus. 1921 beschreibt Hoetger das aus Backstein errichtete, aber noch nicht ganz vollendete Monument als „… ein nordisches Zeichen …"[7], was Licht auf die Benennung als „Niedersachsenstein" wirft. Rückblickend bezeichnet sich Hoetger auch als „Niedersachse"[8]. Die Benennung

Bernhard
Hoetger:
Niedersachsen-
stein (1922)

192

„Niedersachsen" ist zu dieser Zeit als geographischer Begriff für Nordwestdeutschland gebräuchlich, das Bundesland Niedersachsen besteht erst seit November 1946. Eher ist hier wohl ein Bezug Hoetgers auf den deutschen Stamm der Sachsen anzunehmen, was Hoetgers nationale Gesinnung dokumentiert. Am 10. September 1922, dem Schlußtag der „Niederdeutschen Woche", wird das Denkmal auf dem Weyerberg der Öffentlichkeit übergeben.

Hoetger beschreibt sein Monument als „... ein(en) Vogel, der die Flügel ausbreitet und sich zur Sonne erhebt ... Dem Osten zugewandt bauen sich die gebärenden Massen empor, das Sinnbild der Sonne tragend. Auf den Flügeln ... eingemauert sind die Symbole der Fruchtbarkeit, des Aufbaues und der Auferstehung, so auch auf der Rückseite die Symbole von Sonne, Mond und Erde ..." [9]).

Im unteren Teil des gemauerten „Vogelleibes" ist eine menschliche Gestalt mit ausgestreckten Armen zu erkennen, die an den Schoß einer zweiten hinter ihr sitzenden Gestalt angelehnt ist; gemeinsam bilden sie das Motiv von Mutter mit Kind. Kopf und Arme der hinteren Gestalt, die nur aus dem Motivzusammenhang heraus als weiblich zu erkennen ist, gehen in die große, gezackte Bekrönung des Denkmals über. Sie stellt nach Hoetger die Sonne dar; in ihr manifestiert sich das „Auferstehungsgefühl", von dem Hoetger schreibt: „Hätte ich einen Riesenfindling in der bestehenden Größe dort oben am Berg zur Verfügung gehabt, so würde ich den Stein durch Reliefformung im Sinne des Auferstehungsgefühls belebt haben." [10])

Das Wohnhaus auf dem Weyerberg, das 1921-22 parallel zur Fertigstellung des >Niedersachsensteins< entsteht, ist der erste expressionistische Nutzbau Hoetgers. 1921, noch während der Bauarbeiten, schreibt er: „... Für den Bau meines heißersehnten Hauses dürstet mich nach unmittelbarer Naturnähe und nach einem reinigenden Bade im Urland ..." [11]). Kurz darauf schreibt er ergänzend: „... Dieses reine Gefühl der Schöpfung ist nordisch und phantastisch zugleich ... Ein wirklich zweckmäßiges Schaffen ... nach dem Willen des organisch gewachsenen Baumes ist unbekannt, und dieser Geist ist tot, den möchte ich wieder erwecken ... Diese Arbeitsweise ist ganz verschieden von allen

Bernhard
Hoetger:
Zweites Wohn-
haus in Worps-
wede (1921)

Lehrweisen, einschließlich aller Erneuerungen letzter Zeit, selbst
auch von denen der neuesten Akademien (Weimar) …" [12]).

Die hier anklingende neue Handwerks-Romantik als Besinnung
auf das traditionelle Handwerk ist zeitspezifisch [13]) und wird erst
durch Hoetgers Bewertung als „Sehnsucht nach Naturnähe" und
„Urland" zu einem expressionistischen Merkmal. Die Meinung
Eckhard von Sydows, einem der frühesten Chronisten des Expressionismus, wird von vielen geteilt. Er sieht als Voraussetzung einer Erneuerung „… den Rückgang… in das Uranfängli-
che, ins Primitive der Menschlichkeit, um von ihr aus zu höherer
und gerechterer Kultur zu gelangen …" [14]).

Auch die im Expressionismus vertretene religiöse Komponente
läßt sich bei Hoetger nachweisen. Er schreibt 1920: „… Der nordische Mensch hat ganz vergessen, daß auch seine Rasse einst
eine starke Kultur hervorgebracht hat, er ist beleidigt, wenn ein
Künstler in sich Urzellen entdeckt, die eine erinnernde Form zeugen – er weiß nicht, daß er sich selbst bekämpft, hat vergessen,
daß er einige hundert Jahre vor der Kultur des Westens gelebt,
hat vergessen, daß in ihm der vertikale Sinn … hinauf zur Sonne
(lebt) …" [15]).

Alle diese Ausführungen lassen sich direkt an den Bauten Hoetgers ablesen. Exemplarisch möchte ich zunächst sein Wohnhaus
auf dem Weyerberg vorstellen. Am Grundriß läßt sich bereits der
Rückgriff auf das Handwerk ablesen, denn das Gebäude folgt in

194

seiner Grundrißdisposition der Form eines niedersächsischen Hallenhauses mit Erweiterung zum sogenannten Kreuzhaus. Doch Hoetger imitiert diese historische Bauform nicht, sondern zeigt, entsprechend der Andersartigkeit der Nutzung, virtuose Mischformen und Durchdringungen. Beispielsweise den ebenerdigen, zweiflügeligen Atelierzugang, der sich an der traditionellen Stelle des Scheunentores befindet, hier aber das Atelier der aufgehenden Sonne entgegen öffnen soll [16]).

Die massiv gemauerten Außenwände ohne Holzstützen zeigen in ihrer freien Backsteinsetzung die von Hoetger angeregte, freie Arbeitsweise der Maurer, als deren Folge eine plastische Differenzierung der Bauflächen entsteht; freilich nicht zufällig, sondern innerhalb der von Hoetger gewünschten Form [17]). Die am Bau verwendeten, in ihrer natürlich gewachsenen Form belassenen Eichenholzstämme werden als Tür- oder Fenstersturz verbaut und sind mit grob eingeschnittenen Sonnensymbolen, Runen und figürlichen Darstellungen geschmückt.

Die Fensterrahmen in den Giebeln des Obergeschosses bestehen ebenfalls aus krumm gewachsenen und in ihrer Form belassenen Eichenholzbalken. An den in die Fensteröffnungen eingestellten Sprossen wird der direkte Umgang mit den vorgefundenen Holzformen sichtbar. Sie zeigen deutlich die Formen des Astwerks, was von Hoetger als Gestaltungsprinzip eingesetzt und in den Verbleiungen der farbigen Glasscheiben fortgeführt wird. Mehrfach werden auch quergeschnittene Scheiben von Baumstämmen ausgehöhlt und bunt verglast als Fensterrosetten in das Mauerwerk eingesetzt.

Die Eingangstür befindet sich an der Nordseite und faßt Hoetgers Bauprogramm des Hauses bildlich zusammen. Der sich nach oben verjüngende Türrahmen besteht aus massiven, grob behauenen Eichenholzstämmen, die noch ihre Wuchsform

Eingangstür des „Hoetgerhauses" (1921)

195

erkennen lassen. Das Türblatt ist sichtbar aus Eichenbrettern zusammengesetzt und an geschweiften, eisengeschmiedeten Türbändern in die Scharniere eingehängt. Dem Türblatt ist eine Baumgabel vorgesetzt, deren Reliefierung menschliche Gestalten erkennen läßt, die, wie die Figuren auf dem Türblatt, nach oben streben. Im Innenraum finden ähnlich geformte Astgabeln auch als Holzstützen Verwendung. Die wie eine Verlängerung des eisernen Türbandes wirkende hölzerne Querstrebe endet in einer eingeschnitzten Hand, die auf den hölzernen Türriegel deutet. Der Türrahmen zeigt Runen, runde Sonnen- und Sternensymbole und rechts unten eine runde Feuerstelle, ein Verweis auf das Zentrum des Hauses: die offene Feuerstelle der >Diele<.

Diele des „Hoetgerhauses" mit Feuerstelle (1921)

Durch diese Tür gelangt man in einen Flur mit Treppenhaus, ein weiterer Beleg für Hoetgers Fähigkeit zur kreativen Erweiterung althergebrachter Bauformen, denn ein Bauernhaus verfügt nur über eine Dachstiege, da dort das Obergeschoß nicht für Wohnzwecke ausgebaut ist. Stützen und Geländer des Treppenaufgangs bestehen aus ausgesuchten, dem Bauzweck angepaßten Eichenholzstämmen mit Astwerk oder kräftigen Astgabeln, die durch grobes Überarbeiten, wie an der Eingangstür, zu figürlichen Gebälkträgern werden. Die farbige Deckenbemalung und der aus Klinkern und Geröllsteinen bestehende Fußboden runden das Bild ab. Entsprechend Hoetgers Absicht, der Wiederbelebung des Handwerks, sind alle Holzverbindungen gezapft.

Dem Flur folgend, führt links eine Tür in den zentralen Wohnraum, die >Diele<. Der tonnenförmige Türrahmen besteht aus krummen Eichenholzstämmen mit mächtigem Auflager. Das Relief der Türlaibungen läßt weibliche Gestalten und einen Kinderreigen erkennen. Das wiederum sichtbar aus Eichenbrettern zusammengefügte Türblatt hat ebenfalls, wie auch alle anderen Türen, geschweifte, eisengeschmiedete Türbänder als Scharniere. In der Mitte des Hauptraumes, der >Diele<, befindet sich die schon von der Eingangstür bekannte offene Feuerstelle, die von einer großen Funkenhaube überfangen wird. Die Stirnbänder der nördlichen Lucht sind bis auf den Boden herabgezogen und schwingen als runde Sitzhocker aus.

Von diesem Wohnraum führt eine Tür zum Atelier und zeigt eine weitere Möglichkeit des Einsatzes der vorgefundenen Holzformen: eine große umgekehrte Astgabel bildet den Türrahmen. Das reiche Formenspiel findet seine Fortsetzung an den teils polychromen Wandreliefs in den Luchten, den farbig gefaßten Wänden und der bemalten Decke. Überhaupt ist das gesamte hölzerne Innengerüst des Gebäudes ornamental und figürlich dekoriert, die Balkenenden laufen meist in Tierköpfen oder Fratzen aus.

Eine Ansicht des archaisierenden Schlafzimmers im Obergeschoß mit eingehängtem, flachen Tonnengewölbe, dem von Hoetger entworfenen, aus vier verzapften Eichenholzbrettern bestehenden Bettkasten und der von vorgeschichtlichen Höhlen-

Schlafzimmer
des „Hoetger-
hauses" (1921)

197

malereien angeregten Wanddekoration veranschaulicht deutlich die an seinem Bau angestrebte und als „Bad im Urlande" beschriebene „Naturnähe".

Zentren, Versammlungsräume will Hoetger errichten. Über sein Haus schreibt er: „... Hier durch dieses Schaffen werden neue Kräfte frei, Menschen werden selbständig... und damit ein Blick in eine Arbeitsgemeinschaft ... Hier soll natürlich keiner Führer sein, sondern das Werk – die Tat – wird und muß wirken ..." [18]). Konsequent ist deshalb der Wohnraum rund gebaut – als Versammlungsraum. Die im Mittelpunkt stehende Feuerstelle wird dabei zum wärme- und lebensspendenden zentralen Symbol in Hoetgers Baukonzept. Der Kreis von „Symbolen der Fruchtbarkeit, des Aufbaues und der Auferstehung, ... die Symbole von Sonne, Mond und Erde ..." [19]), wie Hoetger sie selbst benennt, lassen sich also bestens im Wohn- und Arbeitsbereich wiederfinden. Wie gut die einmal erkannte Formensprache Hoetgers sich auch an den anderen Bauten und auch seinen Plastiken ablesen läßt, werden Sie leicht selbst feststellen können.

Sie sehen das 1922 fertiggestellte Kaffee >WINUWUK< in Bad Harzburg. Die Namensgebung geht auf Hoetger zurück und steht für das Kürzel „Weg im Norden und Wunder und Kunst",

Bernhard Hoetger: Kaffeehaus „Winuwuk" in Bad Harzburg (1923)

was nochmals seine spezifische „nordische" Komponente betont. Der Innenraum wurde als Kaffee geplant und sollte zu einem Kommunikationszentrum für Künstler und Bevölkerung werden. Die Architektur wird zum Bedeutungsträger, denn der Innenraum ist deshalb rund, weil er zum Zwecke des Dialoges hierarchiefrei sein sollte (-> denken Sie an die runden oder zumindest halbrunden Sitzordnungen der Parlamente). Hinzu kommt die zentrale Feuerstelle. Der offene Kamin heizt nicht nur, sondern wird zum Symbol des Treffens um einen lebendigen Mittelpunkt: das Feuer steht für die zentrale wärme- und damit auch lebensspendende Quelle. Die Holzteile, also Balken und Türen des Raumes sind ebenfalls mit den schon bekannten „Symbolen des Lebens" ausgestattet.

Hoetgers „vertikaler Sinn hinauf zur Sonne" wird auch an dem 1923 neben dem Kaffee >WINUWUK< errichteten Ausstellungsgebäude deutlich, es erhält den Namen >Sonnenhof<. Sein Symbol ist der hölzerne Dachreiter auf dem Giebel. Sie erkennen in ihm leicht einen Vogel, der sich in den Himmel „hinauf zur Sonne" erhebt.

Bernhard Hoetger: Ausstellungsbebäude „Sonnenhof" in Bad Harzburg (1923)

An dem Ihnen bekannten >Kaffee Worpswede<, gelegentlich auch „Kaffee Verrückt" genannt, werden Sie die einmal erkannten Symbole jetzt leicht wiedererkennen. Die Außenansicht von 1925, kurz nach der Eröffnung, zeigt hölzerne Dachreiter an den Giebeln (die leider in den 30er Jahren entfernt werden mußten). Sie erkennen in ihnen leicht die Gestalt eines Vogels. Der Innenraum, ebenfalls als Versammlungsraum und kulturelles Zentrum geplant, ist wieder rund. Sein Zentrum ist diesmal aber nicht eine Feuerstelle, sondern eine hoch in den Raum ragende Holzplastik Hoetgers, deren vier in den Raum ragende Arme Beleuchtungskörper tragen. Diese Plastik ist mit Reliefs von Vögeln und anderen Lebens- und Fruchtbarkeitssymbolen übersät und wird von Hoetger bedeutungsvoll „Esche" genannt [20]). Die Auflösung er-

Bernhard
Hoetger:
„Kaffee Worps-
wede" (1925)

gibt sich über seine gesuchte Nähe zu „nordischem" Gedankengut, also über die Weltenesche „Ygdrasil", der wir an einem späteren Bau nochmals begegnen werden. Sie markiert den Welten-
mittelpunkt, in ihrer nachempfundenen Form soll sie wohl ebenfalls ein Zentrum signalisieren, nämlich das eines Kunstzen-
trums in Worpswede, an dessen Aufbau Hoetger mit seinen 1923
gegründeten „Worpsweder Werkstätten" für kunstgewerbliche
Objekte beteiligt ist. Deshalb wählte
Hoetger die „Esche" auch als Em-
blem für den Briefkopf der Ge-
schäftspost seines >Kaffees Worps-
wede<.

Hiermit verlasse ich Worpswede. An
dem >Paula-Becker-Modersohn-Haus<
in der Böttcherstraße in Bremen finden
sich erneut Symbole mit den jetzt bekannten Inhalten. Die Ansicht von 1927,
dem Jahr der Eröffnung, zeigt sie noch
vollständig: Auf dem Treppenturm befindet sich über der kupfergedeckten
Kuppel eine Kugel, die natürlich für
die Sonnenkugel steht. Weitere Sonnensymbole sind die zahlreichen Spi-
ralen an dem Geländer der Terrasse.

Bernhard Hoetger: Paula
Becker-Modersohn-Haus (1927)

200

Auch am >Haus Atlantis< in der Böttcherstraße, das 1931 fertiggestellt wurde, finden sich die nun schon bekannten Sonnensymbole wieder, und zwar zahlreich. Sie sehen ein zeitgenössisches Foto. Die Eingangsfront ist wie bei einem Sakralbau angelegt, sie ähnelt den Westfassaden von Kirchenbauten. Die drei Pfeiler am Eingangsbereich stehen laut Hoetger für die drei Wurzeln der Weltenesche Urd, Verdandi und Skuld, also Vergangenheit, Gegenwart und Zukunft. Über dem Eingang sehen Sie eine Fensterrosette, davor die Gestalt des Odin in der Weltenesche, der zugleich auch Christus sein könnte. Bekrönt wird das Haus von einer vergoldeten Kupferscheibe als Sonnensymbol, die von zwei Vögeln flankiert wird. Die Sonnensymbole sind noch viel zahlreicher: Am Brüstungsgitter unterhalb des Glasgewölbes entsprechen die Eisenstäbe dem Sonnenlauf, sie zeichnen das sinusartige Auf- und Untergehen nach. Der tiefste und höchste Stand ist jeweils durch eine vergoldete Kugel markiert. Dieses

Bernhard Hoetger: „Haus Atlantis" (1931)

Symbol für Quelle und Zentrum des Lebens verliert durch seine zahlreiche Wiederholung freilich an Bedeutungskraft, wird zum Ornament.

Auch das Treppenhaus, die Wendeltreppe, ist nicht ohne Bedeutung: Von ihr schreibt Hoetger wie auch der Auftraggeber Roselius, daß sie die Besucher aufwärts zum Himmel, zum Licht führen soll, der Sonne entgegen. Die Treppe endet sinnfällig vor dem >Himmelssaal<, dem Raum unter dem Glasgewölbe. Auch in ihm finden sich erneut mehrere Sonnenscheiben. Eine hängt frei im Raum, eine befindet sich als Relief an der gegenüberliegenden Wand, und weitere Sonnenscheiben sind an den Heizungsgittern unter dem Glasgewölbe zu erkennen. Sie befinden sich am Ende eines geschweiften Metallstabes und deuten so wieder den Sonnenlauf an.

Der Bedeutungsgehalt des >Hauses Atlantis< ist damit längst nicht erschöpft. Die Namensgebung spielt natürlich auf Wiederbelebungsgedanken einer alten Kultur an, eben der des sagenumwobenen „nordischen" Kontinents „Atlantis". Auch mischen sich an diesem Bau die Vorstellungen Hoetgers und seines Auftraggebers Ludwig Roselius, der seinerseits wiederum die Thesen des umstrittenen Volkskundlers und Frühgeschichtlers Hermann Wirth übernimmt. Die Bücher von Hermann Wirth sind von dem 1983 bei Marburg gegründeten „Arbeitskreis für Ur-Europa-Forschung e.V." mittlerweile neu aufgelegt worden. Konzept und Bedeutungsinhalt dieses immerhin mehr oder weniger öffentlichen Gebäudes in Bremen wären ein eigenes Thema, einschließlich seiner nachfolgenden Geschichte in der Stadt Bremen bis in unsere Tage. Die weitgehend erhaltene Fassade von 1931 verbirgt sich heute hinter einer Wandscheibe von Ewald Mataré. Das Gebäude wurde jetzt von einer aus dem Norden kommenden Hotelkette aufgekauft.

Das >Haus Atlantis< ist das letzte große Bauprojekt, das Hoetger ausführt. Mit ihm möchte ich deshalb schließen. Hoetger wird zwar noch mehrere Bauprojekte planen, die allesamt nicht ausgeführt werden, deshalb lasse ich sie weg. Auch sein letztes Wohnhaus in Berlin, 1939-40 gebaut, möchte ich weglassen, es zeigt keinerlei Bausymbolik.

Zusammenfassung:
Hinter den mehrfach erwähnten Zitaten einer „erinnernden Form" des „nordischen Menschen" verbirgt sich Hoetgers Nähe zum sogenannten „Deutschchristentum", zu dessen Umfeld er sich 1930 bekennt [21]). Ein Anhänger dieser Glaubensrichtung, der Bremer Hauptpastor Bode, setzt schon 1920 Odin und Christus gleich [22]). Die auffällige Häufung von Runen an Fenstern und Türgebälk an Hoetgers Wohnhaus auf dem Weyerberg kann auch in diesem Zusammenhang gesehen werden.

Die „nordisch-vertikale" Sehnsucht „hinauf zur Sonne", die Hoetger in den angeführten Zitaten beschreibt, ist ein Nachklang der romantischen Vorstellung von Gotik als eine deutsche oder eben „nordische" Bauform. Als „Sonnensehnsucht" zieht sie sich durch alle seine Bauten und Plastiken, angefangen mit der exakten Ost-West-Ausrichtung des >Brunnenhofs< über die Sonnen-

und Feuersymbolik an seinem Wohnhaus auf dem Weyerberg, den Bad Harzburger >Sonnenhof<, den Sonnenkugeln und -scheiben am >Paula-Becker-Modersohn-Haus< und am >Haus Atlantis< bis hin zum Swastika-Grundriß des >Deutschen Forums<.

Anmerkungen:

1) Dieter Honisch, Zum Problem der Diskontinuität im Lebenswerk von Bernhard Hoetger. In: Ein Dokument Deutscher Kunst 1901-1976. Ausst.Kat. Bd. 4. Darmstadt 1977, S. 92-100.

2) Ausst. Kat. Bernhard Hoetger – Gedächtnisausstellung zu seinem 90. Geburtstag, Bremen und Münster 1964, o.S.

3) Zit. nach H. Hildebrandt, Der Platanenhain, Berlin, 1915, S. 18 u. 21.

4) Ebenda, S. 10.

5) B. Hoetger, Der Bildhauer und der Plastiker. In: Kasimir Edschmid (Hrsg.): Tribüne der Kunst und Zeit – Eine Schriftensammlung. Berlin 1920. S. 52-60.

6) Vgl. Anmerkung 1.

7) Brief B. Hoetger an Redakteur Karl Neurath in Bremen, 3. 5. 1921.

8) Brief B. Hoetger an Lübecker General-Anzeiger, 1. 11. 1936: „... Ich bin Niedersachse und ... ich lebte und schaffte in Worpswede 15 Jahre."

9) B. Hoetger, Der Niedersachsenstein als Kriegerehrung zu Worspwede, o.J.

10) Die Form des im Sinne des „Auferstehungsgefühls" belebten Findlings findet sich realisiert am Grabstein für Hans Brauer (1882-1922) auf dem Gertrudenfriedhof in Oldenburg; s. H.W. Keiser, Bernhard Hoetger. Ein unbekannt gebliebenes Bildwerk aus dem Jahre 1924, in: Berichte der Oldenburgischen Museumsgesellschaft 1973/75, S. 15-20, mit Abb.

11) Brief B. Hoetger an L. Roselius, 13. 3. 1921.

12) Brief B. Hoetger an L. Roselius, 7. 5. 1921. Mit Weimar ist das Weimarer Bauhaus gemeint, das von seiner Gründung 1919 bis zur Ausstellung im Sommer 1923, auf der Walter Gropius das neue Konzept „Kunst und Technik, eine neue Einheit" verkündete, selbst als Hochburg des Expressionismus galt.

13) Diese Rückbesinnung findet sich nicht nur bei den typischen Vertretern des Expressionismus, sie wird ab 1920 sogar vom Werkbund vertreten. Auch ein Peter Behrens, der sich noch 1919 gegen eine „Zurückentwicklung von der industriellen Massenproduktion zum Handwerk" aussprach (Peter Behrens, in: Protokoll der Vorstandssitzung des Deutschen Werkbundes, 30. 6. 1919 (Zit. nach W. Pehnt, 1981, S. 31), setzt sich 1922 für eine Handwerkslehre und Romantik ein, die das Leben erträglich machen soll (Peter Behrens, Die neue Handwerks-Romantik, in: Die Innendekoration 33, 1922, Heft 10, S. 341.).

14) E.v.Sydow, Die deutsche expressionistische Kultur und Malerei, Berlin 1920, S. 27.

15) B. Hoetger, Brief an einen Freund (Juli 1920), in: S.D.Gallwitz, Dreißig Jahre Worpswede, Bremen 1922, S. 90.

16) Vgl. Beschreibung von W. Müller-Wulckow, Das Haus Bernhard Hoetgers in Worpswede, in: Die Baugilde 7, 1925, Heft 5, S. 243.

17) Laut Auskunft von Johann Warnken, Worpswede, Juli 1984, ließ Hoetger eine Mauer wieder einreißen, weil ihm die Steinsetzung nicht gefiel.

18) Brief B. Hoetger an L. Roselius, 7. 5. 1921.

19) B. Hoetger, Der Niedersachsenstein als Kriegerehrung zu Worpswede, o.J.

20) Auskunft von Otto Meier, Worpswede, August 1983.

21) Brief B. Hoetger an L. Roselius, 17. 7. 1930: „... Meine Christlichkeit verstehe ich genau so wie es die christliche Form der produktiven Heiden durch Verschmelzung beider Welten zeigt...".

22) J. Bode, Wodan und Jesus – ein Büchlein vom christlichen Deutschtum, Sontra 1920, S. 46.

Bernhard Hoetger und Hermann Bahlsen

Zwei Visionäre auf dem Weg zu einem industriellen Gesamtkunstwerk

„Es war ein schöner Traum unser TET-Projekt. Ich begrabe es diese Nacht, einen anderen Vertrag kann ich Ihnen nicht vorschlagen. Mit freundlichen Grüßen Ihr Hermann Bahlsen"
Diese Worte stammen aus einem Brief vom 26. 2. 1919 an Bernhard Hoetger. Sie waren der Schlußsatz zu einem riesigen, alles sprengenden Vorhaben, das beide – Bahlsen und Hoetger – von 1916 bis 1919 eng verband. Eine große Tat wurde von ihnen geplant, eine Vision aus der Taufe gehoben, die nie, noch nicht einmal im Ansatz, verwirklicht werden konnte: die TET-Stadt. Ein Projekt, das jeden auf seine Weise gefangennahm. Von Hoetger glühend, fast fanatisch vorangetrieben, von Bahlsen nicht weniger ehrlich, aber doch verhaltener, und durch kaufmännisches Gespür konkreter vorgetragen.
Berücksichtigt man im nachhinein die Zeitumstände, war es ein schöner Traum, eine nicht zu realisierende Vision. Geplant und vorgestellt im größten Kriegsgetümmel, 1917, getragen von der Illusion des Sieges und apostrophiert als sogenannte „Friedensarbeit". Doch das Projekt entglitt den Händen der beiden Protagonisten. Der phantastische Plan wurde immer unwirklicher, je weiter die Zeit voranschritt. Der verloren gegangene Krieg und dessen Konsequenzen, insbesondere für die Wirtschaft, aber auch die dadurch lancierten, aufbrechenden Unvereinbarkeiten der beiden starken Charaktere, trugen zum Scheitern bei. Der frühe Tod Hermann Bahlsens am 6. 11. 1919 vereitelte endgültig den Bau der TET-Stadt.
Mit meinem Vortrag will ich keineswegs auf die Architektur und deren Wandlungen eingehen; dies geschieht an anderer und be-

rufenerer Stelle. Doch interessierte es mich von Anfang an, wie es zu einer dermaßen umfangreichen und monumentalen Planung kommen konnte.

An dieser Stelle möchte ich Sie in die damalige Firmenwelt des Bahlsenschen Unternehmens entführen! Sie alle sind, so darf ich doch wohl an diesem Ort voraussetzen, mit dem Werdegang Hoetgers, seinen Vorstellungen, seiner Kompromißlosigkeit, seinen schier unerschöpflich scheinenden Visionen bestens vertraut. Sein Eingehen auf die Pläne Bahlsens müßten Ihnen darob einleuchtend erscheinen. Weniger bekannt dürfte Ihnen sein, wie ein hannöverscher Fabrikant die Idee der TET-Stadt überhaupt entwickeln und wie sie damals auch ökonomisch realistisch erscheinen konnte. Da ich unser hauseigenes Museum nicht mitbringen konnte und Sie auch nicht, nach Manier eines Hausgeistes, in selbiges versetzen kann, möchte ich mit Hilfe meiner Schilderungen und einiger Dias versuchen, Ihnen doch etwas von dem Flair dieser Zeit zu vermitteln.

Fast 30jährig, gründete der Exportkaufmann Hermann Bahlsen die Hannoversche Cakes-Fabrik. Die ersten zehn Jahre kann man als Konsolidierungsphase ansehen. Zielstrebig verwandelte Bahlsen einen kleinen Bäckereibetrieb in eine florierende Fabrik, die notorisch unter Platzproblemen litt. Technische Innovationen, der Aufbau eines ausgeklügelten Handelsnetzes und die entsprechende Logistik, die Suche nach geeigneten Rezepten, Neuentwicklungen, Absatzmärkten, Geschmacksrichtungen, Anfänge einer noch traditionellen Werbung, Präsenz auf Ausstellungen im In- und Ausland, all dies prägte die Anfangsjahre. Hermann Bahlsen, sprühend vor Enthusiasmus, verstand es, seine Mitarbeiter mitzureißen, sie zu begeistern, so daß der Erfolg vorprogrammiert war.

Gegen Ende des 19. Jahrhunderts sind erste zarte Anzeichen für ein verstärktes Interesse an der Kunst zu

Hermann Bahlsen (1859 – 1919) beim Lesen einer Kunstzeitschrift

registrieren. Künstler nahmen vermehrt Einfluß auf die Gestaltung in der Werbung. Ab 1900 koordinierte ein künstlerischer Beirat die Arbeiten seiner Kollegen und prägte somit, gemeinsam mit Hermann Bahlsen, den ersten „Bahlsen-Stil".

Heinrich Mittag, ein hannöverscher Maler und Graphiker, schuf so den berühmten TET-Würfel, die erste TET-Leibniz-Packung, deren Design bis zum heutigen Tage Einfluß auf die Gestaltung der Leibniz-Verpackung, unseres ersten Markenartikels, hat (siehe Heimat-Rundblick Nr. 16/Frühj. 91, S. 6/7). Das Produkt war zwar seit 1891 auf dem Markt, erhielt aber erst 1904 seine erste adäquate Kleinverpackung. Sie schützte vor Staub, Schmutz und Feuchtigkeit.

In Kombination mit der kleinen „Revolution" auf dem Verpackungssektor ging eine Änderung des Logos bzw. Firmenzeichens einher. TET, die neue Verschlußmarke, löste die alte Fabrikmarke – das springende Pferd, uns heute als Niedersachsenroß geläufig, damals natürlich noch mit dem Welfenhaus verknüpft – ab. Mit dem Schritt zur Kunst und zum eigenen, unverwechselbaren „Bahlsen-Stil" genügte das Althergebrachte nicht mehr, insbesondere, da das Pferd bei einigen anderen hannoverschen Unternehmen ebenfalls im Signet geführt wurde. TET – eine altägyptische Hieroglyphe, bedeutet übersetzt „ewig" oder „dauernd". Ausgesprochen wurde das Wort wahrscheinlich „dschet", TET ist die annähernde Transponierung in unser Sprachbild, die natürlich auch werbewirksamer war. Zu Anfang war das neue Firmenzeichen ganz auf die neue Verpackung zugeschnitten (Garantie der Frische, des Dauerhaften); mauserte sich aber schnell zum Synonym der Unternehmensphilosophie und deren Kultur.

Wie sah nun der unverwechselbare „Bahlsen-Stil" aus? Er war ein früh verwirklichtes Corporate Design bzw. eine Vorstufe zu einem industriellen Gesamtkunstwerk. Ich möchte Ihnen dies an zwei Beispielen verdeutlichen: anhand der „Musterläden" und den Neubauten von 1911. Sie sind m.E. die architektonischen und konzeptionellen Voraussetzungen für die TET-Stadt.

Hermann Bahlsen hatte ein Motto: die Qualität. Doch sollte die Güte der Erzeugnisse nicht nur beim Rezept, bei den Rohstoffen, der sorgsamen Herstellung liegen, sondern durch eine adäquate

Verpackung, Werbung und Präsentation sollte das „innere" Niveau auch „außen" dokumentiert werden. Ein geschmackvolles Design muß den Konsumenten ansprechen, verführt zum Kaufen und unterstützt den Garantiecharakter eines Markenartikels. Für die gestalterischen Aufgaben, insbesondere die der Verkaufsarchitektur, gewann Hermann Bahlsen die Mitarbeit zahlreicher Künstler. So entstanden auch ab 1906 in lockerer Folge Musterläden in einigen Großstädten des Deutschen Reiches, so z. B. in Berlin, München, Frankfurt/Main. Dem Handel wurde hier eindrucksvoll dargestellt, wie Bahlsen seine Ware präsentiert wissen wollte. Eine Dekorationsfibel, basierend auf den Gründsätzen des Deutschen Werkbundes, wurde an Kaufleute herausgegeben. In diesen Musterläden wurden dem Konsumenten nicht nur Keks verkauft, sondern auch ein Image und ein starkes Markenbewußtsein. Das moderne Design bzw. das aus dem Jugendstil hervorgegangene Kunsthandwerk prägte die Ausstattung dieser Läden. Die Beeinflussung durch Ausstellungen bzw. Projekte wie der Darmstädter Mathildenhöhe ist natürlich nicht zu leugnen. Künstler, u.a. aus den Münchner und Wiener Werkstätten, entwarfen nicht nur Möbel, Lampen und Wandverkleidungen, sondern auch die dazu passenden Verpackungen und Werbemittel. Dekorationen wurden zu Kunstwerken.

Heinrich Mittag: Musterladen Dresden (1906/07)

Dieses künstlerische Verkaufsprogramm wurde 1910/11 bei der Errichtung der beiden Neubauten in Hannover – Verwaltungsgebäude und Fabrikationsbau – subsumiert bzw. erweitert. Zum kaufmännischen Aspekt der Verknüpfung Kunst und Industrie kam jetzt noch die offizielle Verankerung von Wohlfahrtseinrichtungen hinzu. Außerdem wurde die Fabrik selbst zu einem Kulturstandort. Nicht nur die von Karl Siebrecht entworfene Architektur und sein Interieur, sondern auch die im Sitzungssaal stattfindenden kulturellen Veranstaltungen wie Vorträge, Lesungen, Kunstausstellungen und die in den Korridoren und Kontoren ausgestellten Kunstwerke trugen dazu bei. Der Bildhauer Ludwig Vierthaler schmückte den Sitzungssaal mit seinen Majoliken, Julius Diez entwarf Wandgemälde, Georg Herting war für die Bauplastik der beiden Bauten zuständig, Willy Jaeckel stattete die Kantine mit Gemälden aus, Ludwig Hohlweins Kacheln zieren die Leibniz-Abteilung, wo der Keks verpackt wurde, und Heinrich Mittag gestaltete den Musterladen.

Die repräsentative Travertinfassade des Verwaltungsgebäudes sollte nach außen die Qualität und auch die Firmenphilosophie symbolisieren. Beide Neubauten und ihr Programm wurden von den Zeitgenossen fast frenetisch gefeiert. Sie galten damals als besonders gelungener Beitrag zur Industriearchitektur.

Die gedankliche Entwicklung zur TET-Stadt fügt sich nahtlos in dieses Geschehen ein. Ähnliche Reflexionen waren in der Tat auch nicht ungewöhnlich, geschweige denn abwegig. Man muß sich immer wieder vergegenwärtigen, in welcher Zeit wir uns hier bewegen: Dies bedeutet Loslösung von unserem eigenen historischen Wissen und den Konsequenzen, die sich aus dieser bewegten Zeit im und nach dem ersten Weltkrieg ergeben haben. Aufbrechende soziale Strukturen und technischer Fortschritt initiieren politische Diskussionen und futuristische Visionen. Weg von der Verelendung des Arbeiters, der Massen, hin zur qualitativen Anerkennung der Arbeit als solcher. So wurden z.B. 1918 in Erweiterung des Hilfsdienstgesetzes von 1916 Arbeiter- und Angestelltenausschüsse für alle Betriebe vorgeschrieben. Progressive, liberale und demokratische Kräfte treffen in einem kaiserlichen Deutschland auf einen noch stark vertretenen Konservatismus und indoktrinäre Reaktion.

Die Wirtschaft versuchte schon seit Jahren, das von England negativ intonierte „made in Germany" in das Gegenteil umzuwandeln. Der 1907 gegründete Deutsche Werkbund – ein Zusammenschluß von Künstlern und Unternehmern – nahm sich zum Ziel, das deutsche Industrieprodukt zu veredeln, technisch wie ästhetisch. Firmen wie AEG, Bayer, Feinhals, Zanders und natürlich auch Bahlsen schlossen sich dieser Bewegung an. In der Kunst revolutionierten Künstlergruppen wie die Brücke und der

Blaue Reiter den Akademismus ihrer Zeit. Sie hofften, daß der Krieg eine reinigende Wirkung in Europa haben und eine neue, moderne Zeit heraufbeschwören würde. 1901-04 lagen schon Tony Garniers Pläne zur Cité Industrielle vor. Sant'Elias futuristische Stadtpläne, integriert waren Industrie, Elektrizität und Geschwindigkeit, für das Milano 2000 waren in der Diskussion. Englische Fabrikstädte wie Port Sunlight von Lever (1888) und Bournville von Cadbury (1895) und die „dezentrale Vorstadt" (z.B. Saal, in: Golücke, B. Hoetger – Bildhauer, Maler, Baukünstler, Designer), beeinflußt von William Morris, waren Hermann Bahlsen, der allein fünf Jahre (1882-87) in England gelebt hatte, sicherlich nicht fremd. Auch die Gartenstadt-Entwicklung kam in Deutschland zur Entfaltung: Wir brauchen nur an Hellerau bei Dresden (1909), die Kruppsche Margarethenhöhe bei Essen (1908-14) und auch den hannoverschen Siedlungsbau zu denken. Auf diesen Voraussetzungen und der firmengeschichtlichen Entwicklung basiert der gedankliche Ansatz der TET-Stadt.

Zu Beginn des ersten Weltkrieges setzte bei der HBKF ein nicht geahnter Auftragsschub ein: „… der Krieg hat unseren Paketen eine gewaltige Volkstümlichkeit verschafft." (Chronik der neuen TET-Fabrik und -Stadt, o.D., wahrsch. Juni 1917) Es wurde an Kapazitätserweiterung gedacht, zuerst allerdings auf dem Stammgelände. Ursprünglich vor der Stadt gelegen, war es im Laufe der Zeit von selbiger eingeholt worden. Seit Jahren schon war ein eigenes großes Lagerhaus mit Kühlräumen der Traum der Geschäftsleitung. Man mietete zeitweise fünf Lagerhäuser in der Stadt hinzu, um Rohstoffe zu versorgen. Hermann Bahlsen berichtet über diese Zeit im Entwurf für die Chronik der TET-Stadt: „Der Ausbau des Mittellandkanals nach Buchholz-Misburg zu, gab uns den Fingerzeig, Umschau zu halten nach entsprechenden Grundstücken in möglicher Nähe zur Fabrik. Große Terrains fanden sich in der Podbielskistraße in 2 1/2 km von der jetzigen Fabrik. Da mit dem Ausbau einer neuen Fabrik auch in absehbarer Zeit zu rechnen ist …, so dehnten wir unsere Grundstückskäufe (Anm. des Verf.: in Richtung Kanal) gleich so aus, um an das in erster Linie notwendige Lagerhaus mit der Zeit eine neue Fabrik angliedern zu können. Wir kauften ein Grundstück von ca. 40 Morgen zwischen Kanal und Podbielskistraße als eigentli-

che Fabrikanlage und ca. 15 Morgen am Kanal entlang für Wohlfahrtseinrichtungen. Damit es uns nicht wieder so geht, wie mit
der jetzigen Fabrik, welche früher im Felde lag und jetzt durch
mehr oder weniger schöne Häuser eingeengt und eingeschlossen
ist, so erwarben wir auch die Gelände gegenüber der Fabrikanlage, an der Podbielskistraße in Größe von ca. 100 Morgen. So ist
uns somit die Möglichkeit geboten, auf die Bebauung dieses
Geländes insofern Einfluß auszuüben, als wir uns dieselbe in
Harmonie mit der Fabrik denken." Die gesamte geplante Anlage
sollte von vornherein alles das integrieren, was im Stammhaus
Schritt für Schritt erreicht worden war: Wohlfahrtseinrichtungen,
repräsentative Aspekte, modernste Produktionsanlagen, gute
Logistik, Kommunikationsmöglichkeiten, Kulturangebot und
vieles mehr. Somit entstand die Idee der TET-Stadt; neu allerdings waren Unterkünfte, Wohnungen für Mitarbeiter, Orte der
Begegnung, der Freizeit wie Theater, Kegelbahn, Schwimmbad,
Cafés etc. und die gesamte Infrastruktur einer „dezentralen Neu-
stadt".

Das neue Vorhaben wurde als erstes mit dem damaligen „Haus-
architekten" Karl Siebrecht besprochen. Mit ihm hatte Bahlsen
noch das Projekt der Kölner Werkbund-Ausstellung 1914 durch-
geführt. Laut seiner Tochter Eleonore Siebrecht lehnte der Vater
rigoros ab (Interview 1989). „Kein Ghetto für Mitarbeiter schaffen" war seine Devise. Siebrechts saubere, auf handwerkliche
Traditionen beruhende Architektur entwickelte sich über Einflüsse Tessenows hin zu einer eher dem Bauhaus verpflichteten
Formensprache; auch die ideellen Voraussetzungen sind wohl
eher dort zu vermuten. Seine damals bodenständigere Bauaus-
führung scheint auch nicht zu Bahlsens Gedankenwelt, die sich
eher dem expressionistischen entgegen neigte, zu passen. Die Suche nach einem geeigneten Partner mit visionärer Kraft ging weiter. „War dieser Neubau selbstverständlich Notwendigkeit, so
galt es nun, auch die künstlerische Lösung zu finden, das innere
Wesen der Fabrik in schöner Gestaltung nach außen zu tragen.
Nur jene Mittel schienen uns tauglich zur Erreichung dieses Zie-
les, die lebendige sind, und deren unverbrauchte Kraft zu den
Menschen von heute mit verwandter Sprache redet." (Rückblick
TET-Stadt-Chronik, 1917).

Zu dieser Zeit wurden in der Verpackung, aufgrund der guten Auftrags- und Ertragslage, extravagante und exklusive Keramik-Keksdosen u.a. von Margold, Kraut, Vierthaler, aber auch von Diez, Hohlwein und vielen anderen entworfen. Bahlsen suchte aber nach einem Künstler, der ähnlich wie Peter Behrens bei der AEG, fähig und bereit war, ein Gesamtprojekt zu entwickeln. Einheit von innen und außern wurde angestrebt: Produkt und Verpackung, Produktion bzw. Arbeitswelt und Architektur.

Bahlsen waren Hoetgers Arbeiten insofern bekannt, da er Darmstadt, seinen Platanenhain und dort auch das Löwentor kannte (Foto der Kinder vor den Löwen). Das gleiche gilt selbstverständlich auch für das Waldersee-Denkmal in Hannover, das 1915 errichtet wurde. Doch die Bekanntschaft Hoetger/Bahlsen kam nicht unter dem Aspekt des TET-Stadt-Gedankens zustande: „Durch Zufall lernten wir Herrn Professor Hoetger kennen, in dem wir ihn wegen Erwerbung einer Plastik für die Hohenzollernstraße (Anm. des Verf.: Wohnsitz Bahlsen in der Stadt) geschrieben hatten. Derselbe wohnt in Ostendorf bei Worpswede.

Kinder Bahlsens vor dem Löwentor/Darmstadt (1914)

Er besuchte uns und wir ihn, und wir lernten seine architektonischen Fähigkeiten nicht nur schätzen, sondern wir kamen auch zu der Überzeugung, daß er ein Berufener wäre für einen Neubau der Fabrik. Wie es nicht nur die Zeit, sondern auch die eigene Entwicklung und der Krieg lehrt, war nur eine strengere Architektur als der bisherige Listerstraßen- und Podbielskistraßen 352-Bau möglich und hierfür erschien uns Professor Hoetger als der für diese Lösung geeignete Künstler." Dies war im Jahr 1916.

Die Einladung nach Worpswede wurde quasi zum Schlüsselerlebnis. Hoetger schrieb am 11. 9. 1916 an Bahlsen: „Ich habe mich herzlichst über ihre Zeilen gefreut, daß Sie mich Sonntag besu-

Hoetger zu Besuch bei Bahlsen

chen wollen, herrlich! ... Meine Frau freut sich sehr Ihre Bekanntschaft zu machen, und die der lieben Jungens. Ich mache Ihnen den Vorschlag, und zwar um die kurze Zeit vorteilhaft zu nutzen, daß Sie bereits am Sonntag morgen um 9.00 vom Parkbahnhof Bremen nach Worphausen fahren ... Dort werde ich Sie mit dem Wagen abholen. 5 Pers. können mit dem Wagen fahren, und die kräftigsten Jungens machen den Weg zunächst bis Moorende 1/4 Stunde zu Fuß. In Moorende werden wir die Coniferenschule besichtigen und dann nach Worpswede fahren. Fahrtzeit ca. 1/2 Stunde. Unter diesen Umständen gewinnen wir Zeit vieles und mit Ruhe zu sehen." In diesem Brief ist die Rede von einem Vogelbrunnen mit den Bildnissen der Söhne Bahlsens, den Hoetger im Entwurf vorbereitete und vom Ankauf des Brunnens „Frau mit Vogel", einem älteren vollendeten Werk. Die TET-Stadt erhielt erst mit bzw. nach diesem Besuch ihre Aktualität. Hermann Bahlsen lernte den fast fertiggestellten Brunnenhof und damit Hoetgers architektonische Fähigkeiten kennen. Bernhard Hoetger schreckte nicht die Dimension und

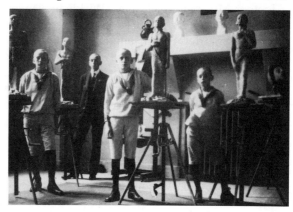

Die vier Bahlsen-Söhne neben ihren Bildnissen im Atelier Hoetgers

213

Die „Bahlsen" bei Hoetger in Worpswede

auch nicht, wie Karl Siebrecht die „Ghettoisierung", gerade das Übergeordnete, das Große, das Zusammenfassende elektrisierte ihn. Bei Eugen Thiemann (Bernhard Hoetger, Worpswede 1990) findet sich eine sowohl kluge wie auch treffende Charakterisierung Hoetgers: „Er zielt auf etwas anderes als das, was der reine Bildhauer anzielt. In dem Augenblick, in dem er der alten Symbiose Förderer/Künstler eine neue Spielart hinzugibt, findet er auch sein Ziel. Es ist das sogenannte Gesamtkunstwerk, das so oft mißverstandene, auch mißbrauchte Allroundmeisterwerk, dem Größe und Schwäche zugleich eigentümlich sind." Hoetger war damals überzeugt, in Bahlsen den Mäzen gefunden zu haben und ging mit allen seinen Phantasien in dieser Aufgabe auf. Der Künstler selbst äußerte sich in einem späteren Brief (15. 3. 19): „Ich habe mir eben die höchste Aufgabe gestellt ein Gesamtkunstwerk zu schaffen und nicht ein Detail." Er ging sogar noch weiter; er bestätigte damit das, was Thiemann als „Hoetgers Gesamtwerk ist ein Gesamtkunstwerk" bezeichnet, nämlich das imaginäre „Hoetger-Museum" sollte hier Wirklichkeit werden. Zahlreiche Ankäufe von älteren Kunstwerken Hoetgers wurden für den „Ehrenraum" der Fabrik eingeplant. Am 29. 12. 1916 schrieb Hoetger wie folgt an Bahlsen: „Hoetgermuseum. Meine durch den Fall Cüpper gegebene Situation ist Ihnen nicht unbekannt. Nachdem ich wieder Besitzer meiner Werke geworden, bin ich leider durch die Umstände genötigt wenigstens einen Teil derselben im Hinblick auf die durch Herrn C.'s Versprechungen eingegangenen Verpflichtungen (Hausbau in Ostendorf etc.) zu realisieren. Da Sie nun selbst den Wunsch haben einen Teil meiner Arbeiten, die sogenannten Perlen, für den späteren Ehrenraum Ihrer Fabrik zu erwerben, würden Sie mir sehr entgegen kommen, wenn es Ihnen möglich wäre eine diesbezügliche endgül-

tige Auswahl schon jetzt zu treffen. – ...". Weiter heißt es: „Selbstverständlich würde ich Ihnen hinsichtlich der finanziellen Erledigung dieses Ankaufes nach Kräften entgegenkommen, ich gestehe Ihnen aber andererseits, daß mir gerade jetzt zu Beginn des neuen Jahres eine größere Summe sehr willkommen wäre, da ich unbedingt über einen Betrag von Mk. 60.000 verfügen muß." Im selben Brief sprach Hoetger von bindenden Abmachungen, bezogen auf die TET-Stadt-Planung, d.h. entweder die Fixierung eines Gesamthonorars für die künstlerischen Entwürfe und die Überwachung der baulichen Ausführung oder, wie bei Architekten üblich, eine prozentuale Anerkennung (am Gesamtvorhaben). Dieser Vertrag und auch die finanziellen Verhandlungen bzw. Forderungen Hoetgers nahmen im Laufe der Zeit immer ein größeres Maß ein und führten auch zu den vorprogrammiert scheinenden Disputen. Hoetger betonte aber in diesem Brief ausdrücklich: „Ich bitte, sehr verehrter Herr Bahlsen, diese meine Vorschläge nicht mißzuverstehen. Sie wurden lediglich gemacht, um einmal meiner eigenen Schaffenskraft, die unbedingte künstlerische Freiheit zu gewährleisten, andererseits aber auch um unserer rein geschäftlichen Beziehung, die Grundlagen zu geben, die unseren gemeinsamen Aufgaben entsprechen. – Dabei darf ich Ihnen schon jetzt rein menschlich für all die schönen Möglichkeiten, die Sie mir schaffen auf herzlichste danken. Sie gaben mir ein großes Glück und ich habe den Ehrgeiz Ihnen meine ganze Kraft zur Verfügung zu stellen."
Neben der Planung der TET-Stadt und einigen plastischen Aufträgen, z.B. für den „Sommersitz" Bahlsens in Bemerode, laufen parallel Gespräche zu einer Hindenburg-Ehrung. Letztere sollte nicht nur als Denkmal dem Feldherrn dediziert werden, sondern die vorgesehene Ringstraße sollte die Umgebung Hannovers erschließen und eine „Quelle der Erholung und Gesundheit" werden (Brief Bahlsens an Professor Biermann, vom 22. 12. 16). Man wolle damit dem „modernen Drang >Hinaus ins Freie<" nachkommen. – Außerdem war Hoetger mit einigen Neugestaltungsvorschlägen für den Musterladen-Eingang Hannover beschäftigt. Seine Aktivitäten waren also zum größten Teil an Bahlsen gebunden.
Im Februar 1917 schlug dann die große Stunde: Im Kunstverein

der Stadt Hannover, anläßlich der 85. Kunstausstellung, wurde das TET-Stadt-Projekt der Öffentlichkeit vorgestellt. Präsentiert wurde das Modell, Entwurfsskizzen, Zeichnungen von Martel Schwichtenberg, Hoetgers Schülerin, Skulpturen Hoetgers und Bauzeichnungen.

TET-Stadt-Projekt in der Ausstellung des Kunstvereins der Stadt Hannover (1917)

Zur besseren Orientierung möchte ich Ihnen das TET-Gelände kurz vorstellen. Es befand sich an der Podbielskistraße stadtauswärts, also an der Ausfallstraße nach Celle, von der es in zwei ungleiche Partien unterteilt wurde. Der nördliche Part, zum Kanal ausgerichtet, war der neuen Fabrik vorbehalten. Dort sollte auch das so dringend benötigte Lagerhaus lokalisiert werden. Gegenüber dem Fabrikareal, wie gesagt durch die Podbielskistraße abgetrennt, die eigentliche Stadt mit einer städteplanerischen Anbindung an die Eilenriede, dem Wald in und um Hannover.

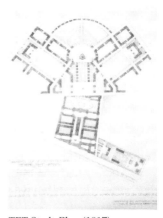

Die symmetrisch angelegte, rechtwinklige Fabrikanlage wird durch das Lagerhaus, das die Rohstoffe aufnehmen soll, zum Kanal abgeschlossen. Der Gebäudekomplex, als Dreieck konzipiert, versucht die Achse des Grundstückes in einen

TET-Stadt-Plan (1917)

216

annähernd rechten Winkel zur Podbielskistraße zu bringen. Mittig an der dem Fabrikgelände zugewandten Seite befindet sich die Maschinenzentrale, die die Energieversorgung gewährleisten soll, mit ihrem 75 m hohen Schornstein-Turm, der ähnlich wie in der alten Fabrik von einem Wasserreservoir ummantelt ist. Hinter dem Lagerkomplex eine Durchfahrt mit hofartigen Erweiterungen und beidseitigem Anschluß an die beiden Zulieferstraßen, die das Gelände im Osten und Westen einfassen. Die Mittelachse bildet die Versandhalle, in der die fertige Ware aus den parallel, zu den Längsseiten des Gebäudes angeordneten Bäckereien, angeliefert und dort verpackt werden sollte. Im Süden befindet sich ein großer Hof, der dem Fuhrpark vorbehalten sein sollte, und wo die Verladung der fertigen Lieferungen stattfände. Das Fabrikgelände wird zur Podbielskistraße durch das sogenannte Repräsentationsgebäude, das auch den besagten „Ehrenraum" beherbergen sollte, abgeschlossen. Dieser Bau sollte keine Arbeitsräume beinhalten, sondern rein repräsentativen Zwecken dienen. „Wir haben einige Hundert Mitarbeiter z.B. allein in ganz Deutschland verstreut. Diese besuchen uns einige Male im Jahre gemeinschaftlich zum Gedankenaustausch und hierfür gebrauchen wir Räume! In der sonstigen Zeit stehen diese Räume für Konzerte, Vorträge, Kunstausstellungen und dergl. zur Verfügung, ..." (Hermann Bahlsen an Baurat Siebold 8. 8. 1917). Zwei niedrigere Flügel für Stallungen und Wagenstände gliedern sich direkt an das Repräsentationshaus an. Der Fabrik gegenüber wurde ein großer, freier Platz geplant, der die TET-Säule aufnehmen sollte. Von dort nahm die TET-Straße, eine 60 m breite Allee, die je an ihren Enden von Tierplastiken begrenzt werden sollte, ihren Anfang. Sie führt als Hauptachse geradewegs auf den Theaterplatz zu. Kleine Pavillons, die kunsthandwerkliche Werkstätten aufnehmen sollten, flankieren die Hauptstraße der TET-Stadt. Hinter ihnen sind Häuserzeilen veranschlagt.

Um den Theaterplatz läuft eine eingeschossige Bauzeile um, die durch die Zugänge zu den sternförmig angelegten Straßenzügen unterbrochen wird. Links und rechts der TET-Straße sollten diese von je einem Hochhaus überbaut werden. – In Verlängerung der Zulieferstraßen des Fabrikareals werden zwei Straßen geplant, die vom TET-Säulen-Platz parallel zur Hauptallee verlaufen und dann abknickend zu den Außenpartien des Geländes durch ein Portal auf einen Platz mit Obelisken enden. Umgeben ist dieses Areal von großen Wohnblöcken.

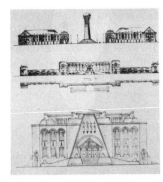

TET-Stadt-Entwurf (1917) mit Säule und Theater

Neben dem Fabrikgelände ist an einen Erholungspark gedacht worden: „An der Westseite der Fabrik ist ein Grundstück von genügender Größe gesichert, welches als Erholungsstätte für die Arbeiter der Fabrik ausgebaut werden soll. Vorgesehen sind Erholungshäuser, Spielplätze, kleiner Birkenwald und reichliche Bepflanzung." (TET-Stadt-Broschüre, 1917).

Damit ist an alle Aspekte einer separaten Stadt gedacht worden: Arbeitsbereiche, ausreichend Wohnraum, großzügige Parkanlagen (mit Waldcharakter), Straßenverbindungen, Einkaufsmöglichkeiten, Erholungs- bzw. Ruhezonen und natürlich auch kulturelle Einrichtungen wie z.B. das Theater. Auf sakrale Institutionen sollte allerdings ganz verzichtet werden.

Die geplante Bauordnung wird in der Kunstgeschichte immer wieder als „ägyptisch, babylonisch, monumental" (Saal im Ausstellungskatalog, Bernhard Hoetger, Bildhauer, Maler, Designer, Worpswede, 1982) beschrieben. Insbesondere die Betrachtung der Schwichtenbergschen Zeichnungen läßt die gewaltigen kubischen Massen erahnen und gibt dem Ganzen den Anstrich eines ägyptischen Metropolis. Dreieck und Rundbogen sind die vorherrschenden Formen. Bei der Fabrikplanung wird die Architektur durch Flachdächer, im Gegensatz zu den Walmdächern der Wohnanlage, bestimmt, die sich, wie Hermann Bahlsen immer wieder betont, aus rein praktischen, fabrikspezifischen Aspekten ergeben. „Nicht die Kostbarkeit der Baustoffe und nicht der Reichtum der Formen waren für uns maßgebend, sondern wir wollten im besten Sinne modern sein und stellten uns das Ziel: Einfachheit und rein künstlerische Gestaltung. Hier sollte der künstlerische Wille, gestützt auf praktische Erwägungen wie auf die in vielen Jahren gesammelten technischen Erfahrungen, sich auswirken. –

Professor Bernhard Hoetger, der sich schon seit einiger Zeit mit der künstlerischen Gestaltung dieser Fabrik befaßt, machte uns in unserem Sinne den Vorschlag, die ganze Fabrik mit ihrer Umgebung aus dem bodenständigen Material des roten Ziegelsteins zu bauen. Der vielerfahrene Künstler begründete dies mit dem Bemerken, daß bei großer Flächenhaltung der Baumasse unter Beobachtung aller künstlerischen Gesetze und der technischen Notwendigkeiten das erreicht werden, was letzten Endes in unserer Absicht lag – Schaffung einer zweiten Keksfabrik mit Ausnutzung aller technischen Mittel, Gestaltung einer künstlerischen Form mit Hinzuziehung moderner Kräfte, die ihr den Ausdruck der Lebendigkeit geben." (Zitat TET-Stadt-Broschüre).

Die Resonanz auf die Ausstellung bzw. auf das TET-Stadt-Projekt war vielschichtig und sehr gegensätzlich. Positive wie negative Äußerungen sind zu konstatieren, aber der enorm große Widerhall zeigt uns auch, wie stark der Nerv der Zeit getroffen wurde. Im Bahlsen-Archiv sind entsprechende Zuschriften erhalten, ebenso wie einige der Antworten.

Hermann Bahlsen kritisierte insbesondere an den Fachleuten, die sich ablehnend äußerten, deren mangelnde Objektivität neuen, modernen Dingen gegenüber. „Die Idee finden sie gut, den Plan desgleichen, die Architektur >wie man es von einem Nichtfachmann ja nur erwarten kann<." (TET-Stadt-Chronik). Dabei muß man von unserem heutigen Standpunkt auch anmerken, daß Hoetgers Architekturauffassung bei der TET-Stadt-Planung noch sehr skulpturell zu nennen ist. Bau ist hier eher plastisch begriffen, dies ändert sich zusehens bei Hoetger im Laufe seiner vermehrten Bautätigkeiten.

Besonders „getroffen" fühlte sich Bahlsen durch die harsche Ablehnung des Architekten- und Ingenieur-Vereins zu Hannover. Man habe sich in der letzten Sitzung „mit dem in der Kunstausstellung befindlichen Entwurf zum Neubau der TET-Stadt beschäftigt. – Bei aller Anerkennung der Großzügigkeit der Bauabsichten glaubt der Verein angesichts der Bedeutung der Bauaufgabe seine schweren Bedenken gegen die gegenwärtige Gestalt des Entwurfes aussprechen zu sollen, weil darin schon die Erfüllung der beiden grundlegenden Forderungen der Baukunst vermißt wird, daß das Bauwerk bodenständig sein und in der äußeren Erscheinung das innere Wesen zum Ausdruck bringen müsse." (Brief vom Vorstand/Schleyer, vom 26. 4. 1917). Waren ihnen also die Fabrikneubauten nicht industriell genug, oder entsprachen sie ihnen zu wenig dem „süßlichen" Charakter einer Keksfabrik? Weiter heißt es im schon zitierten Brief: Man halte es „bei der Wichtigkeit der Angelegenheit und bei der Größe der Bauaufgabe für dringend wünschenswert, daß auf Grund eines eingehenden Bauprogramms durch einen Wettbewerb eine bessere Lösung gesucht und gefunden werde." Bahlsens einziger Kommentar zu diesem Schreiben findet sich als handschriftliche Notiz auf dem Originalblatt: „nicht beantwortet – HB!" Zum Vorschlag des Wettbewerbs äußert er sich an anderer Stelle ebenso abschlägig: „Betreffs eines Wettbewerbs möchten wir bemerken, daß wir ein Feind solcher Sachen sind, da selten was dabei herauskommt." Außerdem vertraue man vollkommen dem Gestaltungswillen Hoetgers. (Brief an den königlichen Baurat Siebold, Bielefeld, vom 23. 5. 1917).

Um Ihnen, meine Damen und Herren, die damalige Situation plastisch vor Augen zu führen und Sie auch den heiteren Aspekt erleben zu lassen, nochmals ein Zitat aus der Chronik-Entwurf der TET-Stadt: „Kleinlichkeiten seien hier nur nebenher erwähnt: ein Maler empfand die Fensterumrahmung des Repräsentationshauses als Goldschmiedearbeit, ein Kultur-Professor konnte keinen Platz für Düngergruben entdecken; der Leiter einer Kunstwerkstätte vermißte die Nüchternheit, das System und die Typisierung und konnte sich nicht vorstellen, daß >ein so verhältnismäßig einfacher Mensch, wie Hermann Bahlsen< sich ein Repräsentationshaus für die Fabrik bauen ließe. Die meisten verstehen überhaupt nicht, wie man ein solches Repräsentationshaus zu bauen beabsichtigt. Am allerwenigsten verstehen sie den darin liegenden Gedanken des Hineintragens von Kunst und Schönheit in den Fabrikkreis. Auf den gleichen Widerstand stoßen wir auch bei den jetzigen Repräsentationsräumen in der alten Fabrik. Nur unsere Reinmachefrau weiß sie voll zu würdigen und ist beim besten Willen nicht aus den mit Bildern versehenen Räumen herauszubringen. Sie findet alles so schön, daß die behauptet, sie müsse den ganzen Tag gerade in diesen Räumen Staub putzen."

Für die Chronik wurden auch einige Auszüge von Anschriften zusammengestellt: So z.B. auch von Adolf Hölzel, der die neuen Glasfenster des Großen Sitzungssaales im Stammhaus 1917/18 gestaltete. „Außer der großen Idee und Tat Ihrerseits", so Hölzel, „erscheint mit das Ganze als bestes Werk Hoetgers, und ich beglückwünsche Sie beide hiermit auch schriftlich auf's Herzlichste. – Nicht leicht hat etwas stärker auf mich gewirkt und mich so gefangen genommen, wie dieses große Werk." Auch Dr. Hildebrandt (TH Stuttgart) äußert sein Wohlgefallen: „Daß ich mit Freuden für diese künstlerische Leistung mich einsetzen werde, ist selbstverständlich. Es soll mir überhaupt stets eine Freude sein, für eine Sache, von deren Güte ich so sehr überzeugt bin – hier also von dem engen Bunde, den Industrie und Kunst in Ihrem Betriebe geschlossen haben – wirken zu können."

Interessant auch folgende Zuschrift von Prof. Brinckmann von der TH Karlsruhe (leider ohne Datum): „Ihre Fabrik könnte wirklich nach und nach ein Kulturzentrum werden und jenes scheinbar unlösliche Problem lösen: zivilisatorische Fabrikarbeit, die an sich antikulturell ist, kulturelle Werte schaffen zu lassen."

Bei den teilweise umfangreich entstehenden Briefwechseln, sprach sich Hermann Bahlsen immer wieder für das Genie Hoetgers aus: „ … ein Genie soll man walten lassen, selbst auf die Gefahr hin, daß nicht alles gelingt." (TET-Stadt-Chronik). Diese Überzeugung Bahlsens wurde allerdings bald von den Realitäten eingeholt. Die Verwirklichung des Projektes offenbarte immer mehr die Diskrepanzen zwischen dem künstlerischen Wollen und der Ausführung, wobei Hoetgers Unerfahrenheit in Sachen Ingenieurskunst und Architektur immer stärker zu Tage treten. Im Dezember 1918 fügte Hermann Bahlsen einem Vertragsentwurf handschriftlich folgendes hinzu: Die dreiprozentuale Beteiligung Hoetgers „muß geändert werden in 1 %, da Hoetger, wie die Erfahrung beim bisherigen Projektieren gelehrt hat, nicht in der Lage ist ein Architekturbureau beim Bauen rationell und sachgemäß zu leiten ohne selbständigen Architekten, der auch Procente haben muß."

Konsequenz ist, daß Bahlsen die technische Abwicklung einer eigenen Bauabteilung übergibt und im Verlauf der Zeit, auch unter dem Druck der Ökonomie, einschneidend in die Pläne eingreift. Hoetger fungiert 1919 quasi nur noch als Berater; sein Entwurf von 1917 wurde 1918 noch von ihm selbst auf Wunsch Bahlsens in einigen Fragen abgeändert, doch 1919 entsteht eine dritte Fassung, die allein von Bahlsens Bauabteilung vorgenommen wird. Diese Modifikation basiert natürlich auf Hoetgers Prinzip, reduziert aber eindeutig dessen künstlerischen Wurf. Wann exakt Mißstimmigkeiten das erste Mal auftreten, können wir nicht feststellen, da das Jahr 1917 eine Zäsur innerhalb der Korrespondenz darstellt. Zu diesem Zeitpunkt wohnte Hoetger in Hannover, und naturgemäß existiert kein geschriebenes Wort. Dies ändert sich erst wieder mit dem Jahr 1918 (s. Korrespondenz Hoetger-Bahlsen; n. Saal, Bernhard Hoetger der bedeutenste Künstler des Expressionismus im norddeutschen Raum, Bonn 1989).

Schon Anfang 1918 hatte sich die Lage, in der sich das Unternehmen befand, grundlegend gewandelt. Bahlsen schrieb an Hoetger (Steno-Notizen vom 20. 2. 1918): „Alle übrigen neuen Projekte TET Kosten und so weiter können natürlich befürwortet, müssen aber notgedrungen zurückgestellt werden. Die Situation ist heute so, daß Geld bereits teuer wird." Es herrsche eine „Einnahmekrise und eine ungeheure Geldknappheit". „… Ich selbst muß mich hier in Acht nehmen, um nicht die Entwicklung der Fabrik zu gefährden. Durch … Rückankäufe und den beschränkten Betrieb wachsen meine Schulden in unangenehmer Weise." Schon im November 1914 war es zu Rationierungen von Getreide gekommen, aber Bahlsen machte daraus eine Tugend und entwickelte neue Rezepte, um dem Qualitätsanspruch doch noch zu genügen. Allein von 1914-16 wurden 35 Waggon Keks dem Deutschen Roten Kreuz als Liebesgaben für die Fronttruppen gespendet. Ähnliche Sendungen (Keks, Literatur und die Leibniz-Feldpost) wurden an die Mitarbeiter im Felde geschickt, deren Frauen zu Hause eine Unterstützung erhielten. Fürsorgeschwestern wurden eingestellt für den „sozialen Außen- und Innendienst". Ab 1916 kam es zu immer größeren Schwierigkeiten: Die Nachfrage nach Keksen blieb weiterhin groß, da sie brotmarkenfrei blieben, aber die Fett-, Zucker- und Mehlversorgung verschlechterte sich von Tag zu Tag, so daß immer mehr Artikel gestrichen werden mußten. Gewisse Produkte wurden verboten, und die Verbleibenden bekamen den Aufdruck Kriegsware. Im Dezember 1917 konnten keine „Liebesgaben" mehr an die Front geschickt werden. Zu dieser Zeit wurden dann auch die ersten Bezugsmarken für Bahlsen-Kekse gedruckt. 1918 durfte offiziell nur noch Zwieback nach einem Einheitsrezept gebacken werden. Bahlsen allerdings erhielt als einzige Firma die Erlaubnis, dieses Rezept auch für Kekse zu nutzen. Trotzdem war im November 1918 nur noch ein Ofen in Betrieb (Firmenpublikation zum 75jährigen Jubiläum, 1964).

Erstaunliche Tatsache bleibt, daß auf das TET-Stadt-Projekt nicht verzichtet wurde. Hoetgers eigene finanzielle Misere, noch hervorgerufen durch ausstehende Zahlungen den Brunnenhof betreffend, versuchte der Künstler durch Hermann Bahlsen zu tilgen. Am 20. 2. 18 (Monatsangabe ist schlecht zu entziffern) schrieb der Künstler: „Lieber Herr Bahlsen! Ich befinde mich in einer unangenehmen Situation, die ich zu klären für unbedingt notwendig erachte. Meine Reise hierher galt einer genauen Prüfung meiner finanziellen Verpflichtungen, die sich im Laufe der Zeit für den Rest der Fertigstellung meines Neubaues ergeben hatten. Die letzte Bauschuld von rund Hundertvierzigtausend Mark drückt mich tief nieder, und ich wage mich nicht früher aus meiner Höhle heraus bis ich den schweren Knoten gelöst habe. Ich brauche Freiheit und einen offenen Weg um meine künstlerischen Ziele zu verfolgen." Zum Ende des Briefes wird Hoetger deutlicher: „ … die verlorene Kraft, die Unlust, der Druck, der ewige Gedanke nach einem Ausweg bringt mich von meiner Sehnsucht nach Arbeit. Ich leide, indem ich mich verliere um Barrikaden zu bauen gegen die lästigen Forderungen. Der Krieg mit seiner unerhörten Teuerung ist natürlich mitschuldig, denn die doppelte Rechnung für den Neubau stimmt kaum. So in diesen tiefen Kümmernissen komme ich zu Ihnen, lieber Herr Bahlsen, weil Sie allein in der Lage sind meine Kräfte zu beurteilen, und Sie mir allein das Vertrauen schenken können. Wenn Sie mir Ihren starken Arm entgegenstrecken, so ist meine Kraft frei und meine Ruhe wird Früchte tragen. – Die frgl. 140 000 Mark machen mich schuldlos und werden mich dankbar kräftigen zur Einlösung meines Versprechens. Ich bitte herzlichst um Ihr Vertrauen." Der Brief wurde durch Eilboten zugestellt. Wie weit Bahlsen Hoetger helfend unter die Arme greift, ist leider nicht überliefert. Zwar existieren Quittungen Hoetgers aus dem Februar und März des Jahres für Zahlungen HBs von insgesamt 70 000 Mark im Bahlsen-Archiv, aber ob diese in einem kausalen Zusammenhang zur genannten Bitte stehen, kann nicht eruiert werden.

Hoetger reiste, seit einiger Zeit leidend, und trotz seiner finanziellen Situation, in ein Sanatorium nach Wiesbaden, anschließend zur Kur nach Bad Kissingen und quasi zur Nachkur nach Oberhof ins Golfhotel. Er war in dieser Zeit voller Tatendrang und wünschte sich, bald wieder nach Worpswede zu seiner Arbeit zurückkehren zu dürfen. Zahlreiche Postkarten an Bahlsen belegen diesen Zeitraum. Nach seiner Rückkehr drangen Bahlsens Appelle jedoch langsam zu Hoetger durch, so lesen wir in einem Brief vom 21. 10. 18: „Es tröstet mich die Überzeugung, daß Sie unter günstigeren Verhältnissen Ihre Großzügigkeit weitergelebt hätten. Ich betraure diesen Übergang besonders für Sie, denn ich fühle, daß es Ihnen jetzt besonders schwer wird Dispositionen umzustoßen, selbst wenn ich in erster Linie dadurch erschütternd getroffen werde." Hoetger spricht in diesem Brief auch von der Suche nach einem neuen Förderer, denn wie sonst soll man Folgendes verstehen? Er müsse sich „mit der größten Energie umsehen, um einen Anker schlagen zu können in einen Bereich, der mich schützt. Vielleicht helfen Sie mir durch Ihre Beziehungen zu einer Verbindung, die mich gesunderhält für unsere gemeinsamen Ideen, …". Trotz allem Verständnis, am Ende des Briefes geht es dann wieder um das leidige Thema Geld.

1919 verdichten sich die Mißverständnisse und Auseinandersetzungen immer mehr. Hermann Bahlsen versuchte durch Ankauf von älteren Bildwerken Hoetgers diesen zu unterstützen und andererseits selbst einen realen Gegenwert zu erhalten. Hoetger allerdings reagierte darauf eher verhalten: „Ich danke Ihnen herzlichst, daß Sie mir mit dem Ankauf einen besonderen Dienst erweisen wollten. Ich möchte aber dennoch daran erinnern, daß doch auch in diesen Arbeiten eine verbrauchte Energie steckt, die in Zeit umgerechnet die besten Jahre meiner künstlerischen

Tätigkeit umfassen, und daß in dem ... Ankauf eigentlich keine Deckung meiner letzten Jahre liegt." (21 1. 19). Bald darauf verwahrte sich Hoetger gegen Bahlsens Meinung, er (Hoetger) zeige kein Verständnis für Bahlsens Großzügigkeit und Situation. Ebenso lehnt er den Vorwurf des Materiellen ab: „Ich bitte nur um ein wenig Glauben und Einsicht. Nicht Geld lockt mich, sondern nur die Tat. Das Geld galt mir nur als Mittel zur freien Tat." (23. 1. 19).

Im Februar spitzte sich die Situation zu. Bahlsens Eingriffe wurden radikaler, so z.B. „daß die mittelalterlichen Türme (am Theater-Platz, gemeint sind wahrscheinlich die Hochhäuser) heutzutage nicht mehr gebaut werden dürfen. Man würde die Sache nicht mehr verantworten können, unrentabel ist ... Für das Geld, was die jetzigen Türme kosten würden, könnte man fast das Theater bauen." (17. 2. 19) Bahlsen schlug stattdessen Atelierbauten vor. Hoetger wehrte sich vehement gegen diese Planänderung und sah allgemein seine künstlerische Lösung gefährdet. „Dieses sind meine Gründe, die so wesentlich sind, daß ich Sie bitten möchte der neuen Idee mit Mißtrauen zu begegnen. Wenn Sie aber dennoch eine Änderung wünschen, so bin ich natürlich bereit, aber Sie werden es mir nicht übelnehmen, wenn ich diese mit meinem Namen nicht decken kann." (18. 2. 19) In einem späteren Brief (21. 2.) wird Hoetger noch deutlicher: „ ... nur mit der innersten Erregtheit schafft man neue Kunstgesetze. Änderungen sind nur statthaft, wenn sie das Ganze im ursprünglichen Sinne steigern. Diese neue Änderung steigert aber nichts, sondern orientiert sich nur an einem Durchschnittsniveau." Auf diesen Brief folgten die eingangs zitierten schwerwiegenden Zeilen Bahlsens: „Es war ein schöner Traum unser TET-Projekt." Dies war wohl eher Hermann Bahlsens Abschied von der künstlerischen Lösung, aber nicht vom Fabrik-Projekt selbst, denn es wurde noch Bauantrag bei der Stadt gestellt. Obwohl ein Schreiben des Unternehmens vom 27. 2. an Professor Brinckmann existiert, in dem es heißt: Eine weitere Stellungnahme zur zweiten Fassung der TET-Broschüre würde sich erübrigen, da „Herr Bahlsen inzwischen das TET-Projekt aufgegeben hat." Hoetger reagierte: „Ihre Mitteilung hat mich tief erschüttert und bedauere ich unendlich, daß die große Idee für Sie nur ein schöner Traum war.

HERMANN
BAHLSEN

HANNOVER
HOHENZOLLERNSTR 16
F SÜD 3993

26/2/19

Lieber Herr Hoetger.

Es war ein schöner Traum unser
TET Projekt. Ich begrabe es diesen
Vacht, einen anderen Vertrag kann
ich Ihnen nicht vorschlagen.

Mit Freundl Grüssen
Ihr Hermann Bahlsen

Brief Hermann
Bahlsens an
Bernhard Hoet-
ger (1919)

– Soll zwischen den Möglichkeiten und der Zukunft wirklich der
grausame Strich gezogen werden? Mir wird dieses unsagbar
schwer, denn ich bin mit dem was war und ist verwachsen. – Halten Sie eine Aussprache für angebracht, dann komme ich zu Ihnen." (1. 3.) Ob es jemals dazu gekommen ist, entzieht sich unserer Kenntnis. Im April des Jahres beklagte Hoetger die mangelnde Reaktion Bahlsens; wir wissen nicht, ob dies mit einer allgemeinen Unlust gegenüber dem Projekt zusammenhing oder
mit der angespannten Lage des Unternehmens oder vielleicht
auch mit der beginnenden Krankheit Bahlsens zu tun hatte. Auch
die Vermittlung zwischen beiden Parteien durch den gemeinsamen Bekannten Biermann, dem Herausgeber des Cicerone,
platzte. Es fielen zwischenzeitlich harte Worte, so schrieb Bahlsen
an den Künstler: „Im übrigen bin ich der Ansicht, daß Sie mit
dem TET-Projekt nicht mehr geleistet haben, als das Notwendig-
ste. Das damals in der Kunstausstellung ausgestellte Projekt
kann man als Idee betrachten, eine praktische Ausführung danach war natürlich ausgeschlossen." (26. 4.) Hoetger antwortete
relativ zurückhaltend: „Ich bedauere, daß Sie meine Arbeit für
die Tetfabrik mit Pflichtarbeit bezeichnen. In dieser Einschätzung
meiner Leistung sehe ich eine absichtliche Niederdrückung und
damit eine Kränkung. Ich glaube, wir vermeiden eine derart
harte Form, die mich nur kränken kann. Das erste Tetmodell be-

zeichnen Sie als unklare Lösung – auch hierüber bin ich anderer Meinung und gerade wegen der angegriffenen Achse, die mit mir sicher viele Architekten als Winkel zur Podbielskistraße zu einer guten Lösung rechnen werden." Hoetger nahm hier bewußt die Schärfe aus der Diskussion und kam wieder sachlich auf das Projekt zurück.

Die Streichungen wurden immer dramatischer, sogar sogenannte „heilige Kühe" fielen dem Rotstift anheim: Das Theater sollte nun doch nicht gebaut werden, „wenn die nächste Generation das Theater bauen kann und will, so ist das etwas anderes", die TET-Säule wurde gestrichen, „als Kulminationspunkt bleibt lediglich der Schornstein und das ist gut." (2. 5.). Auch klingt in einem Brief Bahlsens (5. 6.) durch, daß die politischen Verhältnisse sich geändert haben und es bei einzelnen Genehmigungen zu Schwierigkeiten kommen kann: So daß die „ … schräge Podbielskistraße bei der jetzigen Zusammensetzung des Bürgervorsteher-Kollegiums (hauptsächlich Sozialdemokraten) nicht mehr durchzubringen ist."

Trotzdem bewegten sich beide Parteien wieder aufeinander zu, insbesondere eingedenk der gemeinsamen Erfahrung und der gleichsam empfundenen Enttäuschung. Hoetger schrieb an Hermann Bahlsen am 9. 6.: „Ich bin ganz traurig, daß unsere schöne Arbeit das durchdachte Projekt der Tetfabrik u. Stadt so langsam zerstört wird. Ich weiß, es ist nicht Ihre Schuld, weiß, daß auch Sie darunter leiden. Ich freue mich aber, daß Sie das alte Idealprojekt aufrecht erhalten, freue mich, daß es später mal zeugen wird davon was wir wollten und was geworden. Was zwei Menschen aufgebaut und was andere zerrissen haben. Warum sollen wir heute darüber leiden? Dieses ist doch nur eine Geldfrage und die ist nicht wert, daß man leidet. Wichtiger ist, daß wir unseren Willen klar und deutlich mit einer starken Form ausgedrückt haben. Und wenn die mächtigeren Leute hundertmal sagen, es sei unpraktisch und es gebe bessere Lösungen, so lache ich, denn ich kenne den Grund dieser Einsicht. Warum sollen wir uns damit quälen, sollen doch die Mächtigeren bauen. – Es ist eine Geldfrage und wenn diese nicht wäre, wüßte ich was Bahlsen täte. Wir haben aber unsere Arbeit getan, warum sollen wir alles wieder zerstören. Seitdem die Geldfrage ungelöst blieb, glaube ich nicht

mehr an eine Ausführung. Ich habe mit der ganzen Sache abgeschlossen, und bin auf das Schlimmste gefaßt – denke nicht mehr,
daß irgend etwas von unserer Idee bleibt, weiß bestimmt, daß
die, die Macht haben einmal bauen werden und der Bau wird
dann so aussehen wie sie sind, nicht wie wir wollten." Dieses
Schreiben umreißt deutlich das Geschehen von 1919 und zeigt
das Ende auf. Hoetgers eigene Kompromißlosigkeit kommt hier
ganz deutlich zum Vorschein. Auch seine ideologischen bzw. politischen Ansichten werden hier angedacht, „wir treiben bestimmt weiter, werden sicher Kommunisten werden müssen, um
wieder zu gesunden oder um unter zu gehen." Außerordentlich
interessant ist für uns aber auch das Ende des Briefes: „Ich hörte
durch Beindorff (Fa. Pelikan, Hannover), daß es Ihnen nicht gut
ginge. Wir bedauern dieses sehr tief und hoffen, daß Sie das Un-
wohlsein bald wieder überwinden. Wollen Sie nicht mal eine
Zeitlang bei uns wohnen, damit Sie den ganzen Krempel vergessen? Hier wird frei künstlerisch geschafft und hier wird nach
Überzeugung gehandelt. Kommen Sie und freuen Sie sich über
wirkliche Taten."

Bahlsens zunehmende Gereiztheit Hoetger gegenüber ist also
nicht nur auf dessen Beharren auf der ersten künstlerischen Lösung und seinem temporären Unverständnis sachlichen Zwängen gegenüber, zurückzuführen, sondern vielleicht auch auf den
Umstand, daß Bahlsen im Laufe des Jahres 1919 schwer erkrankte und dadurch seine Gelassenheit einbüßte. Am 6. 11. er-
lag Hermann Bahlsen seinem Leiden.

Das Projekt, ein industrielles Gesamtkunstwerk zu schaffen,
blieb ein Traum; der Weg dorthin wurde zu steinig. Hoetgers Einschätzung war richtig, denn die Pläne zeugen noch heute von der
Idee und dem künstlerischen Willen. Sie beleuchten einen Ab-
schnitt unserer Vergangenheit und können nicht mehr vergessen
werden.

Hoetger blieb dem Haus, über den Tod seines Förderers hinaus,
verbunden. Zahlreiche Aufträge wurden noch fertiggestellt. U.a.
wurde auch posthum der Grabstein Hermann Bahlsens entworfen. Seine Inschrift und seine Ausführung kann auch als letzte
Widmung dem Menschen und Mäzen gelten:

„Hingeneigt dem Leben
Lebendig in Liebe und Güte
Suchend nach Ewigem
Sorgend in Freude für alle."

Grabstein Hermann Bahlsens

Peter und Trina Rathjen vor ihrer Moorhütte

Künstler verändern ein Dorf

Die bauliche Entwicklung Worpswedes zwischen 1890 und 1930*

Vor gut einhundert Jahren wurde das Bauerndorf Worpswede von den Künstlern entdeckt und seitdem hat sich viel in seinem Ortsbild geändert. Die ansässigen Maler und Architekten prägten es durch ihre zum Teil sehr eigenwillig gestalteten Wohnhäuser. Der folgende Beitrag gibt einen Überblick über die architektonischen Entwicklungen im Künstlerdorf, die wichtigsten Architekten und Stilrichtungen.

Die Ortsgeschichte

Die acht Höfe der heutigen Bauernreihe bildeten über 400 Jahre, bis etwa 1620, das alte Kerndorf Worpswedes. Ab etwa 1630 wiesen die Bauern die ersten Häuslingsstellen entlang der heutigen Straße „Im Rusch" und der Findorffstraße aus. Mit dem Kirchbau um 1759 begann die Besiedlung des südlichen Dorfrandes. Um die Kirche entstanden die Schule, das Pfarrhaus, drei Gastwirtschaften und einige Häuslingshöfe. Nach der Gemeinheitsteilung von 1823, als die gemeinschaftlich genutzten Flächen aufgeteilt und in Privateigentum überführt wurden, ließen sich hier auch Handwerker nieder.

Durch die 1750 begonnene Moorkolonisation entwickelte sich Worpswede für die umliegenden ca. 50 neugegründeten Dörfer zum zentralen Ort, in dem es Einkaufsmöglichkeiten, medizinische Versorgung und eine Schule gab. Diese Bedeutung verdankte Worpswede seiner Lage am Weyerberg, denn auf dieser weithin sichtbaren Erhebung von 57 m war 1759 nach Plänen Jür-

* Heike Albrecht: Worpswede – Künstler verändern ein Dorf. (Diplomarbeit am Institut für Bau- und Kunstgeschichte der Universität Hannover) 1988

gen Christian Findorffs die Kirche entstanden. Aber noch lag Worpswede recht weit ab von den Hauptverkehrsstraßen, nur einmal wöchentlich fuhr die Postkutsche nach Bremen. Mit der Eröffnung der Kleinbahn „Jan Reiners" von Bremen nach Tarmstedt vereinfachte sich zwar ab 1903 die Fahrt nach Worpswede, aber erst mit der Eröffnung des Worpsweder Bahnhofs 1910 wurde der Künstlerort zum populären Reiseziel.

Traditionelle Hausformen rund um Worpswede
In Worpswede und dem angrenzenden Teufelsmoor existierten bereits Ende des letzten Jahrhunderts recht unterschiedliche Haustypen, die den Künstlern bei ihrem Hausbau teilweise als Vorbilder dienten. In den neuangelegten Moordörfern rund um Worpswede war die einfachste Hausform die Moorhütte, ein mit Reet gedecktes Nurdachhaus, dessen Vorder- und Rückseiten mit Torfsoden aufgeschichtet oder als Fachwerkwände ausgeführt wurden. In diesen Katen gab es nur einen Raum, in dem die Familie mit dem Vieh unter einem Dach lebte.
Die Neuansiedler im Moor waren verpflichtet, innerhalb eines Jahres nach Übernahme der Siedlerstelle ein festes Haus darauf zu bauen. Meist dauerte es aber Jahre, bis einfache Fachwerkhäuser entstanden, deren Grundriß sich am traditionellen niedersächsischen Hallenhaus orientierte. Das Vieh stand beidseitig der Diele, das Herdfeuer befand sich auf dem Flett. Da es keinen Schornstein gab, stieg der Rauch auf der Diele hoch und zog durch das strohgedeckte Dach ab. Deshalb wird dieser Haustyp auch als Rauchhaus bezeichnet.
Der Ortskern Worpswedes wurde durch das aus heimischen Materialien errichtete niedersächsische Hallenhaus geprägt. Meist waren es Fachwerkbauten mit Ziegelausfachungen und Reetdeckung, umstanden von hohen Bäumen, die als Windschutz dienten.
Einen anderen Haustyp bildeten die kleineren Handwerkerhäuser am südlichen Dorfrand. Diese ab etwa 1850 errichteten schlichten Ziegel- oder Putzbauten wiesen nur wenige, meist historisierende Fassadengliederungen auf.
Aber es gab um 1880 auch bereits städtische Bauten in Worpswede, z.B. die Villa Monsees in der Bergstraße. Sie wurde von ei-

Villa Monsees
(um 1875)

nem aus Amerika zurückgekehrten Bauernsohn errichtet, der mit diesem aufwendigen Bau seinen neuerworbenen Reichtum zur Schau stellen wollte. Es entstand ein zweigeschossiger Putzbau auf einem hohen Quadersockel, dessen Fassaden reichhaltig mit historisierenden Schmuckformen gegliedert wurden. Nicht zuletzt auf Grund seiner ungewohnten Höhe hebt sich der Bau deutlich von der übrigen Dorfbebauung ab.

Alle diese unterschiedlichen Haustypen werden uns später bei der Betrachtung der Künstlerbauten wieder begegnen.

Worpswede wird Künstlerdorf

Als der 18jährige Kunststudent Fritz Mackensen (1866-1953) auf Einladung der Familie Stolte 1884 im Sommer zum ersten Mal Worpswede besuchte, fuhr er mit der Postkutsche von Bremen über ungepflasterte, nur durch Sandaufschüttungen befestigte, von Birkenreihen und dunklen Moorkanälen gesäumte Straßen. Der Weyerberg war am Südhang noch unbewaldet und unbebaut, er wurde schon kurz hinter Lilienthal sichtbar und machte auf Mackensen den Eindruck eines riesigen Maulwurfshügels. In Worpswede gab es nach seiner Erinnerung eine Reihe großer Höfe mit langgestreckten Gebäuden und ausgedehnten gepflegten Gärten, dazu ansehnliche Kaufläden und mehrere Gasthöfe.[1] Mackensen gefiel diese „landschaftlich reizvolle Gegend"[2] so gut, daß er auch in den folgenden Jahren gerne wiederkam und Freunde der Akademie aus Düsseldorf mitbrachte. Als die jungen Maler im Jahre 1889 beschloßen, auch den Winter im Ort zu bleiben und damit der Akademie den Rücken zu kehren, war die Künstlerkolonie Worpswede geboren.

Die jungen Maler wurden von den Dorfbewohnern, die ihnen anfangs sogar kostenlos Unterkunft gewährten, freundlich aufgenommen.

Als in den folgenden Jahren immer mehr Künstler in den Ort kamen und Wohnmöglichkeiten benötigten, ließen die Dorfbewohner Räume zur Vermietung herrichten und hatten so eine kleine, willkommene Nebeneinnahme.

Die fünf Gründer, die Maler Fritz Mackensen, Otto Modersohn (1865-1943), Hans am Ende (1864-1918), Fritz Overbeck (1869-1909) und Heinrich Vogeler (1872-1942) hatten bereits um 1900 eigene Familien und Heime gegründet und dadurch wesentlich zum Bestehen der Künstlerkolonie bis heute beigetragen. Dieses unterscheidet Worpswede auch von den vielen anderen Künstlerkolonien, die Ende des letzten Jahrhunderts nicht nur in Deutschland, sondern auch im Ausland entstanden waren. Die wachsende Industrialisierung trieb die jungen Künstler aus den größer werdenden Städten ins Grüne aufs Land, wo sie in Ruhe arbeiten wollten. Die meisten dieser Kolonien wurden jedoch nur in den Sommermonaten besucht und lösten sich nach wenigen Jahren wieder auf.

Wie bereits erwähnt, verlief diese Entwicklung in Worpswede anders: hier legten die anfänglichen freundschaftlichen Verbindungen der Maler untereinander und ihr Zusammengehörigkeitsgefühl den Grundstein für ein dauerhaftes Bleiben im Ort. Denn als die ersten zwischenmenschlichen Schwierigkeiten auftraten, waren die einzelnen Künstler bereits so mit dem Ort und der Landschaft verwachsen, daß vorerst keiner von ihnen Abwanderungsgedanken hegte. Worpswede wurde ihre neue Heimat, und ihr Erfolg zog immer neue Künstler an, von denen einige ebenfalls seßhaft wurden und Häuser bauten oder kauften.

Die Künstlerbauten
So entstanden bis 1930 zahlreiche, ganz unterschiedliche Künstlerbauten, die sich in drei Gruppen einteilen lassen:

Zur ersten Gruppe zählen die bis heute erhaltenen Bauernhäuser der Maler Walter Bertelsmann und Carl Emil Uphoff (Brünjeshof). Beide erwarben ihre Häuser um 1912. Das Haus des Malers Walter Bertelsmann wurde 1785 im Rusch erbaut. Bereits um 1650 war an dieser Stelle der erste Häusling Worpswedes angesiedelt worden. Der giebelständige Zweiständerfachwerkbau mit Grotdör und Reetdach zeigt noch heute alle Merkmale eines niedersächsischen Hallenhauses. Seine freie Lage auf dem Grundstück, ohne Einzäunungen oder Hecken, vermittelt einen Eindruck des früheren Dorfbildes.

Wohnhaus
Bertelsmann

Auch der Brünjeshof in Ostendorf, ein vermutlich um 1830 errichteter Fachwerkbau mit Reetdach, vermittelt die traditionelle Bauweise Worpswedes. 1900 bezog Paula Becker die „Gute Stube" des Hauses und nutzte sie nach ihrer Hochzeit 1901 mit Otto Modersohn als Atelier. Von seinem späteren Besitzer, dem Maler Carl Emil Uphoff und seinen Erben wurde bzw. wird das Haus bis heute gut erhalten und liebevoll gepflegt.

Ganz anders behandelten Heinrich Vogeler und Bernhard Hoetger ihre alten Bauernkaten. Nach mehreren Um- und Anbauten entstanden der Barkenhoff und der Brunnenhof als vollkommen neue Gebäude, deren Beschreibung weiter unten folgt.

Zur dritten Gruppe gehören die neuerbauten Künstlerhäuser, die abhängig von den Architekturströmungen ihrer Entstehungszeit recht unterschiedlich gestaltet sind. Wie bereits erwähnt, hatten bis zur Jahrhundertwende alle fünf Gründer ihre Häuser errichtet. Das Haus Fritz Overbecks lag in der Hembergstraße, es wurde mittlerweile abgerissen und durch einen Neubau ersetzt. Otto Modersohn errichtete sein Wohnhaus um 1895 ebenfalls in der Hembergstraße. Das ursprünglich nicht mit Holz verkleidete Haus fügt sich in Größe und Aussehen gut in die etwa zur gleichen Zeit entstandene übrige Bebauung der Straße ein. Eine Gedenktafel vor dem Haus erinnert an Paula Becker, die hier 1907 ihre Tochter zur Welt brachte und drei Wochen nach der Geburt starb.

Die drei anderen Gründer errichteten ihre eher städtischen Villen außerhalb des Ortskerns. In Ostendorf baute Hans am Ende um 1900 sein Wohn- und Atelierhaus in direkter Nachbarschaft des Barkenhoffs. Die Villa Fritz Mackensens am Susenbarg entstand zwischen 1900 und 1903 nach Plänen seines Bruders Wilhelm Mackensen, der damals als Hofbaurat in Hannover tätig war. Die städtischen Vorbildern nachempfundene Villa mit zahlreichen Vor- und Rücksprüngen, Erkern und Türmen nimmt wenig Rücksicht auf die dörfliche Umgebung. Bereits während der Bauzeit beklagten sich die Malerkollegen über diesen Bau auf dem damals noch unbewaldeten Susenbarg und bemängelten Mackensens geringes Einfühlungsvermögen, da er sein Haus mitten in die Natur setzte. Mackensen wollte durch den Bau der viel zu großen Villa seine geschwächte Führerrolle als Entdecker Worpswedes stärken.

Der „Barkenhoff" heute

Und besonders diesen Bau wird Heinrich Vogeler gemeint haben, als er bereits 1900 in einem Brief an Paula Becker in Paris schreibt: „Dabei ist alles hier so trostlos geworden. Worpswede wird Villenkolonie"[3]). Aber hat nicht gerade er, Vogeler, durch den Ausbau seines Barkenhoffs mit zu dieser Entwicklung beigetragen? Vogeler hatte bereits 1895 mit 23 Jahren eine kleine strohgedeckte Bauernkate mit Fachwerkgiebel erworben, die er durch mehrere Um- und Ausbauten zum Barkenhoff in seiner heutigen Größe ausbaute. Beim ersten großen Umbau 1898 entstanden die großen geschwungenen Giebel und der herrschaftliche Freisitz mit den ebenfalls geschwungenen Treppenwangen, wodurch das Haus scheinbar eine neue Hauptfassade erhielt. Das vorhandene Satteldach wurde durch ein Mansarddach ersetzt. Vogeler griff bei der Gestaltung auf die an der Akademie erlernten historisierenden Stilformen zurück.

Zehn Jahre später erweiterte er das Haus an der Bergseite durch einen achteckigen verputzten Turmanbau mit Zeltdach, in dem Atelier- und Büroräume untergebracht wurden. Neuerbaute Stallungen und Remisen vervollständigten die Hofanlage, die Vogeler selbst nach den von ihm gepflanzten Birken „Barkenhoff" nannte.

Die einzelnen Ausbaustufen der ehemaligen Bauernkate versteckte Vogeler nicht unter einer einheitlichen Fassade, sondern fügte die Bauteile trotz ihrer unterschiedlichen Entstehungszeit und Gestaltung zu einem Ganzen zusammen. Als Requisit des alten Bauernhauses erhielt er bei allen Umbauten den Fachwerkgiebel mit dem Hausspruch Rilkes von 1898 („Licht sei sein Loos. Ist der Herr nur das Herz und die Hand des Baus, mit den Linden im Land wird auch sein Haus schattig und groß") und ergänzte ihn mit den repräsentativen Giebeln, die seiner Stellung als bekannter Jugendstilkünstler Rechnung trugen. Zehn Jahre später, als sein architektonisches Interesse entstanden war, zeigte er dies durch den Anbau des achteckigen Atelierturms, in dem nun Platz für zwei angestellte Architekten war.

Wie viele seiner Künstlerkollegen jener Zeit, die keine architektonische Ausbildung genossen hatten, sammelte auch Vogeler bei den Umbauten seines eigenen Wohnhauses architektonische

Erfahrungen und schuf so die Grundlage für spätere öffentliche Aufträge.

Die Heimatschutzbewegung

Für Vogeler war Worpswede Heimat geworden. Doch nicht nur seinem Barkenhoff als Heim der geliebten Familie, sondern auch der Landschaft und dem Ort selbst fühlte er sich verbunden. Er wurde aktiver Kämpfer für den Gedanken des Heimatschutzes und zählte zu den Gründungsmitgliedern des 1903 gegründeten „Worpsweder Verschönerungsvereins", der sich zur Aufgabe gemacht hatte: „den Ort nach Möglichkeit zu verschönern, insbesondere die bestehenden Anlagen zu erhalten, zu pflegen und zu vermehren."[4] Die Gründung des Worpsweder Vereins stand jedoch nicht isoliert da, sondern war Teil einer im ganzen Land entstehenden Heimatschutzbewegung. Sie hatte das Ziel, Natur, Brauchtum und Baukunst zu erhalten und zu pflegen. Ihre Vorstellungen einer auf traditionelle Bauformen und Materialien zurückgreifenden Heimatschutzarchitektur vermittelten die Vereine durch Vorträge und Veröffentlichungen. Praktische Hilfe boten die Bauberatungsstellen vor Ort, in denen sich Bauwillige und Handwerker bei konkreten Bauvorhaben beraten lassen konnten.

Öffentliche Unterstützung erhielten die Heimatschützer durch das 1907 in Preußen erlassene „Gesetz gegen die Verunstaltung von Ortschaften und landschaftlich hervorragende Gegenden". Die Gemeinden bekamen hierdurch die Möglichkeit, „geschichtlich oder künstlerisch bedeutende Straßen und Plätze, sowie reizvolle Landschaften" durch Ortsstatute vor „groben Verunstaltungen" zu schützen. Es wurden aber auch aus den eigenen Reihen Warnungen vor übertriebener Heimatpflege laut.[5] Schließlich war der Erhalt ländlicher traditioneller Bauweisen nur ein Aspekt der Baukunst, in den Großstädten mußten ganz andere Probleme gelöst werden. In diese allgemeine Entwicklung eines wachsenden Heimatbewußtseins fiel also auch die Gründung des Worpsweder Verschönerungsvereins, in dem die Arbeit zum Großteil von den Künstlern getragen wurde und dadurch recht erfolgreich war. Der Verein kümmerte sich um alle Fragen der Ortsgestaltung (Pflege der Wege, Aufstellen von Sitzbänken, Unterhaltung der Straßenbeleuchtung) und den Erhalt der typischen Worpsweder Landschaft.

Etliche Jahre war Heinrich Vogeler erster Vorsitzender und einer der aktivsten Mitglieder des Vereins. Sein besonderes Interesse galt allen baulichen Fragen, er entwarf in und um Worpswede zahlreiche Häuser und wurde auch bei anderen Bauvorhaben um Rat gefragt.

Die Bauten Heinrich Vogelers

Der erste nach seinen Plänen ausgeführte Bau entstand 1905 in der Bergstraße. Ein erster Entwurf für dieses Haus entsprach nicht den Vorstellungen des Verschönerungsvereins. Daraufhin legte Vogeler einen Gegenentwurf vor, der schließlich auch realisiert wurde.[6]) Es entstand ein zweigeschossiger und somit ungewöhnlich hoher Putzbau mit Walmdach. Die repräsentativ gestaltete Straßenfront ist durch das vorspringende Erdgeschoß, den polygonalen Vorbau mit Balkon und dem Blendgiebel reichhaltig gegliedert und wirkt eher städtisch. Für die jetzige Nutzung als Altersheim wurde leider die für Vogeler typische geschwungene Treppe entfernt und die ehemals offene Eingangsveranda erhielt eine unpassende Aluminiumtür, wodurch sie viel von ihrer früheren Leichtigkeit verlor.

Ein weiterer Bau Vogelers entstand 1909 für den Maurermeister Kück in der neuangelegten Bahnhofstraße. Kück hatte ein Jahr zuvor auf Kosten des Verschönerungsvereins in Bremen an einem Meisterkurs teilgenommen, in dem die Handwerksmeister durch Vorträge, Exkursionen und praktische Entwurfsarbeit in Heimatschutzarchitektur unterrichtet wurden. Die Kurse waren meistens sehr erfolgreich. Die Bauwilligen akzeptierten eher das Urteil eines heimischen Handwerkers als das eines zugereisten Städters, dem die Gegebenheiten vor Ort nicht vertraut sind. Mit diesem Wohnhausentwurf und dem zeitgleich errichteten Bahnhof setzte Vogeler für die weitere Bebauung der Straße Maßstäbe, so daß in den folgenden Jahren noch mehrere Häuser im Heimatschutzstil entstanden.

Einen anderen Arbeitsschwerpunkt des Verschönerungsvereins bildete die Gestaltung der Bahnhofsbauten. Bereits seit 1890 gab es Überlegungen, die Moorgebiete zwischen Bremen und Stade an das Eisenbahnnetz anzuschließen. Aber erst als 1904 die Finanzierung geklärt war, konnten die Gemeinden über die vorliegenden Pläne abstimmen. Da Künstler und Dorfbewohner ein großes Interesse an einem Bahnanschluß hatten, bemühte sich der Gemeindeausschuß erfolgreich um eine Linienänderung über Worpswede. Der Verschönerungsverein setzte sich für eine landschaftstypische angepaßte Bauweise der Bahnhofsbauten ein. Schließlich erhielt Vogeler die Aufträge zur Gestaltung der Bahnhöfe in Weyermoor, Neu St.Jürgen, Osterholz-Scharmbeck und natürlich in Worpswede. Er schuf ein auch von der Fachwelt vielbeachtetes Gesamtwerk. Der Sommerwartesaal lehnt sich mit seinem Pultdach an das große Empfangsgebäude an, während

Worpsweder
Bahnhof (1910)

der geschlossene Güterschuppen auf der Westseite einen eigenständigen Baukörper darstellt. Alle Teile fügen sich harmonisch zusammen und machen mit den unterschiedlich gestalteten Ansichten den Reiz dieses Baus aus. Die dem Dorf zugewandte Südseite wirkt durch das tiefe Mansarddach eher abgeschlossen, während die den Gleisen zugewandte Nordansicht offen und einladend ist. Hier wird der Ankommende freundlich empfangen, durch die mittige Glastür in das Bahnhofsinnere geleitet und auf die Besonderheit Worpswedes als Künstlerdorf eingestimmt, denn auch die Innenräume wurden von den Künstlern gestaltet. Vogeler stattete jeden der drei Warteräume mit einer eigenen Farbgebung und eigens hierfür entworfenen Möbeln aus. Die

Möbel wurden in den Worpsweder Werkstätten in Tarmstedt hergestellt.

Die zunehmenden Architekturaufträge, nicht nur in Worpswede, konnte Vogeler bald nicht mehr alleine bearbeiten, und er stellte zwei Mitarbeiter ein: zuerst, um 1906, den Bauzeichner Walter Schulze und später, um 1909, auch dessen Bruder, den Architekten Alfred Schulze, der mehrere Jahre erfolgreich mit Vogeler zusammenarbeitete und ebenfalls im Verschönerungsverein aktiv war.

Der Architekt Alfred Schulze

Alfred Schulze entwarf in Worpswede zahlreiche Bauten im Heimatschutzstil. Im Ortskern entstanden mehrere, meist auch gewerblich genutzte Wohnhäuser, z.B. ein um 1911 erbautes, traufständiges Haus in der Bergstraße. Es ist ein schlichter einfacher Putzbau ohne Vor- und Rücksprünge, mit kleinteiligen Sprossenfenstern und Ziegeldach. Die symmetrisch gegliederte Fassade spiegelt die typische Grundrißdreiteilung dieses Haustyps

Wohnhaus
Bergstraße 10
(1911)

wider. Sehr beliebt war das tief heruntergezogene Mansarddach, wodurch die Häuser wesentlich kleiner wirken, als sie tatsächlich sind. Dieser Kunstgriff wurde nötig, da der zunehmende Platzbedarf immer häufiger ein zweites Obergeschoss erforderte und die Häuser bisher ungewohnte Höhen erreichten. Für diesen Entwurf und ein ähnlich gestaltetes Haus in der Findorffstraße (heute Buchladen) erhielt Schulze als besondere Auszeichnung eine Prämie des Worpsweder Verschönerungsvereins.

Einen ganz anderen Haustyp entwickelten Vogeler und Schulze ebenfalls in der Bergstraße. Nebeneinanderliegend entstanden zwei Künstlerbauten für den Maler Wilhelm Bartsch (1909, Vogeler, heute Töpferei) und die Schwestern Wencke (1912, Schulze, heute Café). Beide Bauten zeigen deutlich ihre Zweckbestimmung als Atelierhäuser durch die großflächige Verglasung der traufständigen Gebäudeteile, an die jeweils ein giebelständiger – beim Haus Wencke besonders aufwendig gestalteter – Wohnteil anschließt.

Vogeler, dessen architektonisches Wirken recht vielseitig war, bemühte sich neben den oben vorgestellten mehr repräsentativ gestalteten Bauten später vor allem um die Wohnverhältnisse der ärmeren Bevölkerung. Er hatte 1909 mit der Deutschen Gartenstadtgesellschaft eine „soziale Studienreise" nach England un-

Wohnhaus der Schwestern Wencke (1912)

ternommen, wo er sowohl die neuen vorbildlichen Gartenstädte als auch die Elendsviertel der Industriestädte gesehen hatte und tief beeindruckt war. Seine Erfahrungen der Reise verarbeitete Vogeler in der Planung eines „Dorfes für die Arbeiter der Tarmstedter Möbelfabrik"[7]). Diese hatte er 1908 zusammen mit seinem Bruder Franz gegründet, um hier nach eigenen Entwürfen funktionale und preiswerte Möbel herzustellen. Mit der Planung des Arbeiterdorfes versuchte Vogeler Ähnliches wie in Hellerau bei

Dresden zu verwirklichen, wo seinerzeit das fortschrittlichste Projekt einer Gartenstadt für Arbeiter entstand. Leider war Vogeler bei der Suche nach möglichen Geldgebern wenig erfolgreich, so daß von seinen sozialen Ideen nur fünf Arbeiterhäuser an der Landstraße in Ostendorf realisiert wurden. Die einfachen, funktionalen Bauten ohne schmückende Details sind heute durch Um- und Anbauten stark verändert.

Am Abhang des Weyerberges, der erst um 1903 gegen den Willen einzelner Künstler wieder aufgeforstet worden war, entstanden zwischen 1906 und 1912 die ersten Bauten der heutigen Lindenallee, die allesamt von Alfred Schulze entworfen wurden. Er entwickelte der Umgebung entsprechende ländliche Wohnhäuser, die sich in Form und Aussehen am traditionellen Bauernhaus orientierten, aber einen moderneren Grundriß erhielten. Bereits um 1907 entstand ein weit von der Straße zurückliegendes, im

Wohnhaus
Schulze
(1907)

Wald verstecktes Wohnhaus der Brüder Schulze. Der eingeschossige, weiß geschlämmte Ziegelbau mit feinteiligen Sprossenfenstern und Reetdach fügt sich hervorragend in die Landschaft ein. Die Südfassade wurde als Schaufassade gestaltet und erhielt einen außermittigen, in Fachwerk ausgeführten Zwerchgiebel, vor den die Eingangspartie mit ihrem eigenen kleineren Giebel nochmals vorspringt. Die großen ruhigen Dachflächen werden nur durch je eine Schleppgaube unterbrochen, die sich unauffällig in das Gesamtbild des Hauses einpaßt. Bemerkenswert bei diesem Bau ist die Grundrißgestaltung, bei der die Brüder Schulze eine wichtige Forderung der modernen ländlichen Bauweise verwirklichten. Statt einer wenig genutzten „Guten Stube" schien die Schaffung eines großen vielfach nutzbaren Raumes sinnvoll. Diese Wohnküche bildete einen ganz neuen Raum, der sowohl zum Kochen (Einbau einer Küchenzeile) als auch zum Aufenthalt der Familie (großer Tisch mit Sitzgelegenheit) genutzt werden sollte. Für die Reinigungsarbeiten war ein angrenzender Spül- oder Planschraum vorgesehen[8]). Besonders für ländliche Arbeiterhäuser schien diese Grundrißlösung sinnvoll, denn durch den Wegfall der „Guten Stube", wie sie in bürgerlichen Wohnhäusern üblich war, wurde mehr Platz für die meist überbelegten Schlafkammern gewonnen.

Ein großzügiges Landhaus entstand nach Plänen Alfred Schulzes am Anfang der Lindenallee. Das Haus orientiert sich an der Form traditioneller Bauernhäuser mit ihren einfachen langgestreckten Baukörpern, fällt aber durch seine Zweigeschossigkeit auf. Die ungewohnte Höhe versteckte Schulze unter dem tief heruntergezogenen Reetdach, das von mehreren Dachgauben zur Belichtung der Obergeschossräume unterbrochen wird. Obwohl es als Wohnhaus entworfen wurde, erhielt die Westansicht als typisches Bauernhausdetail eine Grotdör in einer reich gestalteten Fachwerkfassade.

Beide oben beschriebenen Entwürfe Schulzes wurden mit einem Reetdach ausgeführt. Das war in der damaligen Zeit keineswegs selbstverständlich, denn die Versicherungsprämien für das leicht brennbare Dachmaterial waren drastisch gestiegen, so daß immer häufiger Ziegeldächer entstanden. Aber noch wurden die Ortsbilder vieler Dörfer durch die traditionelle Dachdeckung geprägt, und ihre Erhaltung lag den Heimatschützern besonders am Herzen. Deshalb führte der Worpsweder Verschönerungsverein im Sommer 1908 eine Brandprobe durch, um das Brandverhalten und die Branddauer verschiedener Dachdeckungsmaterialien festzustellen. Zuvor waren durch die Beigabe verschiedener Stoffe (Lehm, Gips, Zement, Salzwasser, Ammoniak) einzelne Reetdächer imprägniert und somit feuerbeständiger gemacht worden. Das Ergebnis dieses Versuchs war so überzeugend, daß das Strohdach für Neubauten wieder zugelassen und die Versicherungsprämien denen der Hartdeckung angeglichen wurden. Dieses Verfahren hat sich jedoch nicht dauerhaft bewährt, da die Chemikalien im Laufe der Zeit durch Regen wieder ausgewaschen werden. Zunächst entstanden jedoch um 1910 in Worpswede mehrere von Alfred Schulze entworfene Bauten mit Strohdach, von Vogeler hingegen ist kein Entwurf mit Reetdach bekannt.

Ein ebenfalls reetgedecktes Haus, aber in ganz neuen, ungewohnten Formen, ist die Wohnhütte des Architekten Carl Weidemeyer (1882-1976). Sie steht auf einem parkartigen, weit von der Straße zurückliegenden Gelände und ist heute nur von der Grundstücksrückseite „Am Schmidtberg" sichtbar. Weidemeyer entwarf in Anlehnung an die eingangs beschriebenen Moorhüt-

Wohnhaus
Carl Weidemeyer

Wohnhaus
Carl Weidemeyer

ten ein reetgedecktes Nurdachhaus mit T-förmigem Grundriß. Diese recht einfache Hausform wandelte er durch landschaftsuntypische Elemente ab, wie beispielsweise den Turmaufbau und das auf zwei Stützen ruhende Vordach. Durch die Verwendung verschiedener Fenster- und Türformate sowie die recht unterschiedliche Gestaltung der wenigen Fassadenstücke in Fachwerk, Ziegelmauerwerk oder mit Holzverschalung, erhält das Haus einen ganz besonderen Charme. Leider wird dieses Haus seit einigen Jahren nicht mehr genutzt und verfällt. Es wäre schön, wenn dieses Beispiel eigenwilliger Worpsweder Künstlerarchitektur durch eine sinnvolle Nutzung erhalten werden könnte.

Die Siedlungsidee

Mit Ausbruch des ersten Weltkrieges ruhten zunächst alle baulichen Aktivitäten. Einzig Bernhard Hoetger (1874-1949) setzte sein künstlerisches Schaffen fort und wurde für die Gestaltung des Niedersachsensteins sogar vom Kriegsdienst freigestellt.

Mit dem Kriegsende 1918 begann eine Zeit politischer Wirren und Erneuerungen. Viele, vor allem junge Menschen, suchten nach ihren Enttäuschungen über die Sinnlosigkeit des so hoffnungsvoll begonnenen Krieges nach neuen Werten und Wegen, sowohl im täglichen Leben als auch in der Architektur und der Kunst. Das Künstlerdorf Worpswede sah sich vor allem durch Heinrich Vogeler mit diesen Ideen konfrontiert. Er war von seiner freiwilligen Kriegsteilnahme als überzeugter Pazifist heimgekehrt und wandte sich in den Zwanziger Jahren dem Kommunismus zu. Vogelers Interessen hatten sich stark verändert. Er sah keinen Sinn mehr im Entwerfen geschmackvoller Häuser für die Arbeiter, sondern versuchte gemeinsam mit Gleichgesinnten sein Ideal einer neuen, humanen Welt in einer Arbeitsschule auf dem Barkenhoff umzusetzen. Diese 1919 gegründete Gemeinschaft junger Menschen verwandelte den Ziergarten des Barkenhoffs in einen Nutzgarten, richtete mehrere Werkstätten und später ein Sägewerk ein. In der gleichzeitig gegründeten Arbeitsschule wurden die Kinder spielerisch in die Landwirtschaft, den Umgang mit Werkzeug und vieles mehr eingewiesen. Trotz aller intensiven Bemühungen gab es ständig finanzielle Schwierigkeiten, so daß der Barkenhoff 1923 Kinderheim der Roten Hilfe wurde, einer Berliner Organisation, die sich um die Kinder gefangener Kommunisten kümmerte und diese zu Erholungsaufenthalten nach Worpswede schickte. Interne Schwierigkeiten und der Umzug Vogelers nach Berlin führten letztlich dazu, daß die Siedler den Barkenhoff verließen und dieser ganz in den Besitz der Roten Hilfe überging.

Angezogen von der Siedlungsidee des Barkenhoffs, kam 1920 der bekannte Hamburger Gartenarchitekt Leberecht Migge (1881-1935) nach Worpswede. Er hatte vor dem 1. Weltkrieg als Angestellter eines Hamburger Planungsbüros zahlreiche bürgerliche Villengärten und öffentliche Grünanlagen der Stadt gestaltet. Auch Migge hatte die englischen Gartenstädte bereist und erhielt hier entscheidende Anstöße für seine späteren gartenreformerischen Ideen. Zur Linderung der wirtschaftlichen Not nach dem ersten Weltkrieg propagierte Migge in zahlreichen Schriften die „Selbstversorgergärten der Hunderttausend".

Seinen Worpsweder Sonnenhof an der Lindenallee wandelte er durch zusätzliche Wirtschaftsgebäude, Vorratsräume und Kleintierställe in ein Siedlerhaus um. Durch die intensive Bearbeitung des Gartens konnte er bereits im ersten Jahr die zehnköpfige Familie fast vollständig selbstversorgen. Migge war Vorreiter einer umfassenden ökologischen Lebens- und Bauweise. Beispielsweise errichtete er vor der Hausfassade ein damals neuartiges Glashaus, um Energie einzusparen. Aus finanziellen Schwierigkeiten mußte er sein Experiment 1930 aufgeben.

Architektur der Zwanziger Jahre

In der Aufbruchstimmung der Zwanziger Jahre wurde die Worpsweder Architektur durch recht unterschiedliche Bauten bereichert. Der Verschönerungsverein als Verfechter einer angepaßten regionalen Bauweise trat nicht mehr in Erscheinung. Es entstanden neue, ungewohnte Formen und Experimente, aber vereinzelt auch traditionelle Bauten, wie beispielsweise das kleine Fachwerkhaus der Worpsweder Malerin Sophie Bötjer in dem später nach ihr benannten Weg. Da das Haus von einem heimischen Zimmermann errichtet wurde, läßt sich die für damalige Zeit recht ungewöhnliche Ausführung als Fachwerkbau er-

klären. Möglicherweise sollte auch die Verbindung zum Eltern-
haus Sophie Bötjers, einem der acht Vollhöfe der Bauernreihe, un-
terstrichen werden. In dem ehemaligen Bötjerhof befindet sich
heute das Rathaus Worpswedes. Dieser Umbau ist ein gelunge-
nes Beispiel, wie alte ortsbildprägende Bauten durch neue Nut-
zungen erhalten werden können.

Etwa zur gleichen Zeit, 1920, hatte Martha Vogeler mit Unterstützung der Barkenhoffgemeinschaft ein altes Bauernhaus aus
der Umgegend wiederaufgebaut. Sie lebte in ihrem „Haus im
Schluh" ganz in der Tradition des Barkenhoffs weiter, dessen Ein-
richtung sie bei ihrem Umzug größtenteils mitgenommen hatte.
Ebenfalls auf alte Formen griff der Bildhauer Fred Ehlers zurück,
als er 1921 nach dem Vorbild der Moorhütten die Weyerberghütte
unterhalb des Niedersachsensteins errichtete. Heute ist die Nur-
dachhütte durch Modernisierungen stark verändert und hat
ihren früheren Charme verloren.

Weyerberghütte
(1921)

Ganz Ungewöhnliches entstand 1926 an der Lindenallee, wo der
Schriftsteller und Kunstgewerbler Edvin Koenemann (1883-
1960) die Käseglocke errichtete. Über 1300 Entwurfszeichnungen
fertigte der ausgebildete Ingenieur Koenemann an, bevor der
zweigeschossige Rundbau mit insgesamt zwölf unterschiedlich
gestalteten Zimmern, die schneckenförmig um den mittigen
Schornstein angeordnet sind, schließlich zur Ausführung kam.
Die Idee des Rundhauses, einer internationalen Bauform ohne re-

„Käseglocke"
(1926)

gionalen Bezug, griff Koenemann von dem bekannten Berliner Architekten Bruno Taut auf, dessen verschiedene Entwürfe jedoch nie realisiert wurden. Bemerkenswert sind die schon damals angestellten ökologischen Überlegungen. Die Halbkugel stellt das günstigste Verhältnis zwischen Grund- und Oberfläche dar und ist somit recht energiesparend. Die zweischaligen Außenwände erhielten eine mittige Sandschüttung zur besseren Wärmedämmung. Geheizt werden alle Räume durch den zentralen Schornstein.

Dieses Beispiel und das Projekt Migges zeigen, daß bereits in den Zwanziger Jahren gute ökologische und fortschrittliche Ansätze entwickelt waren, die aber erst in den Siebziger Jahren wiederentdeckt wurden.

Bernhard Hoetger

Einer der für Worpswede bedeutendsten Architekten, nicht nur in den Zwanziger Jahren, war Bernhard Hoetger. Er war zu Beginn des ersten Weltkrieges nach Worpswede umgesiedelt, denn „es wurde mir mit der Zeit immer klarer, daß eine Landschaft in deren Luft eine Kunst wie die der Paula Modersohn groß werden konnte, auch für mein Schaffen die rechte Atmosphäre sein müsse"[9].

Der ausgebildete Stein- und Holzbildhauer hatte sich während seines Studiums nur nebenbei mit Architektur beschäftigt. Er sammelte, ähnlich wie Vogeler, zunächst beim Bau seiner eigenen beiden Wohnhäuser architektonische Erfahrungen. Bei seinem Umzug nach Worpswede erwarb Hoetger ein altes, strohgedecktes Bauernhaus, das er durch ein großes schloßartiges, monumental gestaltetes Gebilde, den Brunnenhof, erweiterte. Sobald dieser in seiner symmetrisch und geometrisch gestalteten Form 1921 fertiggestellt war, begann Hoetger mit dem Bau seines neuen Wohnhauses auf der Südwestseite des Weyerberges. Dieses Haus gestaltete er in ungewohnten expressionistischen Formen; die bisherigen streng geometrischen Formen wichen unregelmäßigen Umrißlinien, „die Oberflächen werden aufgerissen, unregelmäßig und plastisch gestaltet"[10]). Diese Stiländerung war Hoetgers Reaktion auf die Veränderungen nach dem ersten Weltkrieg. Er reagierte also nicht wie Vogeler politisch, sondern künstlerisch.

Der Expressionismus trat Anfang des 20. Jh. als Stilrichtung in Erscheinung. Sein Anliegen ist die künstlerische, ausdrucksvolle Gestaltung des Baukörpers, er signalisiert Bewegung, Aufbruch zu Neuem und wird besonders in den Zwanziger Jahren von vielen Künstlern benutzt, um die neue veränderte Zeit darzustellen. Beliebtester Baustoff war der traditionelle Ziegel bzw. Klinker. So entstanden vor allem in Norddeutschland zahlreiche Backsteinbauten mit starker Ornamentik durch einzelne aus der Fassade hervortretende Steine.

„Hoetgerhaus"
(1921)

Für die Gestaltung seines Wohnhauses übernahm Hoetger Elemente des Niedersächsischen Bauernhauses (sichtbares Fachwerk im Inneren) und kombinierte diese mit expressionistischen Stilmitteln (Steinsetzungen). Unter dem hohen, steilen Ziegeldach mit seinen schönen Farbschattierungen entstand ein unsymmetrischer, organisch gewachsener Grundriß. Organische Formen weisen auch die verwendeten Holzbalken auf, die Hoetger, angeregt durch die Arbeitsschule auf dem Barkenhoff, im Wald suchte und ihrem Wuchs entsprechend einbaute. Oft sind diese Balken mit aufwendigen Schnitzereien versehen.

Hoetger verstand es, den am Bau beteiligten Handwerkern bei der Arbeit viel Spielraum für eigene Ideen zu lassen; nur so konnten die lebhaften Mauerwerksfassaden entstehen. Ein Maurermeister aus Bergedorf beschrieb die Arbeitsweise Hoetgers rückblickend mit den folgenden Worten: „Oft kam Hoetger beim Arbeitsanfang auf die Baustelle, sprach freundliche Worte zu uns und erläuterte, wie er sich die Steinsetzung in dem oder jenem Fachwerk vorstellte. Dann nahm er wohl auch einmal die Kelle in die Hand, setzte einige Steinreihen und ermunterte uns, in solcher Weise fortzuführen. ‚Schafft Bewegung und Leben in den Baukörper. Habt Phantasie!' rief er uns zu und zeigte auf Modelle, die er statt Zeichnungen als Arbeitsunterlagen für uns gefertigt hatte. Dann wurde oft das Bauen zu einem fröhlichen Spiel mit den Steinen. Wir bewunderten das handwerkliche Können Hoetgers mit großem Respekt und hatten viel Freude an der Arbeit."[11])

In dieser gleichen Art und Weise errichtete Hoetger den Niedersachsenstein am Westabhang des Weyerberges. Ursprünglich war ein Bismarckdenkmal mit Aussichtsturm geplant. Als jedoch 1914 der 1. Weltkrieg ausbrach, wurde das Konzept geändert, und auf Empfehlung Fritz Mackensens sollte nun ein „Ehrenmal für die gefallenen Kriegsteilnehmer" entstehen.

Hoetger erhielt für diese Aufgabe volle künstlerische Freiheit und stellte wenig später den Entwurf eines „dem Licht entgegenschwebenden 3 m hohen Jünglings" der Öffentlichkeit vor. Von allen Seiten gab es begeisterte Zustimmung und Unterstützung für den Bau des Denkmals. Die Bauern stellten das Grundstück am Weyerberg zur Verfügung, Hoetger arbeitete kostenlos, und eine Sammlung in Worpswede erbrachte das nötige Geld zum Kauf des Materials. Beim Baubeginn 1916 waren die Hoffnungen auf ein baldiges siegreiches Kriegsende noch groß, als sich jedoch die Niederlage abzeichnete, wurden die Bauarbeiten vorerst eingestellt. Hoetger entwickelte nun neue Entwürfe in immer größeren Dimensionen und ungewohnten Formen, die zum Bruch mit den Kommissionsmitgliedern und einem Meinungsstreit zwischen Gegnern und Befürwortern des Denkmals führte, der über Worpswede hinausging. Als die Stader Bezirksregierung den Bau mit dem Hinweis auf das Verunstaltungsgesetz von 1907 stillegte, erhielt Hoetger von mehreren angesehenen Fachleuten Rückendeckung. Daraufhin wurde der Baustopp aufgehoben, und das Denkmal konnte 1922 vollendet werden.

Entstanden ist ein 14m breiter und 18 m hoher, riesig dimensionierter Adler, dessen Gefieder in Mauergebilden erstarrt. Die plastisch gestalteten Oberflächen ergeben ein lebendiges Licht- und Schattenspiel. Stilistisch ist der Niedersachsenstein eine Mischung aus Expressionismus und Kubismus.

Niedersachsenstein

Kaffee Worpswede

„Wer't mag, de mag't und wer't nich mag, de mag't ja woll nich mögen".
Mit diesem von Hoetger gewählten Spruch über dem Eingang zu seinem größten Bauwerk, dem zentral gelegenen „Kaffee Worpswede", im Volksmund auch „Kaffee Verrückt" genannt, lassen sich alle seine Bauten im Ort beschreiben: eigenwillig, außergewöhnlich und großartig.

Hoetger hatte bereits in Bad Harzburg das Cafe Winuwuk mit einer angrenzenden Kunstausstellung errichtet. Nun wollte er in seinem Wohnort ebenfalls ein Zentrum für alle Kunstinteressierten schaffen. Bereits 1923 hatte Hoetger die Worpsweder Kunsthütten, einen Zusammenschluß von verschiedenen Werkstätten, gegründet. Ziel war, die künstlerische Handarbeit zu möglichst günstigen Preisen herzustellen und durch angeschlossene Ausstellungs- und Verkaufsräume die Unkosten zu mindern. Ange-

„Kaffee
Worpswede"

zogen von den Werkstätten und dem Namen Hoetgers, kamen
erneut viele junge Künstler, diesmal vor allem Kunsthandwerker,
nach Worpswede und belebten die Künstlerszene der Zwanziger
Jahre.

1924 begann er mit dem Bau des Kaffees. Auch hier benutzte
Hoetger die Hölzer ihrem Wuchs entsprechend, krumm und un-
gleichmäßig. Für die Ausfachungen verwendete er vorzugweise
fehlerhaft gebrannte Ziegel, die ein unregelmäßiges, farbiges und
lebendiges Mauerwerk ergeben. Geprägt wird der Bau, wie auch
die meisten anderen Hoetgerbauten, durch seine komplizierte
Durchdringung und Verbindung verschiedener Bauteile. Die
Entwürfe hierzu fertigte er als Gipsmodelle, die von ausgebilde-
ten Architekten in Bauzeichnungen umgesetzt wurden. Der unregelmäßige Grundriß wird von mehreren z.T. kreisrunden Räumen gebildet, die ineinander überfließen. Die Räume sind
höhlenartig, ohne Übergang von den Wänden zur Decke gestaltet. Im Juli 1925 wurde der Cafébetrieb als Mittagstisch, Ver-
sammlungs- und Ausstellungsraum für die Worpsweder Künstler in Betrieb genommen.

Unter den Künstlern entstand nach Jahren der wirtschaftlichen
Not und inneren Immigration Mitte der Zwanziger Jahre ein
neues Bewußtsein für die Besonderheit Worpswedes und der
umgebenden Landschaft. Diese war durch wirtschaftliche Spe-
kulation und großartige Baupläne bedroht. Da der Verschöne-

rungsverein nach dem 1. Weltkrieg kaum noch in Erscheinung trat, um diesen Entwicklungen entgegenzusteuern, bildete sich auf Betreiben Carl Emil Uphoffs eine neue Organisation, die „Wirtschaftliche Vereinigung Worpsweder Künstler". Durch gemeinsame Ausstellungen und gegenseitige Hilfe wollten die Künstler ihre wirtschaftliche Basis sichern. Außerdem kämpften sie für die Erhaltung und Pflege der Landschaft, ohne sich den baulichen und sonstigen Entwicklungsmöglichkeiten zu versperren. Wieder einmal engagierten sich die Künstler für den Ort, der ihre Lebensgrundlage sichern sollte.

Die Vereinigung wählte das „Kaffee Worpswede" zu ihrem Treffpunkt, um die Bemühungen Hoetgers zu unterstützen. Letztlich fehlten jedoch finanzkräftige Förderer des Projekts. Aber noch gab Hoetger nicht auf, sondern erweiterte den Komplex 1926 durch ein Logierhaus als Übernachtungsmöglichkeit für auswärtige Künstler. Heute ist hier die Graphothek untergebracht. Als seine finanziellen Möglichkeiten nun endgültig erschöpft waren, griff der Bremer Kaffeefabrikant Ludwig Roselius ein. Aus Freundschaft zu Hoetger drängte er die Kaffee HAG zur Übernahme des Cafés, die dafür eine Entschädigung an Hoetger zahlte.

Die Kaffee HAG erweiterte den Komplex 1927 durch die Große Kunstschau, für deren Architektur sich wiederum Hoetger verantwortlich zeichnete. Die Eingangsfront mit ihrem plastischen Mauerwerk und der unregelmäßige Grundriß des Eingangsraumes („Freundschaftsraum") erinnern zwar noch an die früheren expressionistischen Stilmittel, aber die Gestaltung des kreisrunden Hauptraumes weist eine deutliche Beruhigung der Formen auf. Hoetger senkte für die Belichtung des Raumes das mittlere Rund der Decke ab und hängte es als flache Kuppel in den Raum. Mit dieser Stiländerung griff er eine allgemeine Tendenz jener Jahre auf. Mitte der Zwanziger Jahre wurde der Expressionismus mit seiner ausdrucksvollen Fassadengestaltung von der neuen Sachlichkeit in der Architektur abgelöst.

Walter Müller

Von Walter Müller (1901-1975), der zu jener Zeit seine ersten architektonischen Aufträge in Worpswede ausführte, wurde diese neue Stilrichtung für seine Bauten übernommen. Müller kam 1919 nach Worpswede, war kurze Zeit Mitglied in der Barkenhoffkommune und entdeckte durch Heinrich Vogeler seine Liebe zur Malerei. Ebenfalls ohne Architekturausbildung entwarf und baute er zunächst „Im Schluh" ein eigenes Wohnhaus.

Gegen Ende der Zwanziger Jahre erhielt Müller seine ersten Aufträge für Wohnhausbauten, bei denen er vorzugsweise die Materialien Putz und Klinker verwendete. So entstanden freundliche und ausdrucksvolle Fassaden wie beispielsweise im Udo-Peters-Weg 12. Der schlichte eingeschossige Bau mit Satteldach wird

Wohnhaus Udo
Peters Weg 12
(kurz nach 1930)

von dem vorspringenden giebelständigen Bauteil geprägt, dessen Erdgeschoß ein fast die gesamte Breite einnehmender Vorbau, eine Art Auslucht mit mittiger Haustür, gliedert. Im starken Kontrast hierzu steht der darüberliegende Giebel aus roten Klinkern. Der mittige, kleine Balkon ist eher ein städtisches Schmuckelement herrschaftlicher Bauten und für die ländliche Architektur Worpswedes sehr ungewöhnlich.

1926 entwarf Müller gemeinsam mit dem Gartenarchitekten Max K.Schwartz dessen Wohnhaus unterhalb des Barkenhoffs. Bereits Mitte der Dreißiger Jahre wurde der Eingangsbereich vergrößert und die Straßenansicht verändert. Leider ging die ursprüngliche Gestaltung – rote Klinker über einem weißen Putzstreifen – durch eine Modernisierung verloren. Erhalten sind die Übereckfenster als typisches Detail der Zwanziger-Jahre-Architektur.

255

Wohnhaus
Mex K. Schwartz
(1926)

„Schlichte Sachlichkeit und funktionale Einfachheit"[12]), so läßt sich das Wohnhaus Manfred Hausmanns am Ende der Lindenallee beschreiben. Hier wurde das Dekorative merklich zurückgedrängt und das Horizontale und Flächige stark betont. Die abgestufte treppenförmige Rückfront nimmt den Geländeverlauf auf und zeigt, daß sich Müller mit den Architekturströmungen jener Jahre auseinandersetzte. Er übertrug das „Neue Bauen" auf die ländlichen Verhältnisse Worpswedes. Die Mehrzahl seiner Bauten, u.a. die Mittelpunktschule und zahlreiche Wohnhäuser, entstanden aber erst nach dem 2. Weltkrieg und fallen somit nicht mehr in den untersuchten Zeitraum.

Zusammenfassung

Der kurze Abriß über die Worpsweder Architekturentwicklungen zwischen 1890 und 1930 zeigt drei Phasen, die durch recht unterschiedliche Strömungen geprägt sind. Bis zur Jahrhundertwende entstanden die repräsentativen, eher städtischen Villen der fünf Gründer. Die Bautätigkeiten beschränkten sich vor allem auf das Dorfzentrum, wo zahlreiche Baulücken mit kleinen eingeschossigen Ziegelbauten geschlossen wurden. Aber auch die städtischen Bauten der Künstler fanden bereits Nachahmer. In der Bergstraße 8 entstand ein weiterer für den dörflichen Charakter Worpswedes untypischer Bau.

Wohnhaus
Bergstraße 8
(um 1900)

In der Phase bis 1914 wurden alle entstehenden, unterschiedlichen Haustypen letztlich recht einheitlich im Sinne des Heimatschutzes gestaltet. Großen Anteil hieran hatten Heinrich Vogeler und Alfred Schulze, die etwa ein Drittel der insgesamt 42 Neubauten entwarfen und das Dorfbild ganz entscheidend prägten. Worpswede dehnte sich durch die Anlegung der Bahnhofsstraße nach Norden aus, im Süden setzte die Bebauung des Weyerberges ein. Im Ortskern wurden weitere Baulücken geschlossen.

Die Worpsweder Architektur der Zwanziger Jahre weist recht unterschiedliche Ideen, Stilrichtungen und Entwicklungen auf. Da es keine übergeordnete Organisation gab, war Platz für neue, ungewöhnliche Formen und mehr Individualität. Gegen Ende der Zwanziger Jahre beruhigten sich die Formen, die neue Sachlichkeit löste den Expressionismus ab. Im Ortskern verdichtete sich die Bebauung weiter, am Weyerberg entstanden vor allem im Südwesten rund um den Niedersachsenstein mehrere Neubauten. Durch den Cafékomplex Hoetgers erhielt Worpswede ein neues, künstliches Zentrum. Diese Tendenz wurde durch den Bau des Parkplatzes in den letzten Jahren noch verstärkt.

So haben die Künstler in dem untersuchten Zeitraum von 1890 bis 1930 großen Einfluß auf die Gestaltung des Ortsbildes genommen. In dem ehemaligen Bauerndorf entstand eine Vielzahl unterschiedlicher und anspruchsvoller Bauten. Ein solches Nebeneinander der verschiedenen Stilrichtungen findet sich selten

in so konzentrierter Form in einem Ort dieser Größe – und dies
macht heute das Besondere Worpswedes aus.

Anmerkungen:

1) Mackensen, Fritz: „Wie ich nach Worpswede kam". in: Dieter-Jürgen Leister: Worpswede
gestern und heute. Celle 1948.
2) Worpswede. Eine deutsche Künstlerkolonie um 1900. Fischerhude 1986.
3) Günter Busch/Liselotte von Reinken:Paula Modersohn-Becker in Briefen und Tagebüchern. Frankfurt 1979.
4) Protokollbuch des Worpsweder Verschönerungsvereins.
5) Carl Schäfer: Die Zukunft unserer Baukunst und der Heimatschutz. in: Deutsche Kunst
und Dekoration. 1910/11 S. 158 ff.
6) Jahresbericht des Verschönerungsvereins Worpswede über das Jahr 1908. in: Mitteilun-
gen des Vereins für niedersächsisches Volkstum. Bremen 1909.
7) Heinrich Vogeler: Werden. Erinnerungen. Mit Lebenszeugnissen aus den Jahren 1923 –
1942. Fischerhude 1989.
8) Gustav Brandes: Die Wohnküche im Arbeiterhaus. in: Niedersachsen, 17 Jg., Nr. 15, S. 404
ff.
9) S. D. Gallwitz: Dreißig Jahr Worpswede. Bremen 1922.
10) Dieter Golücke: Bernhard Hoetger. Bildhauer Maler Baukünstler Designer. Worpswede
²1988.
11) Hans Hubert: Kaffee Worpswede GmbH. in: Dieter Golücke: Bernhard Hoetger. Bildhauer Maler Baukünstler Designer. Worpswede ²1988.
12) Karl Veit Riedel: Worpswede in Fotos und Dokumenten. Fischerhude 1988.

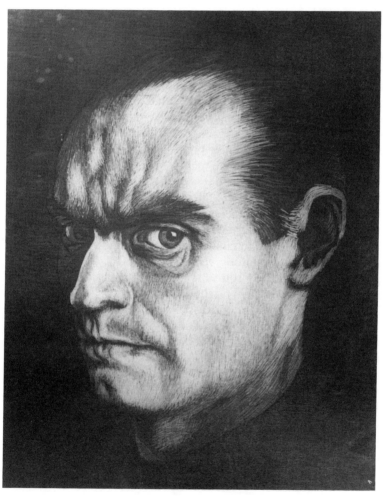

Richard Oelze. Selbstbildnis, Öl auf Holz, um 1950 (28 x 23)

Richard Oelze (1900-1980) – und seine ‚Erwartung'

1984 besuchte ich zum erstenmal das Sprengel-Museum Hannover, um dort ausführlich die umfangreiche Sammlung zu studieren – und blieb schon nach einer halben Stunde gebannt vor einem Bild stehen. „Quellgebiet" stand als Titelangabe auf dem Schildchen und darüber der Name „Richard Oelze". Den hatte ich noch nie gehört – und es hielt mich dann noch lange vor diesem Bild und zwei weiteren Werken Oelzes an der gleichen Wand – und schließlich stand für mich fest: den Maler muß ich kennenlernen. Daß Oelze damals bereits seit vier Jahren verstorben war, war auf dem Schildchen nicht vermerkt.

Bei meinen Recherchen mußte ich feststellen, daß meine Unkenntnis offenbar kein Einzelfall war: niemand konnte mir etwas über Oelze sagen, kaum jemand hatte je den Namen gehört, Literatur gab es praktisch nicht. Erst sehr viel später traf ich einen Kunstgeschichtler, dann einen Galeristen, vor allem aber Künstler, die mich bei Nennung des Namens „Oelze" spontan mit größter Freundlichkeit begrüßten und aufnahmen, ja mich fast wie eine Verbündete behandelten.

Von heute aus gesehen, könnte ich das, was ich damals erlebt habe, objektivierend so zusammenfassen: am Werk von Richard Oelze spaltet sich die Kunstrezeption der Moderne auf bezeichnende Weise. Auf der einen Seite wurde und wird die Bildwelt dieses Malers von vielen Betrachtern als kryptisch, rätselhaft und verschlossen, ja als verunsichernd und bedrohlich empfunden. Das hat dazu geführt, daß sein Werk trotz gewichtiger Einzelausstellungen seit etwa 1960 und Teilnahme an zahlreichen Gruppenausstellungen nur sehr zögernd rezipiert wurde. Ausstellungsprojekte wie „German Art in the 20th Century" (London und Stuttgart 1985/86) oder „The Art of German Drawing VI" (London 1988), die Oelze in die Nachbarschaft von Künstlern wie Max Ernst, Willi Baumeister, Fritz Winter, Ernst Wilhelm Nay oder Werner Heldt rückten, dokumentieren zwar angemessen den Rang, der Oelze im Kontext der deutschen Kunst des 20. Jahrhunderts von Fachleuten zuerkannt wird; für viele Betrachter und Kritiker aber war die Begegnung mit Oelze in diesem Umfeld eine – wenngleich oft positiv registrierte – Überraschung. Auf der anderen Seite eröffnet sich dem tiefer in das Oeuvre und seine Rezeptionsgeschichte eindringenden Blick eine Wirkungsgeschichte von erstaunlicher Intensität und Kontinuität. Wie eine geheime geologische Tiefenschicht verbindet die Faszination für die altmeisterliche Malkultur Oelzes, für seine visionär-phantastische Zeichenkunst unterschiedlichste Künstler einer realistisch-figurativen Bildsprache, namentlich aus Deutschland und Frankreich. Eine kleine, passionierte Schar von Sammlern hat das rund 380 Katalognummern zählende Werk der Gemälde und Zeichnungen – abgesehen von einigen fotografischen Experimenten während seines Bauhausstudiums hat Oelze sich technisch auf diese Medien beschränkt – gewissermaßen unter sich aufgeteilt. Vor allem die Zeichnungen sind Raritäten des Kunstmarktes.

Der Maler Konrad Klapheck hat, rückblickend auf seinen ersten Besuch bei Oelze im Jahre 1960, diese Faszination mit folgenden Worten beschrieben: „Die Beschäftigung mit Richard Oelze war jetzt Teil meines Lebens geworden. Ich sammelte alles, was ihn betraf, kaufte dicke Bücher wegen einer kleinen Abbildung nach einem seiner Werke und versuchte, in Kontakt zu kommen mit allen Leuten, die ihn kannten ... Für mich als angehenden Künstler bot er – nicht anders als mein Akademielehrer Bruno Goller – das Beispiel der Integrität, das Beispiel eines Mannes, der sich durch keine Verlockung vom Wege abbringen läßt, für den die ungemalten Bilder, die auf Realisierung drängen, wichtiger sind als sich anbietende Professuren, Bühnenbildaufträge oder Graphikeditionen. Seine Leistung besteht in diesem ‚hier stehe ich und kann nicht anders', einer Haltung, die den Gegenwartserfolg stets bereit war, dem Ruhm auf Dauer zu opfern, und die ihm ein Leben der Entbehrungen bescherte."[1])

Die genannte Polarisierung: Unverständnis hier, Faszination dort, betrifft das gesamte Werk Richard Oelzes. Aufgehoben ist solche Polarisierung vor einem Werk Oelzes, dem 1935/36 in Paris gemalten Bild „Erwartung". Es kann als eines jener Bilder der europäischen Kunstgeschichte bezeichnet werden, die in der modernen Öffentlichkeit durch ständige Reproduktion den Status von Pseudo-Archetypen, d.h. von scheinbar angeborenen inneren Bildern erlangt haben. Vergleichbar Davids „Ermordung des Marat", Gericaults „Floß der Medusa" oder Picassos „Guernica" ist Oelzes „Erwartung" aus den engen Räumen des realen wie

Richard Oelze:
Erwartung
(1935/36),
Öl auf Leinwand
(81,6 x 100,6)

des imaginären Museums hinausgetreten. Es gilt als eines jener Geheimnisbilder, die – im Depot des kollektiven Unbewußten verwahrt – plötzlich auf den Wochenmärkten der Massenmedien ihren ebenso erwarteten wie überraschenden Auftritt haben. Die spontane emotionale Identifikation mit der Menschengruppe des Bildes, die „Erwartung" in vielen Betrachtern provoziert, hat nicht nur zahlreiche bildliche und literarische Paraphrasen hervorgerufen, sondern auch einige Bühnenbildentwürfe inspiriert.[2]) Die veristische Unmittelbarkeit der Darstellungsmittel in diesem Gemälde, das die Ängste und Traumata dieses Jahrhunderts in beklemmender Verdichtung zum Ausdruck bringt, lassen „Erwartung" im Kontext des Oeuvres von Richard Oelze zunächst als eine isolierte Arbeit erscheinen. Gleichwohl sind an diesem Bild jene Qualitäten, Themen und Konstanten des Oelzeschen Werkes ablesbar, wie sie am Weimarer Bauhaus in den 20er

Jahren ihre Grundlegung fanden, im Paris der 30er Jahre entfaltet und in den rund drei Jahrzehnten nach dem Krieg weiter ausdifferenziert wurden.

Der Blick des Betrachters fällt zunächst auf eine Ansammlung städtisch gekleideter Menschen, die ihm fast alle den Rücken zukehren. Sie stehen in einer nächtlichen Landschaft, die von einem grell einfallenden Streiflicht theatralisch illuminiert wird. Wie aus dem Gedränge eines Pariser Boulevards herausgerissen, scheinen diese Menschen fast gegen ihren Willen in die Natur zu streben, jedenfalls sind sie keine Wanderer oder auch nur Sonntagsspaziergänger. Der Blick geht über die Köpfe hinweg zu einem nahezu leeren, unbestimmbaren Horizont, während sich links und rechts eine bergige Waldlandschaft mit einem See zeigt. Der topographische Sachverhalt läßt sich so deuten, daß sich die Menschengruppe auf einem Plateau befindet, das zum weitgehend verdeckten Bildmittelgrund abfällt. Kann sie sich also nach vorn nicht weiter bewegen, ohne abzustürzen, so kann sie offenbar auch nicht recht zurückweichen. Das Verhältnis von Landschaft und Menschenansammlung gewinnt durch eine raffiniert gehaltene, doppelte Spannung Dramatik: von Fernblick und dem Eindruck bedrohlichen Zuwachsens der Vegetation, von lokalisierbaren Ebenen und der Unbestimmbarkeit des Standortes. Die Menschengruppe scheint unmittelbar am Rande eines Abgrundes zu stehen. Der Abgrund, an dem sie steht, ist topographisch konkret und zugleich unbestimmbar, von allen Seiten als lauernde Gefahr gegenwärtig. In einem existenziellen Sinne wird der Abgrund in Oelzes „Erwartung" zur Metapher der Entfremdung des Menschen von der äußeren wie von der inneren Natur, für das Ausgespanntsein menschlicher Existenz zwischen den Extremen von Naturferne und Selbstentfremdung.

Dem Extrem völliger Beziehungslosigkeit zwischen Mensch und Natur, dieser mit schneidender Deutlichkeit vorgeführten Entfremdung, die zugleich Entfremdung des Menschen von seiner inneren Natur ist, stehen als anderes Extrem erste Anzeichen der Verschmelzung, des Eingehens des Menschen in die Natur gegenüber.

Bedeutsam ist die Beobachtung, daß Oelze mittels der Kleidung einen Keil in die zunächst so homogen erscheinende Gruppe treibt. Die einheitliche Farbigkeit und Glätte, das Synthetische der Männerkleidung stehen im Kontrast zu den vegetabilen Wucherungen der Landschaft. Hingegen nähert Oelze die Frauengestalten mittels ihrer Hüte und ihrer Pelze der Vegetation weitgehend an. Unterstützt wird der Eindruck solcher ‚Verwandtschaft' mit der Vegetation dadurch, daß bei den Frauen mit Ausnahme der im Vordergrund isoliert Stehenden individualisierte Gesichtszüge vollständig unterdrückt werden, während sie bei den Männern ansatzweise erkennbar bleiben. Die Zuspitzung solcher Umwandlung des Weiblichen in pflanzenhafte Formen erfolgt in einem unspektakulären Detail: die Hüte der im rechten Mittelgrund hintereinander stehenden Frauen scheinen miteinander zu verwachsen.

Die neusachlich-kühle Figurenzeichnung, die Oelze in „Erwartung" einsetzt, hat Vorstufen in seinem Werk der 20er Jahre und steht in Zusammenhang mit seiner Leidenschaft für die Fotografie. In einigen Stilleben der Nachkriegszeit gibt es Anklänge an die Malerei der Neuen Sachlichkeit, während die menschliche Gestalt durch Deformationen der vegetativen und organischen Formenwelt zunehmend angenähert wird. Daß die menschliche Figur in Oelzes anthropomorphen Landschaften immer tiefer und unentwirrbarer in die Natur eingeht, ist in dem Zusammenhang zu sehen, daß ihn die Figuration lebenslang beschäftigt hat. Dies, obwohl sein künstlerisches Bemühen zumeist mit dem vernichtenden Gefühl von Verzweiflung und Versagen angesichts der eigenen, hochgesteckten Ansprüche einherging und er viele Arbeiten frühzeitig vernichtet hat. „Es lebe die Figuration", so formuliert Oelze 1968 nahezu programmatisch, „ich bin, solange Bilder noch Bilder genannt werden, nur für Figurationen . . . Das Wieder-Wirkliche-Bild ist immer figurativ, und jede Figuration ist literarisch deutbar. – Also sollte man es endlich aufgeben, das Literarische im Kunstwerk abzulehnen. Jeder Bildtitel ist Literatur . . . Naturalistisches Sichtbarmachen muß, in neuer Wirklichkeit, Urbilder zeigen, die für alle Menschen erkennbar sind. Sie müssen in natürlicher Weise sichtbar sein."[3])

Figuration äußert sich bei Oelze nicht nur in der Darstellung der menschlichen Figur, sondern meint die gestalthafte Form im Gegensatz zur Gestaltlosigkeit vor allem des Informel, mit dessen

Siegeszug der Maler sich in den 50er und 60er Jahren konfrontiert sah. Figuration bedeutet für Oelze einerseits die Hinwendung zur menschlichen Figur, andererseits ein Prinzip sinnlicher Vergegenwärtigung ursprünglich-keimhafter Formen, die Entwicklung von „Formcharakteren" (Oelze) im Prozeß des Malens aus dem Ungeformten oder Formlosen, die nicht unbedingt figürlich lesbar sein müssen, es aber sein können.

Oelze, am 29. Juni 1900 in Magdeburg geboren, mußte auf Drängen der Eltern zunächst eine Lithographen-Lehre absolvieren, bevor er 1918 ein künstlerisches Studium an der Magdeburger Kunstgewerbeschule beginnen konnte.

Prägend war hier für Oelze die Begegnung mit den Figurenmalern Kurt Tuch, der Aktmalerei in spätimpressionistischer Manier betrieb, und dem stärker an Klinger geschulten Richard Winckel. 1921 wurde Oelze am Weimarer Bauhaus aufgenommen, wo er sich vor allem dem Kreis der ‚Jünger' um Johannes Itten anschloß.[4]) Die im Ittenschen Unterricht verankerte Durchdringung von verinnerlichter Schau, „schöpferischem Automatismus" (Itten) und gestalterischer Präzision wurde zu dem für Oelze bestimmenden Erlebnis. In der intensiven Auseinandersetzung mit der Kunstanschauung Ittens, vor allem dessen Prinzip der „Bewegung" (Itten: „Alles Lebendige offenbart sich dem Menschen durch das Mittel der Bewegung. Alles Lebendige offenbart sich in Formen") wurzelt das Metamorphotische der Kunst Oelzes.

Bildnerisch meint „Bewegung" für Oelze das unausgesetzte Hervortreiben der Form aus dem Bildgrund wie auch das Fortgetriebensein durch die innere Bewegung. Diese Grundkonstellation wird von Oelze auf einer weiteren Ebene, mit wachsender Könnerschaft und Subtilität, auch in die Formenwelt im Bild eingebracht. Bewegung als prozeßhaftes Fortschreiten und der Eindruck unausgesetzter Wandlung der Formen, der den Beschauer irritiert und beunruhigt, bestimmen – zunehmend im Spätwerk – den formalen Aufbau wie auch die Ausführung im Detail.

Will Grohmann, der frühe Freund und Bewunderer, hat dieses Ittensche Prinzip der „Bewegung" 1961 anschaulich und prägnant formuliert: „Oelze sieht in Bewegung und malt in Bewegung; das Organische, Wachsende, Sichverwandelnde, niemals Fixierte fesselt ihn, das Unbestimmte von Atmosphäre und Licht, das ein

Übriges tut, um zu verundeutlichen, das Zwischenreich farbiger Töne, das den Dingen das Kolorit vorenthält und dem Betrachter nähere Informationen versagt."[5]

Mit der Malerei der Neuen Sachlichkeit kam Oelze Ende der 20er Jahre als nicht eingeschriebener Gaststudent in den Ateliers von Otto Dix und Richard Müller an der Dresdner Kunstakademie in Berührung. Hatte Oelze sich in den vorangegangenen zehn Jahren ausschließlich zeichnend betätigt, so eignete er sich in Dresden die altmeisterliche Technik der Lasurmalerei an. Es entstanden neben Stilleben auch – heute verschollene – porträthafte Figurenbilder.

Oelze kehrte noch einmal nach Berlin zurück, verließ dann aber Deutschland 1933 und ging nach Paris. Neben den Mitte der 30er Jahre entstehenden Landschaften ist in Paris die Figuration das zweite große Thema Oelzes.

Die Spannweite reicht von büstenhaft gegebenen Köpfen, die den Wucherungen der Natur wie Fremdkörper aufsitzen oder in sie verwachsen scheinen, bis hin zu ganzfigurigen „Apparitions", traumhaften, zumeist weiblichen Erscheinungen, die als imaginäre Wesen aus dem leeren Raum bedrängend entgegentreten.

Auch nach 1945 bleibt für Oelze die Figuration ein zentrales Thema. So entstehen in Worpswede neben reinen Landschaftszeichnungen vielfigurige, märchenhafte Szenerien, verschiedene Kopf-Studien und „Imaginäre Porträts". Stets ist die menschliche Figur durch Deformationen gekennzeichnet, die entweder ihre körperliche Erscheinung oder ihre Physiognomie betreffen. Wie der Maler im Gegenständlichen die atmosphärischen Werte, „die Stimmung, die gegenwärtig über den Dingen liegt" (Oelze) wiederzugeben bemüht war, so strebte er im Figürlichen danach, den „Eindruck oder das Erlebnis" bildnerisch zu vergegenwärtigen. – „Unsere Kunst ist ein von der Wahrheit Geblendet-Sein: Das Licht auf dem zurückweichenden Fratzengesicht ist wahr, sonst nichts".[6] Im Sinne dieser Worte Franz Kafkas konnte für Oelze Wahrheit nur unter Verhüllung und Verstellung aufscheinen.

Der Deformation der menschlichen Gestalt folgen als eine weitergehende Konsequenz das Verwandeln und Verschleiern, die Verschmelzung von Mensch und Natur in den anthropomorphen

Landschaften, schließlich das Eliminieren lesbarer Details bis hin zum Schaffen abstrakt anmutender Gebilde.

In Oelzes „Erwartung" ist vor allem der illuminierten Baumgruppe am Horizont jene altmeisterliche Maltechnik ablesbar, die der Künstler über fünf Jahrzehnte kultivierte. Das auf Leinwand gemalte Bild ist mit heller Tempera über dunkler Grundierung angelegt. Diese Temperauntermalung ist der für die formale Endgestalt entscheidende Prozeß. „Bei mir", so äußerte Oelze im Alter über seine malerische Technik, „muß das alles möglichst schnell in der Anlage da sein: Dann hat es Zeit, dann kann ich ausführen, dann wird aber auch fast nie ein Strich geändert. Was darauf kommt, wird verwendet, auch beim Zeichnen. Man kann alles verarbeiten. Schnell heißt für mich: das Denken soll etwas zurückgedrängt werden. Ich will nichts versäumen, ich bin immer dabei, zu beobachten, was kommt und was noch kommen kann. Ich lasse mich treiben . . . ich muß alle meine Sinne mobilisieren."

Gelernt hat Oelze diese altmeisterliche Technik nicht nur bei Dix, sondern unter anderem auch bei Rembrandt, dessen „Landschaft mit Bogenbrücke" Oelzes Bild „Erwartung" wesentliche Anregungen verdankt.

Der andere Pol der Inspiration ist, worauf ich schon kurz eingegangen bin, die Fotografie. Einen beispielhaften Vergleich erlaubt ein Pressefoto der Landung Charles Lindberghs in Paris, der als erster 1927 den Atlantik nonstop überflogen hatte. Auch hier stehen die Menschen, die der Betrachter des Fotos aus erhöhter Perspektive beobachtet, ‚in Erwartung'. Aber diese Erwartung hat, anders als bei Oelze, ein Ziel, einen Inhalt: diese Menschen erwarten den modernen Helden, der ihnen bewies, daß die grenzenlose Ausdehnung, die unerforschliche Mächtigkeit der Natur mittels der Maschine zu beherrschen war. Mit einiger Sicherheit hat Oelze dieses Foto gekannt, als er „Erwartung" malte, aber auch Pressefotos nationalsozialistischer Massenaufzüge, die Anfang der 30er Jahre durch die Zeitungen gingen, dürften ihn angeregt haben.

Altmeisterlich ist nicht nur die malerische Technik Oelzes, auch ikonographisch liegt seinem Werk die Auseinandersetzung mit den alten Meistern der neuzeitlichen Malerei zugrunde. So haben

Landschaftskonzeption und die Erfindung des Baummenschen in dem Bild „Tägliche Drangsale", das Oelze 1934 in Paris malt, Vorläufer nicht nur im Umkreis des Surrealismus, sondern vor allem bei Hieronymus Bosch und dessen „Garten der Lüste".

In Oelzes „Erwartung" trifft man allenthalben auf bezeichnende Umkehrungen: die Abwesenheit menschlicher Physiognomien kehrt die Physiognomie der Natur desto deutlicher heraus. Physiognomie meint die Erscheinung des Charakters, also des eigentlichen Wesens im Sichtbaren. Für diejenigen, die erwartungsvoll in die Natur starren, gibt es nichts zu sehen. Die Physiognomie der Natur erscheint dagegen, jenseits des künstlichen Lichtes, mit ausgesprochen unaussprechlichem Gesicht.

Diese Beobachtungen können durch einen Blick auf die etwa zeitgleich entstandene Zeichnung „Baumlandschaft" ergänzt werden. Gegenüber den dicht wuchernden Wäldern und Farnlandschaften der Pariser Jahre erprobt Oelze hier eine Komposition von lichterer Weiträumigkeit. Den Baumstamm im unteren Bildfeld arbeitet der Zeichner mit kurzen, parallel geführten Bleistiftstrichen heraus, mit einer irritierenden Besessenheit scheint der zeichnende Stift jeder knorrigen Wucherung, jedem Astloch zu folgen. Ablesbar ist diesem Blatt jenes Oelze kennzeichnende physiognomische Sehen, das ihn von der eher spielerischen Phantastik der Frottagen und Grattagen eines Max Ernst stets getrennt hat, auch wenn im Ergebnis die Geistesverwandtschaft beider Künstler unübersehbar ist.

Oelze zeigt sich fasziniert von der Physiognomie von Mensch und Natur, von dem im Ansehbaren sich offenbarenden Charakter. Der synthetische Wahrnehmungsakt, für den in der Physiognomie Erscheinung und Wesen zusammenfallen und der mit Hellsichtigkeit einhergeht, kennzeichnet das gesamte Schaffen Oelzes. Von daher ist bereits sein Werk der Pariser Jahre abzugrenzen gegen Landschaftskonzeption und -verständnis des veristischen Surrealismus: gegen technische Experimente und Manipulationen einerseits (Ernst, Dominguez), gegen die Projektion theoriebefrachteter Phantasmagorien in einen realen Landschaftsfond andererseits (Dali).

Für Oelzes Verhältnis zur Außenwelt war stets die über die momentane Erscheinung hinausreichende Wirkung, die ‚Strahlung‘

der Dinge und Organismen das Wesentliche, das er einzufangen und in seine Bilderfindungen zu übertragen suchte. Seine besondere Sensibilität ließ ihn Atmosphärisches, wie die Stille des Waldes, das Innere einer Grotte oder einer Kirche, die weite Horizontlinie des Meeres es an sich haben mögen, als etwas physisch Greifbares empfinden.

Die Oberflächenbeschaffenheit von Pflanzlichem und Organischem, Wolkenballungen und Walddickicht, aber auch eine Geste, Mimik oder der Augen-Blick – all das hat in oft quälender, peinigender Weise eine magische Anziehung auf den Maler ausgeübt. Mit seinen eigenen Worten: „Der Eindruck oder das Erlebnis ist nicht das Objekt oder der Gegenstand, sondern die Stimmung, die gegenwärtig über den Dingen liegt, oder der Zustand, in dem sich das Objekt befindet.'"[7] Dieses physiognomische Sehen verbindet ein frühes Blatt wie „Grotte" (1929) mit späteren Arbeiten wie „Perlen des Leids" (1955). Erst in zweiter Linie ist festzuhalten, worauf etwa Wieland Schmied hingewiesen hat, daß das Werk Oelzes nach 1930 keine eigentliche Entwicklung zeigt, wenige Motive immer wieder aufgegriffen werden: „Im Frühwerk wie im Spätwerk begegnen wir der gleichen Besessenheit, den gleichen Motiven – Kugeln, Wolken, Mauern, Köpfen und immer wieder dem Wald -, dem gleichen Duktus, dem gleichen langwierigen und oft qualvollen Realisierungsprozeß."[8]

Sehr viel weiter getrieben und von greller Phantastik ist das Thema der Metamorphose im Kontext von Oelzes Pariser Werk der 30er Jahre in Gemälden wie „Tägliche Drangsale". Nur die Köpfe ragen aus einer übermächtigen Natur heraus, die schwellenden pflanzlichen und organischen Formen suggerieren eine Atmosphäre schwüler Erotik. Generell prägen die Spannungen der Geschlechterbeziehung und des Trieblebens, erotische Motive und Phallussymbole das gesamte Pariser Werk und geben dem Thema der anthropomorphen Landschaft eine noch einmal verschärfte Bedeutung: der Mensch findet sich nicht nur von der inneren und äußeren Natur entfremdet und ausgestoßen, auch die Vereinigung mit dem anderen Geschlecht ist unmöglich. Der Mensch ist auf seine beziehungslose Kreatürlichkeit zurückgeworfen, ausgeliefert seinen Visionen und Obsessionen. Es kann nicht verwundern, daß Oelze, der in Paris die Romane Franz Kafkas kennenlernte, in diesem sofort einen Geistesverwandten spürte; die Auseinandersetzung mit dem Schriftsteller ist dem gesamten Werk des Malers tief eingeprägt.

Steht das Werk der Pariser Jahre in der schockartigen Kontrastierung von magischer Dingerfahrung und illusionistischer Raumkonzeption sowie hinsichtlich Thematik und Motivik deutlich unter dem Eindruck des Veristischen Surrealismus, wie ihn vor allem Salvador Dali, Max Ernst und Yves Tanguy entwickelt haben, so geht Oelze im Nachkriegswerk einen anderen Weg. In ersten tastenden Schritten verbindet er realistische Abschilderung mit Ansätzen einer mythischen Überhöhung der Natur. Dies dokumentiert sich vor allem in jenen Zeichnungen, in denen der Künstler die landschaftliche Eigenart des ungeliebten Exils Worpswede studiert.

Es folgen Gemälde, in welchen Oelze das Bild einer Menschenfernen, schöpfungsursprünglichen Natur entwirft. Als geborstene, nurmehr von menschenähnlichen Hüllen durchflügelte Landschaft, wird die Natur zum Gegenbild der Katastrophe des zerstörten Nachkriegsdeutschland.

Wenn man nach Analogien oder Einflüssen für Oelzes „Erwartung" sucht, wird die in der Pariser Zeit einsetzende Kafka-Lektüre möglicherweise bedeutsamer als die naheliegenderen Beziehungen zu den Surrealisten. Wenn schon die Erwartungsthematik Oelze nicht durch die intensive Beschäftigung mit Kafka unmittelbar nahegelegt wurde, so hat sie sich gewiß unter Kafkas Einfluß in seinem Bewußtsein verstärkt.

Über sein Verhältnis zur Literatur befragt, lautete die Antwort des eher schweigsamen Oelze prompt: „Kennengelernt hätte ich gerne so einen Menschen wie Kafka. Mit der Empfehlung ‚Das müssen Sie lesen' hat es nur einmal richtig geklappt. Das war in Paris, wo Roditi mich auf das Schloß von Kafka hinwies."⁹) Und in Paris erklärt er gegenüber der befreundeten Dichterin Mina Loy, die auf sein Drängen hin Kafkas „Prozeß" liest: „In Kafka habe ich eine Ankündigung meiner gehetzten Existenz gefunden, in ihm erkenne ich den unbarmherzigen Zug meines seltsamen Unglücks."¹⁰) Über Jahrzehnte griff Oelze immer wieder zu den Werken Kafkas, versenkte sich in dessen Welt. Seine Kunst ist in weiten Teilen als Prozeß der Interpretation und Adaption deutbar, obwohl der Künstler nach der in Paris entstandenen Zeichnung „Frieda", der Protagonistin des „Schloß"-Romans, kaum mehr so explizit auf Kafkas Schriften Bezug genommen hat.

Der erste Satz in Franz Kafkas Fragment gebliebenem Roman „Das Schloß", erschienen 1926, ruft in knappen Worten wesentliche Momente von Oelzes „Erwartung" vor Augen: „Es war spätabends, als K. ankam. Das Dorf lag in tiefem Schnee. Vom Schloßberg war nichts zu sehen, Nebel und Finsternis umgaben ihn, auch nicht der schwächste Lichtschein deutete das große Schloß an. Lange stand K. auf der Holzbrücke, die von der Landstraße zum Dorf führte, und blickte in die scheinbare Leere empor." Das Ankommen im Dunkel, eine Atmosphäre von Nebel und Finsternis, das Stehen auf einem schmalen Übergang, zu dessen Seiten ein Abgrund droht, der lange Blick empor in scheinbare Leere – es sind die prägenden Elemente auch von Oelzes „Erwartung". Das Bild des gefährdeten Stehens über drohender Tiefe, zwischen Nicht-mehr (Landstraße) und Noch-nicht (Dorf), der unbestimmt erwartungsvolle Aufblick in die verdunkelte Natur, die den Blick antwortlos zurückweist – dieses Bild faßt als existentielle Metapher nicht allein das entwicklungslos in sich kreisende, gleichsam statische Romangeschehen zusammen. Vielmehr sind „Warten" und „Erwartung" im gesamten Werk Franz Kafkas und in dem Oelzes ästhetische Grundfiguren, hier literarische bzw. dort bildnerische Chiffren des Daseins, der „Unbehaustheit" (Max Weber) und „transzendentalen Obdachlosigkeit" (Georg Lukács) des Menschen, wie die zeitgenössischen philosophischen Metaphern der dreißiger Jahre lauten.

Die Erwartungs-Thematik sollte Oelze nicht mehr verlassen, obgleich die künstlerische Qualität des Pariser Bildes nicht mehr erreicht wird. In den frühen Nachkriegsjahren sind es „Wartende Mädchen" oder „Wartende Kinder", die, in übermächtiger Natur stehend, wie verloren zu einem sich verdüsternden Himmel aufblicken.

Die Rückenfigur, wie sie in diesen Bildern und in „Erwartung" von Oelze eingesetzt wird, läßt sich bis in die Antike zurückverfolgen. Das Mittelalter kennt sie nicht, erst Giottos Zurückgreifen auf die Spätantike bringt um 1300 eine eigenständige Weiterentwicklung des Themas. Rückenfiguren, in kleinen Gruppen oder als noch überschaubare Ansammlung zusammenstehend, begegnen uns bereits als rhetorisches Element in religiösen Programmbildern des 16. und 17. Jahrhunderts. Die Tradition, ein Landschaftspanorama durch Einsatz von Rückenfiguren im Vordergrund stimmungsmäßig zu steigern, gewinnt dann aber zuerst Ende des 16. Jahrhunderts breiteren Raum. Eine zentrale Funktion im Sinne des Hineinziehens und Einstimmens des Betrachters kommt der Staffage und vor allem der Rückenfigur in den romantischen Landschaftsbildern des frühen 19. Jahrhunderts zu. In wegweisender Form setzte Caspar David Friedrich die einzelne, den Kräften und der Unendlichkeit der Natur gegenübergestellte Figur ein, um dem Bildbetrachter die emotionale Identifikation mit dem Bildgeschehen zu ermöglichen.

Bei Richard Oelze setzt die Reflexion bei der Frage nach dem Sein, also existentiell, an. Die Natur in „Erwartung" ist für die Menschen kein wirkliches Gegenüber mehr, sei es als Forschungsgegenstand oder als Medium religiöser Erfahrung. Vielmehr ist die topographisch nicht identifizierbare Landschaft, die also auch ein reines Phantasiegebilde sein könnte, nichts anderes als der innere Ausdruck der Menschen, Spiegel ihrer inneren Verfassung, ihrer Erfahrungen, Ängste und Traumata. Oelze thematisiert leitmotivisch die Aufhebung der Grenze von innerer und äußerer Natur. Aus dieser Aufhebung erwächst die Angst der Menschen, daß hinter der Natur nichts mehr ist, daß es nichts jenseits der Erfahrung gibt, daß sie selbst sich von der Natur nicht mehr unterscheiden. Sie tragen ihre unartikulierten Sehnsüchte in eine gänzlich von Menschen konstituierte Natur, hinter der das Nichts droht: kein Gott, keine Transzendenz, kein übergeordnetes Prinzip.

Viele der Deutungen, der literarischen und bildlichen Paraphrasen, die Oelzes „Erwartung" hervorgerufen hat, neigen dazu, die inhaltliche Ambivalenz des Bildes dadurch zu beseitigen, daß in die Erwartung ein bestimmtes Erwartetes hineinprojiziert wird. Das kann z.B. ein nach der Entstehung eingetretenes historisches Ereignis sein, so daß dem Bild eine prophetische Potenz zuwächst: „Es ist abzusehen, daß ihnen die Hüte nichts mehr nüt-

272

zen werden, denn mit dem Wetterschutz haben sie nichts mehr zu tun auf diesem Bild, das Richard Oelze 1936 gemalt hat. Die ‚Erwartung', die es im Titel trägt, richtet sich auf einen wolkigen, vernebelten Himmel, aus dem kein Gott herabsteigt, dessen Undurchsichtigkeit die Bombenflugzeuge jedoch nicht daran hindern wird, die Städte zu orten, über denen sie ihre Bomben fallen lassen sollen, auf Menschen, denen nicht mal ihre Häuser, um wieviel weniger ihre Hüte Schutz bieten werden . . . Die von Oelze vorgestellten Zuschauer tragen noch nicht jene Stahlhelme, die gleichwohl für sie schon hergestellt worden sind, ihnen aber keinen Schutz bieten werden."[11])
Walter Grasskamps Deutung des Bildes als eines, das den Bombenterror des Zweiten Weltkrieges vorahnend symbolisiert, kann insofern als typisch für die Rezeptionsgeschichte von „Erwartung" gelten, als Kataklysma, drohende Menschheitsvernichtung, Weltuntergang, Apokalypse, bevorstehende Faschismusherrschaft, Deutungsmuster sind, die in den Kommentaren zu dem Bild immer wiederkehren. Der bedrohlich verdüsterte, übermächtige Himmel wird für die rückblickende Kunstbetrachtung und Kunstkritik zur Projektionsfläche für katastrophengeschwängertes Geschichtswissen und angsterfüllte Zeitdiagnostik. Dabei wird übersehen, daß es Richard Oelze in einer dem Bild ablesbaren Weise um die schockartige Koppelung von Naturgeheimnis, Entfremdungserfahrung und Identitätsverlust des modernen, zivilisatorisch überformten Subjekts geht. Von dieser Bedeutungsbasis hätte jede Interpretation auszugehen, die dem Bild eine zeitgeschichtlich-politische oder sogar prophetische Signifikanz einlesen will.
Offener für die Ambivalenz des Bildes ist Siegfried Lenz' Rekurs in seinem 1990 erschienenen Roman „Klangprobe": „Nur an dem Bild „Erwartung" sah er sich länger fest und wollte plötzlich wissen, ob die vielen Leute nur deshalb nach oben guckten, weil sie dort, wo die Himmelsfarben brodelten, Jesus vermuteten", worauf Lone, die Protagonistin des Romans, antwortet: „Wenn nicht eintritt, was man erwartet, selbst in zweitausend Jahren nicht, dann ermüdet man doch, oder nicht? Im Gegenteil, sagte Sjöberg, ganz im Gegenteil; wenn nicht eintritt, was man erwartet, dann ermüdet man nicht, sondern beginnt selbst zu handeln, und zwar

im Sinne dessen, auf das man wartet. Dann, sagte Lone, ist Erwartung vielleicht nur eine Erfindung oder eine Anleitung, uns auf uns selbst zu besinnen."[12]) Diese Reflexion stimmt mit meiner Sichtweise überein, daß die Menschen selbst das eigenartige Licht in die Landschaft hineintragen, in dem sich das erwartete Ereignis zugleich kondensiert und zerstreut.

Wenn also „Erwartung" als ein Ereignisbild ohne Ereignis bezeichnet werden kann, weil kein sichtbares Ereignis auf ihm zu erkennen ist, so läßt sich aber fortfahren, daß die die Menschen erregende Erwartung selbst das dargestellte Ereignis ist. Die Menschenansammlung und das Naturpanorama erzeugen zwischen sich eine Hochspannung, in der die paradoxe Erscheinung eines Dauerblitzes zündet.

Oelze formuliert nun in „Erwartung" das traditionelle Bildthema ,Landschaft mit Rückenfiguren' in entscheidender Weise um. Er setzt die Figurengruppe so hart in den Vordergrund des Bildes, daß sie die Grenze zwischen realer Welt und Bild zwar nicht auflöst, aber doch unsicher werden läßt. Der Bildbetrachter tritt an das Bild heran wie an eine Zuschauermenge, die sein Interesse oder seine Neugier weckt, zugleich jedoch den Blick auf den Gegenstand der Betrachtung verwehrt. Deshalb bleibt offen, ob tatsächlich nichts zu sehen ist, oder ob ein vor sich gehendes Ereignis nur dem Blick des Betrachters verborgen bleibt.

Die Feststellung der meisten Rezipienten, daß die Menschen in „Erwartung" nach oben in den düsteren Himmel schauen, überspringt wichtige Ambivalenzen des Bildes. Tatsächlich kann nämlich gar nicht ausgemacht werden, wohin genau sie eigentlich schauen. Daß sie nach oben blicken, wird offenbar aus dem Sitz der Hüte geschlossen. Da aber Oelze mit einem Betrachterstandpunkt arbeitet, der oberhalb der Figuren liegt, die Situation also aus einer Aufsicht gesehen ist, und da die Landschaft vor der Menschengruppe stark abfällt, muß viel eher vermutet werden, daß die Menge – vielleicht sogar leicht nach unten – auf einen Horizont schaut, der dem Betrachter verborgen bleibt.

Wennschon die Deutung in Richtung eines Verhängnisbildes geht, dann ist zumindest einzugestehen, daß das Verhängnis ebensogut von unten wie von oben kommen kann. Gerade dieser Sachverhalt steigert aber noch einmal die das Bild durchzitternde

Ungewißheit. Es bleibt nicht nur ungewiß, was sich ereignet, sondern ob überhaupt etwas geschieht. So hält das Bild eine Spannung, die keinerlei Erfüllung von Erwartung verheißt. Die Erwartung läßt sich nicht eingrenzen, sie entgrenzt sich in die Grenzenlosigkeit, ins Nichts. Es gibt nichts, von wo die Erwartung zurückkehren kann. Es ist dieses „Nichts als ein Erwarten", die absolute Bezugslosigkeit, die jenen von Kafka benannten Zustand „ewiger Hilflosigkeit" erzeugt und Oelze wie Kafka als eigentliche Geistesverwandte Samuel Becketts erscheinen läßt, der „Generationen mit einem Warten schlechthin ausgestattet hat". Wie qualvoll diese Situation ist, bezeugt Lenz' Sjöberg, der die Spannung in ein Handlungsmotiv auflösen möchte, für das sich aber im Gemälde selbst kein Hinweis findet. Das Bild bezeugt eher das Gegenteil: die Menschen haben keinen Spielraum mehr. Oelzes Seins-Hoffnung richtet sich deshalb auch nicht auf Handlungsutopien, sondern auf das Zurücksinken des Menschen in die Natur, und zwar durch den Tod.

Anmerkungen

1) Konrad Klapheck, Wege zu Richard Oelze, in: Richard Oelze 1900-1980. Gemälde und Zeichnungen, Ausstellungskatalog Berlin 1987, S. 155, 161

2) Vgl. dazu: Renate Damsch-Wiehager, Richard Oelze. Die ungewisse Gegenwart des Kommenden, (kunststück) Frankfurt/M. 1993, S. 55 ff

3) Zit. nach Ausstellungskatalog R.O. 1987 (wie Anm. 1), S. 11

4) Vgl. dazu Renate Damsch-Wiehager, Richard Oelze. Ein alter Meister der Moderne, München 1989, S. 14-18, S. 229 f

5) Will Grohmann, Zu Richard Oelzes Bildern, in: Die Kunst und das schöne Heim, München, Juli 1961, S. 376

6) Franz Kafka, Gesammelte Werke in 7 Bänden, hrsg. von Max Brod, Frankfurt/M. 1976, Bd. 6, S. 35

7) Zit. nach Ausstellungskatalog R.O. 1987 (wie Anm. 1), S. 133

8) Wieland Schmied, in: Ausstellungskatalog R.O. 1987 (wie Anm. 1), S. 19

9) Zit. nach Hans Kinkel, Meine Nacht hat keinen Mond, in: Die Weltkunst, Heft 12/1980, S. 1752 und ders., Vierzehn Berichte. Begegnungen mit Malern und Bildhauern, Stuttgart 1967, S. 128

10) Mina Loy, Insel, S. 13 des unpubl., 133 Seiten zählenden Typoskripts (Beinecke Rare Book and Manuscript Library, Yale University), eine Erzählung über die Begegnung der Schriftstellerin mit Richard Oelze in Paris, die vermutlich 1936 in Paris begonnen und später in New York abgeschlossen wurde. Roger L. Connover, Maine/USA, bereitet die Publikation der Erzählung vor. Vgl. auch Damsch-Wiehager (wie Anm. 4) S. 44 f und dies. (wie Anm. 2), S. 5 f

11) Walter Grasskamp, Das Verschwinden der Hüte, in: Kunstform international, Band 60, April 1983, S. 150. Vgl. auch Damsch-Wiehager (wie Anm. 2), S. 64-68

12) Siegfried Lenz, Klangprobe, Frankfurt/M. 1990, S. 155

Verzeichnis der Abbildungen

Boulboullé: Die Gründer der Worpsweder Künstlerkolonie - Wegbereiter der Moderne?

Carl Vinnen: Ruhe (1893), Öl auf Leinwand (281 x 201), Kunsthalle Bremen

Hans am Ende: Birken mit Moorgraben (1899), Öl auf Leinwand (129 x 210), Große Kunstschau, Worpswede

Fritz Overbeck: Überschwemmung im Moor (1903), Öl auf Leinwand (100 x 176), Kaufmann Sammlung, Stade

Fritz Mackensen: Der Säugling (1892), Öl auf Leinwand (180 x 140), Kunsthalle Bremen

Heinrich Vogeler: Frühling (1898), Öl auf Leinwand (179 x 150), Haus im Schluh, Worpswede

Otto Modersohn: Herbst im Moor (1895), Öl auf Leinwand (80 x 150), Kunsthalle Bremen

Otto Modersohn: Weg mit Birke und Kinderwagen (1904), Öl auf Pappe (58 x 40), Privatbesitz

Kaufmann: Fritz Mackensen, Entdecker oder Begründer Worpswedes?

Fritz Mackensen: Gottesdienst im Freien (1895), Öl auf Leinwand (235 x 376), Historisches Museum am Hohen Ufer, Hannover

Fritz Mackensen: Mädchen am Gartenzaun (1897), Öl auf Leinwand (65 x 40), Sammlung Bernhard Kaufmann, Stade

Ilja Repin: Die Saporoger Kosaken schreiben einen Brief an den türkischen Sultan (1880-1891), Öl auf Leinwand (203 x 358), Russisches Museum, St. Petersburg

Damsch-Wiehager: Fritz Overbeck (1869-1909) Landschafter an der Wende zur Moderne

Fritz Overbeck: Im Moor (1902), Öl auf Leinwand (156 x 200), Bayerische Staatsgemäldesammlung, München

Fritz Overbeck: Das Kreuz am See (1889), Aquarell (15,8 x 25,4), „Stiftung Fritz und Hermine Overbeck", Vegesack

Fritz Overbeck: Sturm im Moor (1894), Radierung (20,9 x 15,1)

Fritz Overbeck: Abend im Moor (1896), Öl auf Leinwand (81 x 130), „Stiftung Fritz und Hermine Overbeck", Vegesack

Fritz Overbeck: Im Moor mit blauem Kanal (1902), Gouache (22,5 x 32,2), „Stiftung Fritz und Hermine Overbeck", Vegesack

Fritz Overbeck: Eichstamm (1903), Radierung (19,9 x 13,9)

Fritz Overbeck: Im März (1908), Öl auf Leinwand (129 x 190), Landesmuseum Oldenburg

Fritz Overbeck: Herbstmorgen am Weyerberg (um 1900), Öl auf Leinwand (73,5 x 83), Privatbesitz

Fritz Overbeck: Sommerzeit – badende Kinder (1908), Öl auf Leinwand (95 x 155), „Stiftung Fritz und Hermine Overbeck", Vegesack

Fritz Overbeck: Im Engadin (1909), Öl auf Leinwand (84 x 130), „Stiftung Fritz und Hermine Overbeck", Vegesack

Fritz Overbeck: Verschneite Tannen (1909), Öl auf Leinwand (71,5 x 76,5), „Stiftung Fritz und Hermine Overbeck", Vegesack

Saal: Bernhard Hoetger – Symbolsprache in Architektur und Plastik

Bernhard Hoetger: Schiffszieher (1902), Bronze (42 cm), Freie Hansestadt Bremen, Böttcherstraße, ehem. Sammlung Roselius

Bernhard Hoetger: Fecondité (1904), Bronze (43 cm), Freie Hansestadt Bremen, Böttcherstraße, ehem. Sammlung Roselius

Bernhard Hoetger: „Knieende Frau auf Vogel" (1906), im Pariser Atelier

Bernhard Hoetger: Eva auf dem Schwan (1907), Bronze (115 cm), Freie Hansestadt Bremen, Böttcherstraße, ehem. Sammlung Roselius

Bernhard Hoetger: Majolikenzyklus der „Licht- und Schattenseiten" (1912)

Bernhard Hoetger: Majolika die „Wut" (1912)

Bernhard Hoetger: Bildnis Frau Dülberg (1915), Marmor (50 cm)

Bernhard Hoetger: „Niedersachsenstein" (nicht erhaltener zweiter Entwurf aus dem Jhre 1916)

Bernhard Hoetger: Revolutionsdenkmal (1922), Porphyr (nicht erhalten)

Bernhard Hoetger: „Niedersachsenstein" (1922)

Bernhard Hoetger: Hoetgers zweites Worpsweder Wohnhaus (1921)

Bernhard Hoetger: Eingangstür des „Hoetgerhauses" (1991)

Bernhard Hoetger: Diele des „Hoetgerhauses" mit Feuerstelle (1921)

Bernhard Hoetger: Schlafzimmer des „Hoetgerhauses" (1921)

Bernhard Hoetger: Kaffeehaus „Winnwuk" in Bad Harzburg (1923)

Bernhard Hoetger: Ausstellungsgebäude „Sonnenhof" in Bad Harzburg (1923)

Bernhard Hoetger: „Kaffee Worpswede" (1925)

Bernhard Hoetger: Paula Becker-Modersohn-Haus (1927) (Böttcherstraße GmbH)

Bernhard Hoetger: „Haus Atlantis" (1931) (Böttcherstraße GmbH)

Engel: Bernhard Hoetger und Hermann Bahlsen – Zwei Visionäre auf dem Weg zu einem industriellen Gesamtkunstwerk
(alle Fotos Bahlsen-Archiv, Hannover)

Hermann Bahlsen (1859-1919) beim Lesen einer Kunstzeitschrift

Heinrich Mittag: Musterladen Dresden (1906/07)

Kinder Bahlsens vor dem Löwentor/Darmstadt (1917)

Hoetger zu Besuch bei Bahlsen

Die vier Bahlsen-Söhne neben ihren Bildnissen im Atelier Hoetgers

Die „Bahlsen" bei Hoetger in Worpswede (1916)

TET-Stadt-Projekt in der Ausstellung des Kunstvereins der Stadt

Hannover (1917)

TET-Stadt-Plan (1917)

TET-Stadt-Entwurf (1917) mit Säule und Theater

Brief Hermann Bahlsens an Bernhard Hoetger (1919)

Grabstein Hermann Bahlsens

Albrecht: Künstler verändern ein Dorf – Die bauliche Entwicklung Worpswedes zwischen 1890 und 1930
(alle Fotos aus der Sammlung der Autorin)

Villa Monsees (um 1875)

Wohnhaus Bertelsmann

Der „Barkenhoff" heute

Worpsweder Bahnhof (1910)

Wohnhaus Bergstraße 10 (1911)

Wohnhaus der Schwestern Wencke (1912)

Wohnhaus Schulze (1907)

Wohnhaus Carl Weidemeyer

Weyerberghütte (1921)

„Käseglocke" (1926)

„Hoetgerhaus" (1921)

Niedersachsenstein (1922)

„Kaffee Worpswede" (1925)

Worpswede Udo Peters Weg 12 (um 1930)

Wohnhaus Max K. Schwartz (1926)

Wohnhaus Bergstraße 8 (um 1900)

Damsch-Wiehager: Richard Oelze (1900-1980) – und seine ,Erwartung'
Richard Oelze: Erwartung (1935/36), Öl auf Leinwand (81,6 x 100,6), The Museum of Modern Art, New York

Ganzseitige Abbildungen

Seite 31
Fritz Mackensen: „Otto Modersohn beim Malen", um 1890, Öl auf Pappe (32,5 x 31,5).
Otto-Modersohn-Museum, Fischerhude

Seite 68
Paula Modersohn-Becker und Otto Modersohn, Foto um 1902.
Archiv Otto-Modersohn-Museum, Fischerhude

Seite 140
Paula Modersohn-Becker: Bildnis Rainer Maria Rilke, 1906, Öl-tempera auf Pappe (32,3 x 25,4)
Privatbesitz

Seite 185
Bernhard Hoetger, Foto um 1936
Archiv Böttcherstraße GmbH

Seite 230
Peter und Trina Rathjen vor ihrer Moorhütte
Archiv Heimatverein Schlußdorf

Seite 259
Richard Oelze: Selbstbildnis, Öl auf Holz, um 1950, (28 x 23)
Sammlung Bernhard Kaufmann, Stade

Autoren und Herausgeber

Heike Albrecht, Bauhistorikerin

Heike Albrecht, 1959 in Bremen geboren, Architekturstudium in Hannover; 1988 Diplomarbeit bei Prof. Meckseper über die Baugeschichte Worpswedes: „Künstler verändern ein Dorf – Untersuchungen zur baulichen Entwicklung Worpswedes zwischen 1889 und 1929"; Mitarbeit in verschiedenen denkmalpflegerischen Projekten, u.a. 1989-1992 Inventarisation der Baudenkmäler Braunschweigs. Freiberuflich tätig.

Guido Boulboullé, Dr. phil.

Guido Boulboullé, Dr. phil., geb. 1944, Studium der Kunstgeschichte, Geschichte und Soziologie, Promotion 1972, wissenschaftl. Mitarbeiter für Kunst- und Kulturgeschichte an der Universität Bremen, verschiedene Veröffentlichungen u.a. Herausgeber des Buches „Worpswede – Kulturgeschichte eines Künstlerdorfes", Köln 1989 (gem. m. M. Zeiss).

Renate Damsch-Wiehager, Dr.

Renate Damsch-Wiehager, Dr., geboren 1959 in Bremen, Studium der Kunstgeschichte, Germanistik und ev. Theologie. Promotion über Richard Oelze. 1989-1991 wiss. Mitarbeiterin der Stadtgalerie Kiel, seit 1991 Leiterin der Galerien der Stadt Esslingen. Buchveröffentlichungen: „Richard Oelze. Ein alter Meister der Moderne", München 1989. – „Noldes Landschaft", Hamburg 1989. – „Heinrich Ehmsens ‚Quint-Zyklus'", Kiel 1989. – „Bucher's Leningrad", München 1990. – „Fritz Over-

beck. Eine Monographie", Lilienthal 1991. – „Adolf Fleisch-
mann", Esslingen 1992. – „Joseph Kosuth. Kein Ding, Kein Ich …
(Für Robert Musil)", Stuttgart 1992 (Hg). Aufsätze zur Kunst des
20. Jahrhunderts in Fachzeitschriften, Sammelbänden und Katalogen.

Frauke Engel, MA, Archiv- und
Museumsleiterin

Frauke Engel, M.A., 1961 in Hannover geboren; 1980 Abitur (Hannover); 1988 Magister
Artium in Kunstgeschichte, Nebenfächer
Christliche und Klassische Archäologie an der
Georgia-Augusta-Universität Göttingen; 1988
befristete Assistentenstelle am Bahlsen-Mu-
seum; 1989 Leiterin des Bahlsen-Museums
und -Archives, Kustodin der Kunstsammlung der H. Bahlsens
Keksfabrik KG, tätig in der Abteilung Öffentlichkeitsarbeit; ab
1990 Mitarbeit in der Aus- bzw. Weiterbildung der VdW (Vereinigung deutscher Wirtschaftsarchivare); 1992 Wahl in den Vorstand der VdW; Doktorandin bei Prof. Dr. Karl Arndt.

Wolfgang Kaufmann, Dr.

Wolfgang Kaufmann, geboren 1922 in Schle-
sien als Sohn des Berliner Kunstverlegers und
Galeristen Bernhard Kaufmann und seiner
Frau Edith, geb. Krakau, die nach dem Zwei-
ten Weltkrieg in Worpswede die „Sammlung
Bernhard-Kaufmann" mit Werken der „Alten
Worpsweder Meister" begründeten.
Ausbildungsgang: Abitur in Berlin, Schau-
spielausbildung in Hamburg, später Studium der Philosophie,
Theaterwissenschaft, Kunstgeschichte und Psychologie an der
Universität Wien. Dort Promotion zum Doktor der Philosophie
mit einer Dissertation zum Thema „Aspekte zur Wechselwir-
kung von Theater und Politik".
Berufsweg: Als Achtzehnjähriger Kriegsdienst am Schwarzen
Meer und in der Normandie. Von dort aus Gefangenschaft in

England, Nordirland, Schottland. – Schauspieler in Delmenhorst und Bremen. – Hörspiel- und Kurzgeschichtenautor, Filmkritiker und Feuilletonredakteur in Berlin. – Industrielle und werbliche Tätigkeit im Ruhrgebiet. – Betreuung der elterlichen Kunstsammlung. Heute Museumsleiter des „Kunsthaus in Stade".
Persönliches: Zwei Brüder Dieter – als Neunzehnjähriger in Rußland gefallen – und Matthias. Verheiratet mit Sigrid Kaufmann, geb. Krug. Sohn Bernhard.
Aktuelles: Kunsthistorische und kunstsoziologische Veröffentlichungen zum Thema „Worpsweder Kunst", Pflege und Erweiterung der „Sammlung-Bernhard-Kaufmann".

Helmut Naumann, Dr.

Helmut Naumann, ist 1925 in Leipzig geboren und seit Kriegsende in Westfalen heimisch geworden. Er hat in Münster und München Germanistik, Geschichte und Philosophie studiert und bei Jost Trier mit einer sprachwissenschaftlichen Arbeit promoviert. Während fünfunddreißig Jahren im höheren Schuldienst – er ist Studiendirektor i.R. – hat er die Verbindung zur Wissenschaft nicht aufgegeben, sondern in dieser Zeit mehrere Arbeiten zu Geschichte und Literaturwissenschaft vorgelegt, so über Max Frisch und Rainer Maria Rilke. Von 1973 bis 1990 hatte er einen Lehrauftrag an der Universität Münster; er ist Mitglied der Rilke-Gesellschaft.
Sein besonderes Augenmerk gilt dem „mittleren" Rilke, dem Dichter der NEUEN GEDICHTE und der AUFZEICHNUNGEN DES MALTE LAURIDS BRIGGE, zugleich aber auch den voraufgehenden russischen Reisen und der folgenreichen Worpsweder Episode, in denen sich die Meisterschaft des Lyrikers anbahnt.

Wolfgang Saal, Dr.

Wolfgang Saal, Dr., geb. 1950 in Erfurt; nach mehrjähriger Arbeit als chemisch-technischer Assistent an chemischen Forschungslabors ab 1974 Studium der Kunstgeschichte, vergleichenden Religionswissenschaften und christlicher Archäologie in Bonn und Köln; 1988 Promotion über Bernhard Hoetger. 1988-89 Sachverständiger in einem Auktionshaus; 1989-91 im Museumsdienst: Abteilung Museumspädagogik und Öffentlichkeitsarbeit am Rheinischen Landesmuseum Bonn; seit 1991 Geschäftsführer der Internationalen Gesellschaft der bildenden Künste; zahlreiche Kritiken, Stellungnahmen und Essays als freier Kunstjournalist.

Helmut Stelljes, Dr.

Helmut Stelljes, Dr. phil., geb. 1933 in Bremen, verlebte mit Unterbrechungen seine Kindheit in der Nähe Worpswedes und im Künstlerdorf. Seit 1966 ständiger Wohnsitz in Worpswede. Zahlreiche Publikationen über kulturgeschichtliche Abläufe des Künstlerdorfes: Zeitschriftenaufsätze, Kunstmappen, Porträts, Bücher: „Worpswede entdecken und erleben", Lilienthal 1989; „Worpsweder Almanach" (Hrsg.), Bremen 1989; „Otto Tetjus Tügel – Es drängt mich zum Wort" (Hrsg.), Bremen 1992. Schrift: „Worpswede für Spaziergänger", Worpswede 1988 (1), 1989 (2), 1991 (3). Initiator des „Arbeitskreises Kultur Worpswede" mit Vortragsveranstaltungen seit dem Jahr 1987.